# 놀이치료

## -기법과 실제-

홍은주 · 한미현 · 이향숙 · 류진아 · 이상희 · 홍주란 · 안순미 지음

창지사

# 머리말

현대사회는 급격한 변화의 시대이다. 이러한 변화는 가장 보호받아야 할 대상인 아동들에게 많은 갈등상황과 스트레스, 부적응 문제를 가중시키고 있다. 부모들도 아이들의 인지적 향상을 위해 다양한 교육 프로그램을 제공하려고만 하지, 아이의 내면의 어려움에 귀를 기울이고 함께 소통하려 하지 못하고 있는 것이 사실이다.

인생의 초기발달이 이후 발달에 있어 지대한 영향을 미치는 것을 고려할 때 아동기에 부정적 영향을 최소화 할 수 있는 환경이 필요하다. 따라서 이 책은 아동의 발달적, 정서적 어려움을 예방하고 치료하는 아동상담 분야에서도 아동들과 가장 친숙한 놀이를 통한 치료적 접근을 다루었다. 특히 학부에서 대학생들이 놀이치료를 보다 쉽게 이해할 수 있도록 기법과 실제 중심으로 집필하였다. 본 집필진들은 주로 아동복지, 사회복지, 유아교육, 아동학을 전공하고 실제 현장에서 아동을 만나 다양한 놀이치료적 접근으로 임상경험을 쌓아 온 경력이 있어 이를 바탕으로 이론과 경험을 연결하여 집필하고자 하였다.

이 책의 구성은 전체 3부로 이루어져 있다. 1부는 한미현 교수와 류진아 교수가 놀이치료의 개념, 역사, 대상, 효과, 환경, 치료과정 등 놀이치료에 대한 전체적인 개관을 다루었다. 2부와 3부에서는 모래놀이치료, 미술치료, 게임놀이치료, 발달놀이치료, 치료놀이, 가족놀이치료 등 놀이치료의 다양한 방법들과 실제 사례들을 소개하였는데, 홍은주 교수와 한미현 교수, 이항숙 소장, 이상희 소장, 홍주란 부소장, 안순미 소장이 다년간의 아동상담 실제 현장에서의 노하우를 이론과 사례로 연결되도록 집필하였다. 특히 3부는 실제 놀이치료 사례를 발달적, 정서적, 부모자녀관계, 대인관계 문제 등 문제 영역별로 나누어 저자들의 임상 현장에서의 경험을 있는 그대로 치료과정에 따라 상세하게 소개하였다.

이 책이 아동상담과 놀이치료에 관심이 있는 관련 전공 학부생들뿐 아니라 영유아를 담당하는 보육교사, 유치원 교사, 사회복지사, 전문상담가들에게 아동과 함께 하는 현장에서 잘 활용될 수 있기를 바란다.

이 책이 나오기까지 집필진 구성을 함께 고민하고 내용을 다듬고 오랜 기간을 기다려 주시고 지원을 아끼지 않으신 창지사 사장님과 부장님, 편집부 선생님들께 깊은 감사를 드린다.

2010년 3월
저자 일동

# 차 례

## 03부 놀이치료의 실제

# 01부

# 놀이치료의 개관

# 1장 놀이치료의 이해

## 1. 놀이치료의 개념

아동에게 놀이란 그 자체가 생활의 일부이며, 그들은 놀이를 통해 성장하고 발달한다. 액슬린(Axline)에 의하면 '놀이는 아동의 자기표현을 위한 자연적인 매체'로, 성인치료에서는 언어를 통해 자신의 감정이나 문제를 드러내는 것처럼 아동은 놀이를 통해 그 같은 것을 표현한다(Axline, 1947). 치료자는 아동이 자기 표현을 하는 상징적인 언어로 놀이를 사용한다고 보아야 한다. 아동들은 언어보다 장난감을 통해서 자신의 삶에 있어서 중요한 사람, 사건, 자신에 대해 어떻게 느끼는지를 더 적절하게 보여줄 수 있다(Ginott, 1961).

아동은 놀이를 통해 자기자신을 발견하고, 다른 사람과 상호작용하는 방법을 배우며 자신의 감정과 정서에 대해 자유롭게 표현한다. 특히 현실에서 가능하지 않은 일이나 할 수 없었던 일들을 놀이로 표현하기도 하며, 자신들의 감추어진 내면세계를 드러내 보이기도 한다. 놀이에서 아동들은 에너지를 방출하고, 힘든 목표를 달성하고, 좌절을 경험하기도 한다. 그들은 신체적인 접촉을 하게 되고, 경쟁의 욕구를 배출하고, 사회적으로 수용할 만한 방법으로 공격성을 표출하고, 타인과 어울리는 방법도 배우게 된다. 또한 놀이는 아동들에게 그들의 상상력을 자유롭게 조절하고 문화와 기술을 개발하도록 도와주기도 한다(Papalia & Olds, 1986).

이처럼 어른들의 세계와 달리, 아동들에게 있어 놀이는 성장과 발달을 이루는 체계원리(Slade, 1995)라고 할 수 있어, 놀이는 이미 오래 전부터 아동의 발달과 교육의 관점에서 널리 활용되어 왔다. 최근에는 놀이의 치료적 힘에 대한 인식이 높아지면서 놀이의 가치가 더욱 부각되고 있다. 놀이는 즐거움과 재미라는 긍정적 정서, 내적 동기에 의한 자발성, 행위의 결과에 집착하지 않아도 되는 자유로움, 상징이나 은

유와 같은 비사실성, 새로움을 추구할 수 있는 창조적 자유 등의 속성으로 심리치료적 관계를 형성시켜 주고 치료효과를 증진시켜 주는 신비로운 힘을 가지고 있다. 이로써 놀이의 치료적 가치에 대한 인식이 점차 높아지고, 오늘날 놀이치료는 놀이치료센터는 물론 학교나 병원 등에서 아동의 심리적, 발달적, 행동적 문제를 해소하는 데 핵심적인 치료기법으로 기능하고 있다.

놀이치료를 일반적으로 정의해 본다면, "놀이치료란 놀이활동을 주 매체로 활용하여 아동이 가지고 있는 심리적인 문제를 스스로 극복하고 최적의 발달을 이루도록 도와주는 치료의 한 가지 형태"라고 할 수 있다. 즉, 놀이치료란 아동의 심리적, 행동적 장애를 치료할 때 놀이를 활용하는 기법이다. 놀이치료에는 다양한 이론적 입장이나 기법이 있는 것처럼 보이나, 대표적인 학자들의 놀이치료에 대한 정의를 보면 공통적인 치료기제와 기법을 발견할 수 있다.

액슬린(Axline, 1969)은 놀이치료는 호의적이며 알맞은 조건에서 아동이 성장할 수 있는 경험을 제공해 주는 것이라고 정의하였다. 오코너(O' Connor, 1983)는 훈련된 치료자가 심리적 문제를 지닌 내담자를 돕기 위해 놀이의 치료적 힘을 체계적으로 적용하는 대인관계 과정이라고 정의하였다. 그러나 아동과 단순히 노는 것만으로 놀이치료가 되는 것은 아니다. 치료자는 아동의 감정표현을 확장할 수 있도록 적절한 놀잇감을 선택하여 상호작용하고, 그 과정을 통해 아동은 감정을 정화함으로써 고통이 감소되고 충동도 조절되는 정서경험을 하게 되는 것이다(Kaduson, 2003).

아동은 놀이를 통해 자신들의 부정적인 감정을 발산하고 통제할 수 있게 되고, 궁극적으로 감정 해소의 과정을 거치면서 자신의 내면에 있는 자기치유력을 발휘하게 된다. 아동이 자신의 경험과 감정을 놀이로 표현하는 것은 가장 자연스럽고 역동적이며, 아동이 할 수 있는 자기치유 과정이다. 치료자가 상상력이 부족하여 아동이 환상 속으로 들어가는 것을 제대로 허용하지 못하면 중요한 것들을 잃게 된다(Axline, 1969). 아동이 직접 표현하기에 지나치게 위협적인 감정이나 태도는 스스로 선택한 놀잇감을 통해 표현함으로써 안전하게 투사할 수 있다. 놀이치료는 놀이라는 매체를 이용함으로써 지니게 되는 치료적 가치로, 다른 치료기법보다 더욱 강력한 치료적 힘을 보유하고 있다.

## 2. 놀이의 치료적 기능

놀이는 아동의 본업이라 할 만큼 아동의 삶과 발달에 필수적인 부분이 된다. 이는 놀이가 아동의 신체 및 정서, 인지, 사회적 측면 등의 전반적 발달에 중요한 영향을 미치기 때문이다. 이런 이유로 오래 전부터 아동의 발달과 교육을 위한 매체로 놀이의 가치가 널리 인식되어 왔다. 그러나 놀이는 치료적인 측면에서 더 큰 가치를 지니고 있다. 마력이라 할 만큼 강력한 역할을 하는 놀이의 치료적 요소를 살펴보면 다음과 같다.

첫째, 심리치료에서 최우선 과제는 내담아동과 치료적 관계를 형성하는 것이다. 어떤 종류의 상담이든 상담과정에서 라포르(Rapport)를 형성하는 것이 일차적이다. 이 첫 번째 과제를 해결하지 못하면 심리치료는 진행될 수 없기 때문이다. 그런데 아동의 경우는 자신의 의지에 의해서 치료를 받으러 오는 것이 아니므로 상담에 대해 강한 심리적 저항을 하는 것은 아주 흔한 현상이다. 이러한 초기의 저항을 극복하고 치료적 관계를 맺게 하는 데 놀이는 최선의 방편이 된다. 놀이는 아동에게 흥미로우며 즐거운 행동이기 때문에 아동은 자연스럽게 놀이에 참여하게 되고 치료적 협력관계를 형성하게 된다. 한번 신뢰가 형성되면 아동은 치료에 더 쉽게 전념하게 되며, 필요한 변화를 향해 치료자와 함께 노력하는 데 보다 쉽게 동참하게 된다. 놀이가 진전될수록 자연스럽게 놀이에 자신의 문제가 투사되고 정화의 과정으로 진행된다.

둘째, 어린 아동들은 말로 자신들의 감정이나 욕구, 생각을 다른 사람에게 효과적으로 전달하는 데 어려움을 겪는다. 그러나 놀이는 아동들의 자연스런 언어이다. 놀이는 비음성 언어로서 이미지와 정서로 채워져 있기 때문에 언어보다 더욱 환상적이며, 본능적이거나 억압되어 있는 욕구가 지배하는 의사소통의 형태라고 할 수 있다. 언어가 논리적이고 연속적이며 분석적인 사고를 표현하는 좌뇌지향적인 현상이라면, 놀이는 정서적 요소가 강한 우뇌지향적인 현상으로(Schaefer, 1993), 놀이를 통해 아동의 보이지 않는 내적 세계에 대해 관찰할 수 있는 기회와 자료를 얻게 된다.

셋째, 심리치료의 중요 목적 중 하나는 내담자의 손상된 자아개념을 긍정적인 방향으로 증진시켜 주는 일인데, 아동에게 자기효능감을 키워 줄 수 있는 가장 강력한 도구는 바로 놀이이다. 아동은 놀이 속에서 자신이 설정한 목표를 원하는 방법으로 성취할 수 있으며, 이러한 성취경험 및 능력의 실현을 통해 스스로 손상된 자아를 치유하고 자신을 존중하는 마음을 고양시키게 된다.

넷째, 카타르시스는 어떤 심리치료적 접근에서나 소중히 여기는 치료의 핵심적 요소이다(Greencavage & Norcross, 1990). 카타르시스는 개인이 표출하고 싶은 생각이나 비밀과 관련된 감정을 해소하는 과정을 의미한다. 아동에게 있어서 놀이는 자연스럽게 카타르시스 기능을 수행한다. 펀치백이나 보보인형을 친다든지 베개를 던지는 등의 무생물에 대한 놀이행동을 통해 아동은 긴장을 해소하고 내적으로 시원함을 경험하게 된다. 현실생활에서나 이전에는 표출할 수 없었던 분노, 슬픔, 불만 등의 감정을 놀이 속에서 아주 쉽게 표현하고 완화시키게 된다. 놀이 속에서 아동들은 자신이 경험한 외상적 사건이나 강한 스트레스 사건들을 무의식적으로 표현하고 이를 정서적으로 극복하기 위한 시도를 하는데, 자신의 가슴 아픈 경험들을 놀이로 표현하는 것은 가장 자연스러운 자기치유법이라 할 수 있다.

다섯째, 놀이는 상상과 환상을 통해 현실에서 충족시키지 못한 욕구를 긍정적으로 처리해 볼 수 있게 하고 자신의 한계를 극복할 가능성을 시험해 보게 함으로써 자아성장을 이루는 촉매제의 기능을 수행한다. 환상놀이를 통해서 현실의 한계와 약점, 손실과 손상을 보상하고 실생활에서 좌절된 욕구를 충족시키게 해준다. 또한 상상활동은 아동에게 삶의 지루함과 고독, 불안과 공포, 질투와 시기심을 스스로 감싸고 치유할 수 있는 힘과 기회를 제공해 준다.

여섯째, 놀이의 가장 분명하고도 기본적인 요소는 '아동은 놀이를 즐긴다' 는 점이다. 아동들은 결코 외적 보상을 얻기 위해 놀지 않으며, 놀이행동 그 자체의 즐거움과 내적 동기에 의해서 놀이를 한다. 아이들은 재미있기 때문에 놀이를 할 뿐이다. 이와 같이 놀이를 통해 얻게 되는 즐거움이라는 긍정적 정서는 두 가지의 중요한 치료적 가치를 지닌다. 하나는 즐거운 마음은 아동에게 행복감과 안녕감을 준다는 것이고, 다른 하나는 즐거움은 삶의 스트레스에 대해 강력한 해독제 역할을 한다는 것이다. 놀이 속에서 경험하게 되는 즐거움과 재미는 아동들이 겪는 불안이나 현실의 냉혹감, 지루함을 치유해 주고, 보다 용기있고 희망에 찬 삶을 영위할 수 있는 원초적 힘을 제공해 준다.

마지막으로, 놀이가 지니는 중요한 속성 중 하나는 놀이가 은유와 신화를 창조한다는 점이다(Frey, 1993). 아동은 놀이 속에서 자기의 과거 경험을 은유적으로 표현하는 경우가 많다. 또한 놀이에 담긴 이야기 속의 인물들과 동일시하는 과정에서 아동은 자신을 현실과 전혀 다른 존재로 만드는 데 어려움을 겪지 않는다. 이야기 속의 영웅과 동일시하거나 자기 자신을 중심으로 한 신화를 창조함으로써 인간은 삶을 다시 구조화하고, 힘을 불어넣고, 새로운 의미를 부여받게 된다. 아동들은 놀이 속에서 이러한 신화적 작업을 수행할 수 있으며, 이런 과정에서 자신이 현실에서 겪는 갈등, 공포, 적대감을 소화하고 보다 적응적인 해결책을 발견하게 된다. 아동이 놀이를 통해서 창조하는 새로운 신화는 아동이 이제까지 가지고 있던 비현실적인 신념(예컨대, '모든 아이들이 나를 싫어한다' 와 같은)을 가라앉히고 문제에 대한 부정적인 해결방법을 변화시킬 수 있는 계기를 마련해 준다(Mills & Crowley, 1986).

이상의 논의에서처럼 아동에게 놀이는 성인의 경우처럼 단순히 일과 대조되는 휴식의 의미가 아니고, 아주 중요한 의미와 의의를 지니고 있다. 아동 놀이의 기능은 생리적 측면과 심리적 측면을 포함한 내적인 면과 대인관계나 사회문화적 측면이 포함된 외적인 면으로 나누어 볼 수 있다. 먼저 내적인 측면에서 보면, 놀이는 아동으로 하여금 넘치는 신체적 에너지를 소모하거나 근육운동의 사용으로 인해 기본적인 운동기술을 습득하게 해준다. 심리적으로는 놀이를 통해 아동은 상황에 대한 통찰과 인지적 개념을 획득하며, 소원을 성취하거나 갈등을 해소하게 된다. 한편, 외적 측면에서의 놀이는 아동의 분리 개별화를 실행하는 매개체가 되어 사회적 기술을 습득하게 하는 기능을 수행한다. 또한 놀이를 통해 문화적, 역사적으로 전달되는 사회의 가치도 습득하게 된다.

아동 놀이의 이러한 기능들을 알아차리고 이를 교육적으로 활용하려는 노력은 이미 오래 전부터 있어 왔지만, 아동기 놀이의 가치는 아직도 많은 신비의 세계를 가지고 있다. 그 숨겨진 신화 중 하나가 바로 놀이의 심리치료적 힘이다. 심리치료적 관점에서 놀이가 어떤 힘을 발휘할지는 치료자가 지향하는 목표나 사용하는 방법에 따라 다를 수 있지만, 다음의 두 가지는 공통적인 요소라고 볼 수 있다.

하나는 놀이 자체가 지닌 치료적 기능이다. 성인의 놀이와 달리 아동의 놀이는 독특한 특성이 있다. 아동에게 놀이는 충족되지 않은 욕구를 충족시키거나 자연스러운 방법으로 우울한 감정에서 벗어나게 해주는 출구이다. 놀이는 비현실적이어서 놀이를 하는 동안 아동에게 자유롭게 자신을 표현하면서 현실세계에서 가진 심리적 긴장을 제거하도록 도와준다. 놀이는 아동 스스로가 만드는 비현실세계와 현실세계의 중간 지점에 위치하는 것으로, 아동이 가상의 현실을 거쳐서 실제의 현실에 다가갈 수 있도록 해준다.

다른 하나는 치료적 관계 형성을 촉진하는 기능이다. 성인의 경우는 치료에 대한 의욕을 가지고 자발적으로 오지만, 아동은 문제에 대한 인식을 가지고 스스로 찾아오는 경우가 거의 없기 때문에 치료에의 참여동기가 낮고, 이로 인해 치료효과가 낮을 수 있다. 문제의식 없이 성인에 의해 이끌려 온 아동이 치료에 흥미를 가지지 못하는 것은 당연한데, 놀이는 이처럼 치료동기가 낮은 아동에게 돌파구를 제공해 준다. 아동은 익숙한 놀잇감이 있는 장소에서 자연스럽게 놀이에 몰입하며, 이런 과정에서 치료자와 아동 간에 치료적 관계가 형성될 수 있다. 특히 언어가 충분히 발달되지 못한 유아나 선택적 함구증 아동의 경우에 놀이는 이들의 언어를 대신할 수 있는 유용한 의사소통 수단이 된다. 내담아동은 놀잇감이나 놀이를 통하여 치료자와 자연스럽게 의사소통을 할 수 있어서 치료적 관계 형성이 가능해진다. 이와 같이 아동의 놀이는 성인의 언어와도 같은 기능을 한다.

## 3. 놀이치료자의 역할 및 자세

놀이치료자는 치료자로서 필요한 판단, 통찰, 감정이입의 능력 이외에 아동과 함께 즐기면서 어려운 문제도 여유를 가지고 풀어갈 수 있는 유머감각이 필요하다. 놀이치료자의 역할을 정리해 보면 다음과 같다(김유숙, 2008).

첫째, 치료자는 아동에 대한 끊임없는 관심을 가지면서 아동의 있는 그대로의 모습을 수용하려는 자세가 필요하다. 아동은 부모나 교사와 달리 자신에게 지시하지 않고 허용해 주며 인간적으로 존중해 주는 치료자에 대해 다른 성인과는 다른 감정을 가진다. 아동이 치료자를 다른 성인과는 다른 특별한 사람으로 느낄 때 치료관계가 이루어진다. 치료를 받으러 오는 아동이 어떤 성인으로부터 완벽한 관심을 받으면서 자신이 존중받는다고 느끼는 것은 그들에게 특별한 경험이다.

둘째, 치료자는 경청 등을 통해 아동과 상호작용함으로써 아동이 치료자와 함께한다는 경험을 하도록 한다. 대부분의 아동은 어른들이 자신이 잘할 때는 당연히 여기고 잘못할 때에만 문제시 한다고 생각한다. 치료자가 아동의 놀이뿐 아니라 그들의 욕구나 감정을 경청하고 공감하는 어른으로 인식되는 것은 중요하다. 치료자는 아동에게 자신이 일상생활을 영위하느라고 아동의 욕구에는 관심을 가지지 못하는 주위의 어른들과는 다르다는 점을 깨닫게 한다. 치료자는 이를 위해 서두르지 않으며, 함께 보고 듣고 느끼면서 그들의 욕구를 이해해야 한다.

셋째, 치료자는 아동의 발달을 촉진시킬 수 있어야 한다. 대부분의 아동은 정상적인 발달을 촉진하기 위해 환경에 적응해 가는 능력을 갖추고 있는데, 어려움을 겪는 아동은 이 같은 발달이 일시적으로 정체되거나 일탈된다. 따라서 치료자는 발달을 정체 또는 일탈시키는 원인을 제거하여 정상적인 발달을 촉진하도록 도와야 한다.

한편, 액슬린(Axline, 1947)은 치료적 접촉을 위한 지침으로 다음과 같은 놀이치료의 8가지 원칙을 언급하고 있다.

첫째, 치료자는 아동과 따뜻하고 우호적인 관계를 발달시켜야 한다. 이는 빠른 시간 내에 신뢰관계를 형성하는 데 도움이 된다.

둘째, 치료자는 아동을 무조건적으로 수용해야 한다.

셋째, 치료자는 아동이 자신의 감정들을 완전히 표현하는 데 자유롭도록 치료자-아동 간의 관계에서 허용감을 느끼게 해야 한다.

넷째, 치료자는 아동이 표현하는 감정들을 민감하게 인식하고 아동이 자신의 행동을 통찰할 수 있도록 그 감정들을 반영해서 되돌려 주어야 한다.

다섯째, 아동은 문제를 해결하기 위한 기회가 자신에게 제공된다면 그것을 실행할 수 있는 능력이 있으므로 치료자는 그것을 존중해야 한다.

여섯째, 치료자는 아동의 행동이나 대화에 대해 어떠한 지시도 하지 않는다. 아동이 이끌어 가고 치료자는 따라간다.

일곱째, 치료자는 치료를 재촉하지 않는다. 치료가 점진적인 과정이라는 점을 이해하면서 과정을 서둘러서는 안 된다.

여덟째, 치료자는 현실적인 관계 안에서 아동의 책임을 인식할 필요가 있을 때에만 아동에게 제한을 사용한다.

랜드레스(Landreth, 1991)는 이러한 원칙들을 다음과 같이 수정·확장시켰다.

첫째, 치료자는 진실로 아동에게 흥미를 가지며 따뜻하고 보호하는 관계로 발전시킨다.

둘째, 치료자는 아동이 무조건적 수용을 경험하게 돕는다.

셋째, 치료자는 관계에서 안전감과 허용을 느끼도록 만들고, 아동이 충분히 자유롭게 자신을 탐구하고 표현하도록 해준다.

넷째, 치료자는 항상 아동의 감정에 민감하고, 이런 감정을 아동이 스스로 이해하는 법을 발전시키는 방식으로 부드럽게 반영한다.

다섯째, 치료자는 책임있게 행동하는 아동의 능력을 깊이 신뢰하고, 개인적인 문제를 해결하는 아동의 능력을 일관성 있게 존중하며, 아동이 그렇게 하도록 허용한다.

여섯째, 치료자는 아동의 내적 지시를 신뢰하여 모든 방면에서 관계를 형성하도록 허용하고, 아동의 놀이나 대화를 지시하는 어떤 강요도 하지 않는다.

일곱째, 치료자는 치료과정의 점진성을 인정하고 서두르지 않는다.

여덟째, 아동이 개인적이고 적절한 관계를 책임감있게 수용하도록 도와야 할 때에만 치료적 제한을 설정한다.

## 4. 놀이치료의 역사

### 1) 초기의 학자들

아동의 삶에서 놀이가 중요한 위치를 차지한다는 것은 오래 전부터 인식되어 왔다. 역사적으로 볼 때 놀이에 대한 관찰을 통해 아동의 심리를 이해하려고 시도한 최초의 학자는 루소(Rousseau)였다. 18세기에 루소는 그의 저서에서 아동을 이해하고 배우기 위해 놀이를 관찰하는 것이 중요하다고 하였다. 프뢰벨(Fröbel)은 1903년에 그의 저서 「인간의 교육」에서 놀이의 상징적 요소를 강조하였다. 프뢰벨은 "놀이는 그 자체로 아동의 영혼을 위한 자유로운 표현이기 때문에 아동기에 이룰 수 있는 고도의 발달이다. 아동의 놀이는 단순한 운동이 아니다. 놀이는 의미로 가득 차 있다."고 하였다(Fröbel, 1903).

아동의 치료 장면에 놀이가 사용된 것은 1909년 프로이드(Freud)가 공포증이 있는 다섯 살짜리 한스를 치료한 사례가 시초라고 할 수 있다. 그는 아동의 놀이는 아동으로 하여금 수동적 경험을 적극적인 경험으로 바꾸어 갈등적 경험을 더 잘 다루도록 한다는 점을 이론으로 체계화하였다(Schaefer, 1997). 그러나 프로이드는 아동의 무의식을 이해하기 위해 한스의 놀이를 분석하였으나 치료과정에 놀이를 직접 적용하지는 않았다. 프로이드는 한스를 직접 치료하지 않고 한스의 아버지로 하여금 아들의 말이나 놀이 등을 관찰한 후 이를 편지로 알려주도록 하였다. 그런 다음 프로이드는 아버지에게 답장을 주어 한스의 마음속에 내재되어 있는 갈등과 공포를 해소할 수 있는 방법을 제안하는 방식으로 치료하였다. 한스의 치료사례는 아동이 경험하는 적응상의 어려움이란 아동의 정신 내부에 숨겨져 있는 정서가 원인이라는 사실을 보여 준 최초의 연구였다. 또한 부모를 통한 간접적인 방법이긴 하였지만 놀이를 정신치료에 사용한 최초의 사례였다.

### 2) 정신분석적 놀이치료 시대의 학자들

1919년 오스트리아의 심리학자인 헬무스(Hug-Hellmuth)가 놀이를 치료에 사용하기 전까지 놀이는 아동치료에 전적으로 사용되지는 않았다. 헬무스는 놀이가 아동분석에서 필수적이라 보고 아동에게 자신을 표현하도록 놀잇감을 제공한 최초의 놀이치료자 중 한 사람이다. 그는 아동들은 성인과 달리 언어로 표현하는 데 한계가 있고, 자신의 과거를 탐색하는 데 관심이 별로 없으며, 대부분의 아동들이 자유연상을 거부하기 때문에 성인치료방법을 그대로 적용하기가 어렵다는 것을 깨닫고 놀이를 사용하기 시작하였다. 그렇지만 1930년대까지는 아동의 심리치료에 놀이를 활용하는 경우는 그리 많지 않았다. 1938년에 '놀이치료' 라는 용어가 사용되었으나 지금처럼 놀이치료에 대한 고유의 가치를 인정받지는 못했다.

클라인(Melanie Klein)이 이끌어 가던 영국의 런던 정신분석학파와 안나 프로이드(Anna Freud)가 이끌어 가던 비엔나의 정신분석학파는 헬무스의 연구를 더 발전시켰다. 이 두 학파들은 아동치료의 언어적 방법의 부분적인 대체물로 놀이기법을 사용하였다. 이 중 놀이를 보다 적극적으로 아동치료에 적용한 학자는 클라인이었다. 클라인은 아동의 놀이를 성인의 언어화된 자유연상으로 보고 놀이를 분석하였다. 안나 프로이드도 아동을 치료장면에 참여시키는 방법으로 놀이를 사용하기 시작하였다. 치료자와 내담아동과의 치료적 동맹관계를 형성하기 위해 아동들에게 가장 자연스러운 매체인 놀이를 사용하였다. 그러나 안나 프로이드는 치료적 관계를 형성해감에 따라 초점을 놀이에서부터 언어적 상호작용으로 옮겨가는 것으로 치료의 방향을 바꾸었다. 즉, 그녀는 놀이를 주로 내담아동과의 치료적 관계형성에 사용하였다.

이처럼 안나 프로이드와 클라인은 놀이를 치료활동에 통합시키기는 하였으나 그 방식에 있어서는 중요한 차이가 있다. 안나 프로이드가 놀이를 주로 아동과 치료자 간의 강한 긍정적인 관계를 형성하는 데 사용한 반면, 클라인은 놀이를 아동의 자연스러운 표현 매체라고 보고 언어화의 직접적인 대체물로 놀이를 사용하였다. 안나 프로이드(1928)와 클라인(1932)은 전통적인 정신분석 기법에 놀이를 결합시켜 놀이치료의 초기 발전에 기여한 인물들이다. 이들은 놀이치료 자체가 갖는 치료적 기능을 인정하고 활용하기보다는 치료자와 아동 간의 친밀감을 형성하는 도구로서 놀이를 적용하였다.

### 3) 구조화된 놀이치료 시대의 학자들

헬무스(Hellmuth)가 아동심리치료 방법의 하나로 놀이를 도입한 이후 약 20년 정도까지는 특별히 구조화된 놀이치료 기법이 소개되지 않았다. 1930년대 중반에 이르러서야 오늘날 '구조화된 놀이치료' 라고 알려진 놀이치료 기법들이 발달하기 시작하였고, 이로 인해 보다 치료 목표지향적 접근을 위한 기초로서 놀이치료 접근법이 발달하게 되었다. 그 대표적 학자들로 레비(Levy), 솔로몬(Solomon), 햄브리지(Hambridge)를 들 수 있다.

레비(1939)는 구체적인 외상적 사건을 경험한 아동을 치료하기 위해 이완치료(Release Therapy)라는 구조화된 놀이치료 기법을 개발하였다. 이 치료 기법에서 치료자는 놀잇감을 이용해 내담아동에게 외상적 사건을 재연출케 함으로써 아동이 자신의 고통과 긴장을 이완시키도록 한다. 그리고 나머지 시간에는 아동이 원하는 대로 자유놀이를 하게 함으로써 억압되어 있는 감정을 해소하도록 도와준다.

솔로몬은 1938년 적극적 놀이치료 기법(Active Play Therapy)을 개발하였다. 이 기법은 놀이라는 매체를 통해 분노와 공포를 표현하도록 도와주면, 아동이 두려워하는 부정적인 결과를 경험하지 않고도 공격충동을 나타낼 수 있기 때문에 놀이는 정화효과를 갖게 된다고 본다. 즉 아동은 억압된 충동을 나타내는 데 사용하였던 이전의 에너지 방출 방법을 놀이 속에서 치료자와의 상호작용을 통해 사회적으로 수용되는 적절한 놀이행동으로 전향시키는 방법을 배우게 된다는 것이다.

햄브리지(1955)는 구조화된 놀이치료(Structured Play Therapy)를 발전시켰는데, 이는 레비의 기법을 더욱 정교화 시킨 것이라 할 수 있다. 햄브리지는 놀이상황을 좀 더 구체적으로 설정했다는 점 이외에는 레비와 유사한 방법으로 놀이회기를 설정하였다. 레비는 외상적 사건의 재현을 촉진하는 자료를 제공하였지만, 햄브리지는 아동의 감정 정화를 돕기 위해 불안을 일으키는 생활상황이나 사건을 직접적이고 구체적으로 재구성하였다.

레비가 고안한 이완치료는 로웬펠드의 세계기법(the World Technique)과 유사하다고 볼 수 있다. 레비의 접근이 로웬펠드의 세계기법보다 더욱 구조화되고 구체적이지만 두 기법 모두 상징적 놀이에 초점을 두고 있다는 점에서 비슷한 특징을 보인다. 이들의 제안 이후, 퍼펫 인형이나 가면, 전통의상 등의 상징적 놀이가 많이 사용되었고, 이러한 상징적 놀이를 통해 아동의 정서상태를 드러내게 하는 방법이 크게 발전되었다. 구체적으로 핑거페인팅, 흙이나 모래, 돌 등을 이용한 놀이가 많이 행해졌으며, 위니콧(Winicott)은 1968년에 '스퀴글 게임(Squiggle Game)' 이라는 기법을 개발하였다.

### 4) 관계놀이치료 시대의 학자들

앞서 살펴본 구조화된 놀이치료 기법을 개발한 여러 학자들을 통해 알 수 있듯이, 1930년대부터 1950년대에는 정신분석적 놀이치료에서 벗어나 다양한 아동심리치료의 이론과 기법이 발달하였다. 이 시기에 앨런(Allen, 1942)은 오토 랑크(Otto Rank, 1936)의 철학에 기초한 관계치료(Relationship Therapy)를 개발하였다. 그는 치료에서 과거의 사건보다는 내담자와 치료자와의 현재 관계 또는 내담자의 현재 생활에 초점을 맞추었다.

앨런은 발달에서 출생 시 외상(birth trauma)이 장애의 기본적 원인이 된다고 보았다. 그는 외상에서 비롯된 불안을 극복하는 과정이 발달이라고 보면서, 인간은 어머니의 자궁으로 돌아가려는 욕구를 가지는 동시에 어머니로부터 분리하여 독립하려는 상반된 욕구를 가지고 있다고 가정하였다. 그러면서 출생 시 입은 외상이 긍정적인 관계를 형성하는 아동의 능력에 부정적인 영향을 미친다고 가정하였다. 이 같은 외상 때문에 다른 사람에게 의존하거나 반대로 고립되어 원만한 관계를 맺을 수 없으며, 또한 주 양육자로부터 분리되는 데 어려움을 가질 수 있다. 아동은 현실세계에서 경험하는 것보다 안전한 치료과정에서 치료자와 사려 깊은 관계를 맺는 기회를 경험함으로써 치료효과를 보이게 된다고 하였다.

이와 같이 관계놀이치료에서는 과거의 경험이나 무의식보다도 '지금 여기' 에서의 치료자와 내담자 간의 관계에 초점을 둔다. 치료자와 내담자의 관계를 중요시하여 과거 경험을 설명하거나 해석하지 않는다. 단지 치료자와 아동 간의 정서적 관계에 의한 치료적 힘을 강조한다.

### 5) 비지시적 놀이치료 시대의 학자들

1940년대에 칼 로저스(Carl Rogers, 1942)는 내담자중심치료이론 또는 인간중심치료이론이라 불리는 비지시적 상담이론을 제시하였는데, 액슬린(Axline, 1947)은 로저스의 비지시적 상담이론을 아동놀이치료에 적용하여 아동중심놀이치료로 발전시켰다. 액슬린의 접근은 '아동은 근본적으로 자신의 성장을 위해 스스로 노력하는 존재다' 라는 믿음에서 출발한다. 액슬린은 아동은 원래 성장을 위한 욕구를 갖고 있지만 환경적인 어려움 때문에 욕구가 왜곡되거나 성장하지 못한다고 보았다. 액슬린의 이론은 놀이치료의 보급과 발전에 획기적으로 기여하였으며, 특히 North Texas 대학의 랜드레스(Landreth, 1991)에 의해 아동중심적 놀이치료이론으로 발전하였다.

아동중심 놀이치료는 아동이 치료과정을 주도하기 때문에 '비지시적 놀이치료' 라고도 하는데, 이 치료의 목표는 아동의 자기인식과 자기안내이다. 치료자는 준비된 놀이치료실을 제공하지만 놀이를 할 것인지의 여부를 선택할 자유는 전적으로 아동에게 주어진다. 치료자는 아동이 감정을 표현하고, 동일시하고, 자기 자신을 수용할 줄 알며, 그 감정을 자유롭게 다룰 수 있다는 사실을 믿으면서 아동의 사고와 감정을 적극적으로 반영해준다. 이러한 아동중심 놀이치료는 현재 놀이치료 현장에서 가장 자주 사용되며, 다양한 놀이치료 기법의 이론적 기반으로 자리잡고 있다. 아동중심 놀이치료 접근에서는 치료자가 아동을 통제하거나 변화시키려 하지 않고 아동과 그 환경 간의 부조화를 해결하여 자연적인 자기 성장을 촉진하도록 하는 데 목적이 있다.

아동중심적 놀이치료이론의 발달과 함께 놀이치료에서 중요하게 대두된 주제 중 하나는 제한 설정에 관한 것이다. 아동의 자기 책임의식과 자기 통제력을 기르게 하기 위해 제한 설정은 놀이치료의 필수적 요소가 된다는 관점에서 제기된 주제이다. 1949년에 빅슬러(Bixler)는 '제한도 치료다' 라는 논문을 쓰면서 치료자가 안전하게 치료에 임할 수 있도록 놀잇감의 파괴, 치료자에 대한 신체적 공격, 상담시간 초과 등에 관해 제한 설정을 해야 한다고 주장하였다. 그는 어떤 의미에서는 제한을 발전시키고 실천하는 것이 치료적 변화에 중요한 수단이 되기 때문에 효과적으로 활용해야 한다는 점과, 제한 설정과 제한 실천에 실패한다면 치료효과를 기대하기 어렵다는 점을 지적하면서 놀이치료에서 제한 설정의 중요성을 강조하였다.

기노트(Ginott, 1959)도 치료자가 적절한 제한을 함으로써 아동은 자신이 어른들로부터 보호받고 있다는 감정을 가질 수 있다고 주장하였다. 제한 설정의 이론적 근거는 내담아동에게 치료자의 일관성 있는 태도를 확인시킴으로써 안정감, 신뢰, 안전을 도모한다는 데 있다. 적절한 제한은 내담아동으로 하여금 타인에게 상처를 주지 않게 만들고 공격적 행동에 따른 보복을 두려워할 필요 없이 자신의 부정적 감정을 표출할 수 있도록 해준다. 또한 치료자의 입장에서도 제한 설정을 하면 아동의 공격적 행동을 억지로 참지 않아도 되기 때문에 내담아동에 대해서 긍정적 태도를 유지할 수 있게 된다.

### 6) 놀이치료의 현 추세

1909년 프로이드가 놀이를 아동관찰에 적용하고, 헬무스(Hellmuth)가 아동치료 기법으로 놀이를 도입한 이래 현재에 이르기까지 놀이치료는 아동정신치료 현장에서 광범위하게 사용되어 왔고 다양한 기법들이 발전되어 왔다. 이는 아동에게 놀이란 삶 그 자체가 되며, 아동이 가장 좋아하고 자연스럽게 표현하는 매체이기 때문이다. 이로 인해 놀이의 치료적 가치에 대한 인식은 더욱 확산되고 있는데, 놀이치료는 특히 1980년대 이후에 장족의 발전을 이루었다고 할 수 있다. 미국에서는 미국놀이치료학회(APT: Association for Play Therapy)가 결성되면서 체계적인 발달을 이루었고, 1990년대 후반에는 국제놀이치료학회(IAPT: International Association for Play Therapy)로 확대 개편되면서 그 여세를 확장하고 있다. 미국놀이치료학회(APT)의 회원은 1988년 450명에서 2002년 4,400명으로 증가하였다(Landreth, 2002). 이렇게 빠른 증가는 놀이치료 분야가 얼마나 빠르게 발전하고 있는지를 사실적으로 보여

준다고 할 수 있다.

1980년대에 들어서면서 놀이치료이론은 어느 한쪽의 이론에 치우치지 않고 다양한 상담이론과 심리치료이론들을 근거로 더욱 큰 발전을 이루었고, 더욱 다양한 놀이치료이론들을 등장시켰다. 예컨대, 정신분석적 놀이치료이론, 분석학적 놀이치료이론 아동중심적 놀이치료이론, 발달놀이치료이론, 인지행동적 놀이치료이론, 게슈탈트 놀이치료이론 등을 들 수 있다. 또한 놀이치료과정에 관한 많은 연구들은 놀이치료의 전문화에 크게 기여하였다. 놀이치료 기법에서도 장족의 발전을 이루어, 다양한 기법의 고안 및 활용, 치료효과에 관한 연구들도 활발하게 이루어졌다. 현재는 장기간에 걸친 개인치료뿐 아니라 집단놀이치료의 단기적 접근도 실시되고 있으며, 부모놀이치료(Filial Therapy), 치료놀이(theraplay), 가족놀이치료 등의 치료를 통해 아동뿐 아니라 부모나 가족을 치료에 개입시키는 다양한 시도가 활발하게 이루어지고 있다.

특히 기본적인 놀이치료 기술을 이용하여 부모들을 자녀들의 치료 중개자로서 훈련시키는 부모놀이치료는 놀이치료 분야에서 이룬 의미있는 발전 중 하나라 할 수 있다. 1960년 버나드 거니(Bernard Guerney)와 루이스 거니(Luise Guerney) 부부가 개발한 이 혁신적 접근은 부모-자녀관계 증진 모델로 널리 받아들여지고 있다. 거니 부부가 착안한 부모-자녀관계 증진 모델은 내담자 중심 놀이치료 기법을 이용하여 가정에서 매주 놀이치료를 수행하는 데 필요한 기술을 부모에게 훈련시키는 고도로 구조화된 프로그램이다. 그동안 행해진 부모-자녀관계 증진 프로그램은 실제로 수많은 부모와 아이들을 변화시키는 데 효과적이었다는 것을 통계적으로 증명해주었다(Landreth, 2002).

## 5. 놀이치료의 대상 및 효과

놀이치료를 적용할 수 있는 연령범위에 대한 연구는 충분히 이루어지지 못한 상태이다. 로저스는 중요한 감정을 언어화하기 어려운 4~12세의 아동들에게 놀이치료가 적합하다고 언급하였지만, 현재는 사물에 흥미를 보이는 연령의 아동이면 언제든지 가능하다고 본다.

치료대상도 아동뿐 아니라 치료놀이나 부모놀이치료, 가족놀이치료처럼 주 양육자 및 가족에게로까지 확대되고 있다. 일반적으로 12세 정도가 되면 놀이치료의 효과가 줄어들기 시작한다고 여겨지고 있으나, 놀이치료의 내용을 아동의 연령이나 특성에 맞게 게임이나 레크리에이션 기법, 모래놀이 등으로 확장한다면 적용의 범위는 더욱 확대될 수 있다.

아동의 자기표현능력이나 인식능력이 놀이치료의 진전이나 효과에 영향을 미치므로 내담아동의 지적 능력도 놀이치료의 대상을 결정하는 데 중요한 요소가 될 것이다. 지능이 낮은 아동은 좀 더 감각적인 놀잇감의 활용이 적절할 것이다. 반면, 지적으로 우수한 아동이나 사춘기의 청소년은 놀이치료실에서 활동하기를 거부하는 경향이 있으므로 연령에 맞는 게임이나 절차를 신중하게 선택하여 치료에의 참여 동기를 높일 수 있는 방법을 모색하는 것이 필요하다. 놀이치료의 적용범위는 연령 이외에 문제행동의 유형과도 관련이 있다. 외현화 장애, 내면화 장애, 관계상의 어려움, 사회적 기술능력 등 심리적 문제를 가진 아동이 주된 놀이치료의 대상이 된다.

레이(Ray), 브래튼(Bratton), 린(Rhine), 존스(Jones, 2001)는 놀이치료가 실행 가능한 치료 기법으로서 효과가 있는지를 밝히고자 놀이치료의 효과분석에 초점을 둔 94개의 연구에 대해 메타분석을 실시하였다. 그 결과, 놀이치료는 내담아동이 가지도 있던 거의 모든 유형의 문제를 완화하거나 해소하는 데 매우 긍정적인 효과가 있는 것으로 나타났다. 그들은 놀이치료가 행동의 양식, 내담아동의 나이, 성별 등을 막론하고 효과가 있다고 보고하였다.

실제 치료사례를 바탕으로, 오늘날 놀이치료는 다음의 영역을 포함하여 아동의 다양한 문제를 개선 또는 해소하는 데 유용한 치료접근인 것으로 인식되고 있다 (Landreth, 2002).

- 머리카락 잡아당기기의 완화(Barlow, Strother & Landreth, 1985)
- 선택적 함구증의 개선(Barlow, Strother & Landreth, 1986)
- 공격적인 표출행동의 감소(Willock, 1983)
- 이혼가족 아동의 정서적 적응의 개선(Mendell, 1983)
- 학대받고 방임된 아동의 정서적 적응의 개선(Mann & McDermott, 1983)
- 성폭력 피해아동과 가정폭력을 목격한 아동의 정서적 적응의 개선(Kot, Landreth & Giordano, 1998; Saucier, 1986; Tyndall-Lind, Landreth &

Giordano, 2001)

- 입원한 아동의 스트레스와 불안의 감소(Golden, 1983)
- 빈약한 읽기 능력의 향상(Axline, 1947, 1949; Bills, 1950; Bixler, 1945; Mehus, 1953; Pumfrey & Elliot, 1970; Winn, 1959)
- 학습장애아의 학업수행 능력 증진(Axline, 1949; Guemey, 1983; Holmer, 1937; Jones, 1952; Machler, 1965; Moustakas, 1951; Sokoloff, 1959)
- 학교에서의 부적응 행동 감소(Constantino, Malgady & Roger, 1986; Gaulden, 1975; Hannah, 1986; Leland, Walker & Taboada, 1959)
- 언어문제의 교정(Axline & Rogers, 1945; Dupent et al., 1953; Reynert, 1946; Winn, 1959)
- 정신지체아동의 정서적 · 인지적 문제의 감소(Leland, 1983; Leland & Smith, 1962; Miller, 1948; Moyer & Von Haller, 1956; Pothier, 1967)
- 사회적 · 정서적 적응 능력의 향상(Andriola, 1944; Axline, 1948, 1964; Baruch, 1952; Conn, 1952; King & Ekstein, 1967; Miller, 1947; Moustakas, 1951; Potheir, 1967; Schiffer, 1957; Ude-Pestel, 1977)
- 말더듬의 개선(Wakaba, 1983)
- 천식, 궤양성 결장염, 알레르기와 같은 정신신체적 장애의 완화(Dudek, 1967; Jessner, 1951; Miller & Baruch, 1948)
- 아동 우울증세의 감소(Burroughs et al., 1997; Springer, Philips, Philips, Cannady & Kerst-Harris, 1992; Tyndall-Lindet et al., 2001)
- 자아개념의 증진(Bleck & Bleck, 1982; Crow, 1989)
- 분리불안의 경감(Milos & Reiss, 1982)

# 2장 놀이치료 환경

## 1. 놀이치료실

놀이치료실은 치료과정 중 아동에게 중요한 영향을 미치는 물리적 환경이다. 놀이치료실의 분위기는 매우 중요하다. 놀이치료실에서의 놀이는 집이나 다른 곳에서 하는 놀이와 달리 놀이치료실이라는 환경 때문에 아동에게 특별한 의미를 가진다. 무엇보다도 치료적 환경을 조성하여야 한다. 아동이 안전함을 충분히 느낄 수 있을 만큼 따뜻하고, 자신이 환영받고 있으며 '나만의 공간'이라는 것을 인식시킬 수 있는 분위기여야 한다. 이를 위해 놀이치료실의 위치, 크기뿐 아니라 실내 디자인을 구성할 때 치료적 효과를 높일 수 있는 요인들을 고려하여야 한다. 놀이치료실의 공간 배치와 구성이 잘 될수록 아동은 치료에 좀 더 수월하게 참여할 수 있다. 잘 계획되고 조직된 놀이치료실은 특히 스트레스가 높거나 심리적 외상을 지닌 아동들의 치료를 위해 매우 중요하다.

### 1) 놀이치료실 위치

상담센터에서 놀이치료실은 독립적인 공간으로 마련되는 것이 바람직하다. 대부분의 아동들은 매우 소란스럽기 때문에 놀이치료실의 위치는 아동들이 다른 내담자나 치료자들을 방해하지 않는 곳이 좋다. 놀이치료실은 내담자와 치료자 모두의 사생활이 보호되는 것을 원칙으로 해야 한다. 소란한 분위기는 치료자들이 치료에 집중하는 것을 방해해서 효과를 낮출 수 있으며, 불안한 다른 내담자를 자극할 수 있다.

아동의 사생활 보호는 매우 중요하게 고려되어야 한다. 놀이치료실 내에서 일어나는 대화를 밖에서 듣는다면 곤란하다. 부모나 타인들이 놀이치료실 내에서 일어나는 일들을 듣는다면 아동의 사생활이 침해되고 치료에 도움이 되지 않는 상황이 벌어질 수도 있다. 예를 들면, 아동이 부모의 다툼에 대해 치료자에게 얘기하는 것을 밖에서 부모가 듣는다면 부모가 부끄러움과 죄의식 등을 느낄 수 있으며, 이러한 부모의 감정적 동요가 아동을 추궁한다든지 하여 아동을 괴롭히는 중요한 주제에 대해 다시는 놀이치료실에서 말하지 못하게 할 수도 있다. 이러한 문제를 해결하기 위해 놀이치료실에 방음장치를 설치하는 것이 필요하다. 놀이치료실은 아동에게 특별하지만 심리적으로 안전한 비밀공간이라는 것을 주의해야 한다.

### 2) 놀이치료실 크기

놀이치료실은 아동이 놀이를 자유롭게 할 수 있고 심리적으로 안정감을 느낄 수 있는 정도의 크기가 적당하다. 아동이 놀이치료실 안에서 긍정적 감정뿐 아니라 자신을 괴롭히는 부정적 감정을 포함한 모든 감정을 안전하고 자유롭게 표현할 수 있을 때 치료는 이루어진다. 이러한 분위기를 조성하기 위해서는 놀이치료실이 너무 작지도 크지도 않아야 한다. 랜드레스(Landreth, 2002)는 3.6×4.5m 크기가 놀이치료의 목적에 가장 일치할 수 있는 크기라고 제안하였다. 또한 너무 좁거나 넓은 방은 이러한 목적에 맞지 않는다고 하였다. 넓은 방에서는 아동이 멀리 달아날 수 있으며 치료자가 아동을 쫓아다니느라 바쁘기 때문에 바람직하지 않다.

### 3) 놀이치료실 특징

놀이치료실은 안전함, 비밀보장과 함께 편안함과 편리함도 보장되어야 한다. 독립적인 공간으로 방음시설을 필요로 한다. 창문이 없는 것이 비밀보장에 더욱 좋지만, 창문이 있다면 블라인드를 설치하는 것이 바람직하다. 커다란 창문이 있다면 건물 밖의 도로나 옆 건물에서 놀이치료실 내부를 볼 수 있기 때문에 이러한 위험을 최소화하여야 한다. 놀이치료실 안에서 나누는 아동과 치료자의 대화가 밖으로 들리는 것도 문제지만 놀이치료실 밖의 소음이 놀이치료를 방해하지 않아야 한다. 특히 대기실에서 아동들이 기다리면서 시끄럽게 떠드는 것이 치료를 방해할 수 있으므로 방음시설을 설치하는 것이 좋다.

놀이치료실 바닥은 아동들이 자유롭게 놀이를 하는 데 부담이 없도록 저렴하고 청소하기 쉬운 자재를 사용하는 것이 좋다. 아동들이 놀이치료실을 더럽히는 데 대한 부담 없이 자유롭게 놀 수 있는 분위기를 만드는 것이 중요하다. 아동이 물감놀이나 모래놀이 등을 한 이후 쉽게 청소할 수 있고 얼룩이 지워지는 비닐장판 같은 것이 유용하다. 카펫 같은 것을 바닥에 깐다면 아동도 더럽히지 않을까라는 걱정을 할 수 있고, 치료자도 바닥이 더러워지는 것에 대한 불안을 느낄 수 있을 것이다. 특히 이젤이나 모래상자 아래에 닦기 쉬운 비닐을 깔아 놓으면 청소도 용이하고 아동과 치료자의 부담도 덜 수 있을 것이다.

놀이치료실 벽은 내구력이 있고 닦을 수 있는 에나멜로 칠하는 것이 좋으며, 약간 회색빛을 띠는 흰색이 기분 좋은 분위기를 만드는 데 적절하며 자극적이고 현란한 색이나 너무 어둡고 칙칙한 색은 피하는 것이 좋다(Giordano, Landreth, Jones, 2005; Landreth, 2002).

놀이치료실 벽면에는 놀잇감을 배치할 장이나 선반을 구비하여 놀잇감을 정돈하고 조직적으로 구성하여야 한다. 가구들은 단순하지만 서로 조화를 잘 이루는 것이 좋다. 치료자와 아동이 놀잇감이 어디에 배치되어 있는지 예상 가능하여야 하며, 위생적인 환경이 유지되어야 한다. 놀잇감을 배치하는 선반의 위치는 아동의 신체적 발달을 고려하여 낮게 만드는 것이 안전하다. 장난감이 정리되어 있는 선반이 높으면 아직 키가 작은 아동이 장난감을 꺼내기 위해 기어오르려고 할 수도 있기 때문에 위험하다. 랜드레스(Landreth, 2002)는 가장 높은 선반도 97cm를 넘지 않아서 어린 아동들이 치료자의 도움 없이 놀잇감을 꺼낼 수 있어야 한다고 하였다. 또한 튼튼하게 만든 선반은 영구적으로 벽에 딱 붙게 설계해 아동들이 그 안으로 기어 들어가도 안전하게끔 만드는 것이 이상적이라고 하였다. 놀잇감은 일관성 있고 조직적으로 정리하여 아동과 놀이치료자가 어디에 무엇이 있는지 잘 알 수 있도록 배치함으로써 편리함을 도모해야 한다. 아동은 익숙하게 놀잇감을 찾거나 가져다 둘 수 있다. 장난감을 배열하는 가장 좋은 방법은 범주별로 정리하여 배치하는 것이다.

놀이치료실 한 켠에는 차가운 물만 나오는 싱크대를 구비하는 것이 필요하다. 뜨거운 물은 싱크대 밑에 있는 밸브를 완전히 잠그고 차가운 물은 반만 잠궈서 아동들이 사용할 때 치료실 전체에 물이 튀지 않지만 아동이 차가운 물을 충분히 활용할 수 있도록 한다. 다음에 제시된 사진들은 The Center for Play Therapy University of

North Texas의 놀이치료실이다.

## 2. 놀잇감

놀이에 잠재된 치유적인 힘들은 여러 방법으로 사용된다. 치료자들은 아동이 그들의 생각과 감정을 말로 표현하지 못할 때 놀이를 통해 그들의 어려움이 무엇인지 살펴보기 위해 놀이를 전략적으로 사용한다(Gil, 1991). 놀이치료에서 놀잇감은 아동의 단어와 같고, 놀이는 아동의 언어와 같다. 장난감과 재료들은 모아지는 것이 아니라 수집되어야 한다(Landreth, 2002). 놀잇감은 아동의 창의적이고 정서적인 표현을 이끌어내기 위해 주의 깊게 선택해야 한다. 놀잇감은 아동이 놀이를 결정하는 방식에 따라 다양하게 활용된다. 놀이치료자는 치료에 사용할 놀잇감들을 선택하여 놀이치료에 활용하고 아동이 주도적으로 활용하여 놀이하도록 도와야 한다. 또한 놀잇감은 계속해서 사용되어지고 아동에 의해 거칠게 사용될 수 있으므로 내구성이 있고 견고해야 한다.

### 1) 놀잇감 선택 기준

기노트(Ginott, 1961)는 놀이치료 도구에 대한 정형화 된 지침은 아직 없지만 치료적 관계를 촉진시킬 수 있는 놀잇감, 카타르시스를 고려한 놀잇감, 통찰력 발달을 위한 놀잇감, 방어를 위한 놀잇감, 승화를 위한 놀잇감이 필요하다고 하였다. 카포릴로(Coppolillo, 1987)는 놀잇감들은 아동을 현혹하고 부추기는 것이 아니라 다만 아동이 표현하기 쉽도록 매개물을 제공해 주기 위한 것이라는 점을 강조하며 최소한 이런 특징이 있는 놀잇감을 사용해야 한다고 제안하였다. 랜드레스는 놀잇감과 도구를 선택할 때의 중요한 평가 기준으로 다음과 같은 것들을 제시하였다.

- 폭넓은 창의적 표현을 촉진하는가?
- 폭넓은 정서적 표현을 촉진하는가?
- 아동의 흥미를 일으키기에 적합한가?
- 표현이 가능하고 탐색적인 놀이로 촉진시키는가?
- 언어화되지 않아도 탐색과 표현이 허용되는가?
- 미리 정해진 구조 없이도 성공적인가?
- 확실하지 않은 애매한 놀이도 가능한가?
- 활동적인 놀이에도 활용할 만큼 튼튼한가?

The Center for Play Therapy University of North Texas에서는 놀잇감과 재료들은 모아서 사용하는 것이 아니라 선택하는 과정을 꼭 거쳐야 하며, 견고하고 간단하며 성공을 허용하고 재미가 있어야 한다는 것을 강조하며 다음과 같은 선택기준을 제시하였다.

- 문화적 가치, 전통, 역할을 포함한 실생활을 탐험할 수 있는 놀잇감
- 아동의 흥미와 관심을 모아서 아동과 접촉하기 용이한 놀잇감
- 제한에 대한 현실검증을 허용하는 놀잇감
- 자기조절의 발달 기회를 제공하는 놀잇감
- 자기와 타인을 탐험할 수 있는 놀잇감

- 아동이 욕구를 (언어적 표현 없이) 상징적으로 표현할 수 있는 놀잇감
- 다양하고 폭넓은 감정을 표현할 수 있는 놀잇감
- 자아통찰, 자기이해의 기회를 제공하는 놀잇감
- 창의적인 표현을 허용하는 놀잇감

"놀이는 아동의 언어이며 놀잇감은 아동의 단어다"

출처: The Association for Play Therapy

### 2) 놀잇감 범주

놀이치료실에서 아동들은 단순히 오락을 위해서 놀이를 하지 않으며, 놀잇감들은 아동이 혼동스럽고 감당하기 어려운 감정들과 걱정을 치료과정을 통해 표현하도록 촉진해야 한다. 따라서 놀이치료실의 놀잇감 수가 중요하기보다는 치료적 효과를 낼 수 있는 장난감을 선택하여 구비하는 것이 중요하다. 랜드레스(Landreth, 1987)와 커트만(Kottman, 1995)은 현실생활 장난감, 공격적인 장난감, 무서운 장난감, 표현적인/ 창조적인 장난감 종류는 모두 포함되어야 한다고 하였다. 지오다노(Giordano, 2005) 등은 놀잇감과 재료들을 양육적인 놀잇감, 역량적인 놀잇감, 공격적-이완 놀잇감, 실제 생활을 나타내는 놀잇감, 환상/의상, 창의적인 표현과 감정이완을 위한 놀잇감으로 나누었다. 여기서는 실생활과 양육관련 놀잇감, 공격성 등 부정적 감정 표출을 위한 놀잇감, 창의적 표현과 이완을 위한 놀잇감으로 나누어 살펴보았다.

### (1) 실생활과 양육관련 놀잇감

인형 가족, 인형집, 젖병, 다양한 인형들, 동물 가족, 차, 돈, 지폐, 냉장고, 음식, 의료도구, 전화기 등이 여기에 속한다. 아동들이 집에서 일어나는 상황을 실현시키기 위한 놀잇감으로 특별히 중요한 것은 인형집과 부엌 세트이다(김춘경, 2005). 분노, 두려움, 형제 경쟁, 위기, 가족 갈등 등을 사람 인형을 통해 직접적으로 표현할 수 있으며, 차, 트럭, 배, 금전 기록기는 저항, 근심, 부끄럽거나 위축된 아동에게 특히 중요하다(Landreth, 2002).

### (2) 공격성 등 부정적 감정 표출을 위한 놀잇감

펀치백, 장난감 군인, (진짜 총처럼 보이지 않는 색깔이 있는 플라스틱) 총, 무섭고 공격적인 인형과 동물들(악어, 상어 등), 고무칼, 수갑 등이 여기에 속한다. 이 범주의 놀잇감들은 아동이 언어적으로 표현할 수 없는 강한 부정적 감정인 분노, 적개심 등을 상징적으로 표현하는 데 용이하다. 억눌렸던 감정을 안전한 놀이치료실에서 자유롭게 표출함으로써 감정적 카타르시스를 느끼며 해소할 수 있다. 또한 자신이 감정적으로 감당하기 어려운 부정적 감정을 적절하게 표출하고 통제하는 방법을 배우며, 나아가 언어적으로 표현할 수 있게 된다.

야생동물을 표현하는 동물놀잇감은 초기 치료단계에서 아동이 공격성을 표현할 수 있는 좋은 놀잇감이다. 초기 놀이치료 단계에서 아동은 인형을 통해서도 공격성을 표현하지 못하기 때문이다. 예를 들면, 이러한 아동은 아빠 인형에게 총을 겨누는 것이 아니라 사자에게 총을 쏜다(Landreth, 2002).

### (3) 창의적 표현과 이완을 위한 놀잇감

모래, 물, 물감, 공예 재료, 찰흙, 음악 도구, 마법지팡이, 변장을 위한 옷 등이 여기에 속한다. 물이나 모래는 모양이 일정하지 않은 비구조물이므로 무엇이든지 만들 수 있기 때문에 아동이 창의적 표현을 하는 데 많은 도움이 된다. 기노트(Ginott, 1961)는 물이 놀이실 도구 중에서 가장 치료적인 것이라고 하였다. 모래와 물은 가지고 노는 방법에 옳고 그른 것이 없기 때문에 아동이 성공을 확신하고 만족감을 경험할 수 있다. 특히 수줍거나 위축된 아동에게 도움이 된다(Landreth, 2002). 아동은 변장할 수 있는 옷이나 소품을 통해 집안에서 있었던 일들의 시나리오를 작성하여 연출하기도 하고 찰흙으로 주무르고 때리는 과정에서 정서적 이완과 공격성을 표현함과 동시에 창의성을 발휘할 수 있다.

### 3) 놀잇감과 재료들

놀잇감들은 잘 정리되어 있어야 하며, 어디에 위치하고 있는지 알 수 있어야 한다. 또한 단단하고 견고할 뿐 아니라 아동이 마음껏 더럽힐 수 있어야 하며 쉽게 청소가 가능한 것이 좋다. 다음은 The Center for Play Therapy University of North Texas의 놀잇감과 재료들 목록이다(http://cpt.unt.edu/index/recommended-toy-list/).

인형가구 (단단한 나무)
몸을 굽힐 수 있는 얼굴 없는 인형
인형 침대, 옷 등
*몸이 굽혀지는 가족인형*
*인형들*
고무젖꼭지
우유병 (플라스틱)
칠판, 분필
냉장고 (나무)
접시들 (플라스틱 또는 양철)
손잡이 항아리
*플라스틱 음식*
계란 상자들
빗자루, 휴지통
*크레용, 연필, 종이*
장난감 시계
물감, 이젤, 신문 인쇄용지, 붓
눈 주변만 가리는 형태의 가면
압설자, 아이스바 막대기
*트럭, 차, 비행기, 트랙터, 보트*
탁탁 치는 작업대와 망치

일회용 반창고
스펀지, 수건
비누, 솔, 빗
투명 테이프
블록 (다른 모양과 크기)
놀이찰흙
파이프 청소기
만능차 (여러 개의 바퀴가 달려서 험한 지형에도 잘 달리게 고안된)
학교버스
*실로폰*
*드럼*
*소방관 모자, 다른 모자들*
동물원 동물들, 농장 동물들
펀치백
수갑
소리를 내는 장난감 총
*전화기(두 대)*
*공작용 판지 (몇몇의 색깔들)*
걸레나 낡은 수건
팅커 토이즈

| | |
|---|---|
| **심벌즈* | 휴지 |
| 장난감 군인과 군 장비 | 고무 칼 |
| 모래상자, 큰 숟가락, 깔때기, 거름체, 양동이 | 다트 총 |
| 고무 뱀, 악어 | 공들 (큰 것과 작은 것) |
| **다양한 색깔의 분필, 지우개* | 의료기구 |
| 스토브 (나무) | 무딘 가위 |
| **냄비, 은그릇* | 장난감 돈과 금전 등록기 |
| 개수통 | **손인형 (의사, 간호사 등)* |
| **빈 과일과 야채 깡통 등* | 밧줄 |
| | **지갑과 보석* |

놀잇감들은 아동의 경험을 상징적으로 표현하도록 하고 내적 통찰을 제공한다. 놀잇감은 선별되어 제공되어야 하지만, 놀잇감이 다양할수록 각 아동의 독특한 욕구를 자신이 감당할 수 있는 방법으로 충분히 표현할 수 있는 기회를 더 많이 가질 수 있다. 또한 아동의 문화적 경험을 전형적으로 표현할 수 있는 놀잇감이 포함되어야 한다. 이를 위해 독특한 문화나 사건을 나타내는 놀잇감을 더 제공할 수 있다. 놀이치료자는 내담 아동의 문화적 배경을 전형적으로 나타내는 놀잇감들을 민감하게 살펴서 문화적으로 놀이치료실을 꾸밀 수 있다. 위에 제시한 The Center for Play Therapy University of North Texas의 놀잇감들 중 *로 표시한 놀잇감들은 문화적으로 반응적인 것들이며, 다른 문화의 주방기구, 악기, 모자, 장신구뿐 아이라 인형이나 퍼펫의 피부색, 다양한 민족 음식에 대한 제한은 두지 않는다. 우리나라의 경우에도 다문화가정과 아동이 증가함에 따라 놀이치료자의 내담 아동의 문화적 배경에 대한 민감함과 그에 따른 치료적 준비로서 문화적 놀잇감을 제공하는 데 대한 노력이 더욱 필요하다는 것을 고려하여야 하겠다.

## 3. 놀이치료자

치료자들은 아동이 정서적, 사회적 결손이 있을 때 놀이를 통해 좀 더 적응적인 행동을 배우도록 돕는다(Pedro-Carroll, Reddy, 2005). 아동과 치료자 간의 긍정적인 치료적 관계는 치유를 위해 이전에 경험한 잘못된 관계를 바로잡아 주는 경험을 제공한다(Moustakas, 1997). 놀이치료 과정에서 아동은 단순히 노는 것만으로 치료되는 것이 아니라 치료자와의 상호적인 대인관계를 통해 정화를 맛보게 되고, 고통이 감소되고, 충동이 조절되는 교정적인 정서경험(Enzer, 1988)을 하게 된다.

놀이치료실에서의 놀이가 집에서 하는 놀이와 달리 특별함과 차이점을 가지는 이유가 치료실이라는 환경뿐 아니라 놀이치료자라는 특별한 존재가 있기 때문이다. 놀이치료자는 수용적인 환경을 제공하기 위해 특별한 훈련을 받은 사람이기 때문에 놀이치료는 일반인들과의 놀이와 다르다. 훈련된 놀이치료자는 아동이 수용 받고 이해 받는다고 느끼도록 하며 어려운 상황을 조절하고 이해하도록 돕는다.

### 1) 성격 및 인간적 자질

놀이치료자의 인간적 자질은 내담 아동에게 매우 중요하다. 인간적 자질의 중요성은 특히 윤리적, 도덕적 영역에 있어서 매우 고려되어야 하며 중요한 덕목이다. 이러한 인간적 자질은 외부의 권위에 의한 요구가 아닌 놀이치료자의 내면 깊은 곳에 근원하며 개인적으로 노력해야 할 책무라고 할 수 있다.

놀이치료자는 진실성이 있으며 따뜻해야 한다. 놀이치료자 자신이 아동을 대할 때 '따뜻한 치료자인 척', '~인 척' 하는 것이 아니라 본질적으로 따뜻해야 한다는 것을 말한다. 치료자가 진실한 마음으로 따뜻함을 베풀고 그로부터 아동이 보살핌을 경험하는 것은 무조건적인 것이다. 따뜻하고 보살핌을 주는 치료자는 놀이치료실에서 아동이 충분이 자신을 표현하도록 자유롭게 해 준다. 예를 들면, 아동이 놀이실을 어지럽히며 노는 것에 내적인 불편감이 있는 치료자가 섣부르게 제한을 가한다든지 다른 놀이로 유도한다든지 하는 반응을 보이면 아동은 수용 받지 못함을 느끼고 치료자의 눈치를 살피든지 죄책감을 느끼게 될 수도 있다.

유능한 치료자는 아동이 독립적인 개인이 되도록 객관적이며, 새로운 것에 수용적인 태도를 지니며, 예기치 않은 것을 수용하고 받아들일 만큼 융통적이다. 아동에게 행동을 강요하려고 하지 않는다. 치료자는 아동의 세계와 이들의 경험을 순수하게 인식한다. 이러한 인식은 아동에 대해 민감한 이해, 관심, 돌봄, 좋아함이 바탕이 되어야 한다.

유능한 치료자는 개방된 마음을 가지고 인내심이 있으며, 개인적으로 안정되어 자신의 적절감에 위협을 느끼지 않고도 개인적 한계를 인식하고 수용한다(Landreth, 2002).

놀이치료실에서는 아동이 주도하기 때문에 치료자는 아동이 놀이를 할지 하지 않을지, 어떤 놀이를 할지 등을 결정하는 것을 민감하게 이해하고 적극적으로 수용해야 한다. 치료자는 아동이 지금-여기에서 어떤 감정과 생각을 하고 있으며 상징을 사용하고 있는지 예민하게 인식하며 수용한다. 아동의 독특함을 존중하기 때문에 아동의 세계를 파악하고 함께하기 위해 노력해야 한다. 치료자의 이러한 노력은 평가나 판단을 통하지 않고 치료자 스스로가 판단이나 평가를 받지 않는 경험이 얼마나 보상을 주는지 경험적으로 이해하고 있을 때 가능하다.

치료자가 폐쇄적인 마음이 아니라 개방적인 마음을 가져야 하는 이유는 아동의 표현을 왜곡하지 않고 있는 그대로 받아들일 수 있어야 하기 때문이다. 치료자는 자신의 현실세계에서 벗어나 아동의 현실세계를 경험할 수 있어야 한다. 이 개방된 마음은 치료자로 하여금 충분하고 정확하게 아동이 언어적, 비언어적 놀이를 통해 전달하는 의미를 이해할 수 있게 한다(Landreth, 2002).

놀이치료자의 인내심은 아주 중요한 성격적 특징이다. 이것은 다른 영역의 상담 및 심리치료에서도 아주 중요한 치료자의 성격적 특징이겠지만 특히 아동을 대상으로 하는 놀이치료에서는 더욱 그 중요성이 크다. 아동은 항상 무언가를 진행하고 변화하는 과정 중에 있기 때문에 치료자는 아동의 과거가 아닌 미래지향에 초점을 맞춰 아동을 수용하는 것이다. 이러한 놀이치료자의 성격적 특징은 타고난 부분도 있겠지만 지속적인 자기이해와 통찰에 대한 노력과 자기수용을 통해 인간적 자질을 넓힘으로써 가능해질 것이다.

### 2) 역할과 태도

놀이치료자와 아동의 관계는 허용적이고 비심판적이며 따뜻하게 보호하는 관계로서 아동을 지시하거나 주도하지 않는다. 아동이 자신의 가장 내적인 세계 속으로 깊이 들어가 보도록 용기를 주어 진정한 자아를 발휘하도록 하는 것이다. 놀이치료자들은 아동이 독립성과 자아 지향을 위해 타고난 욕구를 지니고 있으며 아동들이 자아에 충실하기 위해서는 허용과 수용이 필요하다고 믿는다. 이러한 허용과 수용은 아동들의 삶에서 중요한 사람들과의 관계를 통하여 형성되는 것이다. 아동들이 소중하고 수용적인 존재임을 느끼게 하는 치료적 관계를 경험함으로써 아동들은 자신을 수용하고 가치있는 사람으로 여기는 것을 배운다(Axline, 1947). 아동은 의미있는 관계 속에서 자아표현과 탐색의 과정과 가치의 실현을 통해 긍정적이고 자기 결정적이며 자아실현에 도달하는 개인이 된다(Moustakas, 1959).

처음에 아동이 놀이치료자를 만나면 지금까지 만났던 다른 성인들과 별다른 차이점을 못느낀다. 하지만 아동은 놀이치료자가 그동안 만났던 성인들과 다르다는 것을 금방 인식하게 된다. 놀이치료자는 감독자, 교사, 동료, 아기 봐주는 사람, 또는 대리 부모와 다르다. 놀이치료자는 아동의 독특함을 존중하고 감정에 민감하며 놀이실에서 아동이 하는 모든 것에 순수한 관심과 주의를 기울이며 헌신한다. 랜드레스(Landreth, 2002)는 놀이치료자가 아동에게 다른 유형의 성인으로 보이는 가장 중요한 이유는 '충분히 현재 여기에 존재하여 함께' 있기 때문이라고 하였다. 지오다노(Giordano, 2005) 등은 치료자가 아동에게 다음과 같은 메시지를 전달하여야 한다고 하였다.

- 너는 혼자가 아니란다. 나는 너와 함께 있단다.
- 나는 너의 말을 듣고 본단다.
- 나는 너를 이해하고 있단다.
- 나는 너를 소중히 여긴단다.

놀이치료 세션이 적절하게 진행된다면 놀이치료자는 아동의 감정에 민감하게 대처하며 아동을 뒤에서 관찰하여 무엇이 일어나고 있는지 아동에게 반영한다. 아동들은 언어화되지는 않았지만 그들에게서 비언어적으로 표현된 느낌들을 놀이치료자가 수용하고 반영을 통해 인간적인 면에 민감하게 반응할 때 그 안에서 자신의 가치를 인식하기 시작한다(O' Conner, Braverman, 1997). 치료자는 아동을 위해 문제를 해결해 주지 않으며, 행동을 설명해 주지도 않으며, 동기나 의도를 해석해 주지도 않는다. 그런 것들은 모두 아동에게서 자기발견의 기회를 빼앗아 버린다.

치료자는 아동이 하는 것과 말하는 것에 정서적으로 적극적인 민감함과 반응적인 태도를 보여야 한다. 민감하게 이해한다는 것은 놀이치료자가 아동의 경험적 현실세계를 인식하고 완전히 정서적으로 접촉한다는 것을 의미한다. 치료자는 불필요하게 확신을 시킴으로써 아동의 고통스러운 경험을 덜어주려고 하지 않는다. 즉, 두려움이 가득한 아동에게 '모든 것이 잘 될 거야' 라는 말로 안심시키거나 '하지만 너의 엄마는 너를 정말 사랑한단다' 라는 말로 아동을 편안하게 하려고 하지 않는다. 이러한 반응은 아동에게 고통을 경험하는 것은 용납되지 않는다는 메시지를 준다. 치료자는 아동의 감정이 무엇이든 간에 정당한 감정이 되도록 고려해야 한다(Landreth, 2002).

아동은 치료자와 함께 현대 사회와 일상에서 주어지지 않는, 단지 놀이를 하고 아동 자신이 되어보는 "특별한 시간"을 갖게 된다. 아동은 스스로 변화하고, 해결하지 못하는 어려움을 극복하는 전략을 배우게 된다. 이를 통해 아동은 미래에 대해 좀 더 긍정적인 관점과 자신감을 가지게 된다. 아동의 바람과 놀이치료자의 기술에 따라 놀잇감은 다양한 방법으로 활용될 것이다. 거니(Gurney, 1972)는 놀이치료자는 아동에게 다음과 같은 것들을 하지 말아야 한다고 제시하였다.

- 아동의 어떠한 행동도 비판하지 말 것
- 아동을 칭찬하지 말 것
- 아동에게 질문하지 말 것
- 놀이치료 시간을 방해하는 것을 허용하지 말 것
- 아동에게 정보를 제공하거나 가르치지 말 것
- 아동에게 새로운 행동을 시도하지 말 것
- 치료자가 조용하거나 수동적이지 말 것

아동을 칭찬, 비판하거나 어떤 평가를 하는 것도 바람직하지 않다. 치료자가 스스로 이러한 반응을 하는 것도 바람직하지 않지만 아동이 요청을 할 때도 하지 말아야 하는 반응이라는 것이다. 예를 들면, 아동이 자신의 작품에 대해 "내가 만든 로봇 잘 만들었죠?" 또는 "내가 그림을 잘 그렸죠?" 라고 칭찬이나 평가적인 대답을 요구할 때 놀이치료자는 칭찬이나 평가를 하기보다 자신이 보는 것을 얘기한다. "머리가 빨간색이고 다리가 파랑색인 로봇을 만들었구나.", "너는 아래쪽에는 전부 갈색을 칠하고 여기 위쪽에는 초록색, 그리고 왼쪽에는 하늘색을 칠했구나. 네가 원하는 방식으로 그림을 그렸구나." 라고 반응한다. 칭찬, 비판, 평가적인 반응은 아동의 내적인 동기를 방해할 수 있다.

놀이치료자가 아동에게 질문을 거의 하지 않는 이유는, 아동이 아닌 치료자에게 주의가 집중되고 치료자의 관점에서 아동과의 관계가 구조화 될 수 있으며 결국 아동의 놀이 과정을 방해할 수 있기 때문이다. 치료자가 너무 수동적이거나 조용하지 말아야 한다고 해서 너무 자주 반응하는 것도 옳지 않다. 아동의 비언어적인 놀이에 너무 자주 반응을 한다면 마치 스포츠 중계자처럼 느껴져서 진실되거나 함께 대화한다는 느낌을 전달하지 못하고 방해받고 있다고 느껴질 수도 있다. 치료자는 반응의 횟수와 속도를 고려하고 진실된 대화체로 반응하는 것이 필요하다. 지오다노 등은 다음과 같은 것들은 아동의 문제를 해결하고 치료적 목적을 획득하는 데 필요하다고 하였다.

- 아동이 주도하게끔 할 것
- 아동의 역량에 갈채를 보내고 노력을 격려할 것
- 아동의 놀이에 따라가는 사람으로 참여할 것
- 언어적으로 적극적일 것

놀이치료자의 목소리 톤도 치료적 요소로 활용된다. 아동의 감정을 반영하거나 경험을 인정할 때 놀이치료자의 목소리 톤은 아동의 표현과 경험을 그대로 비추어 나타낼 필요가 있다(Giordano 등, 2005). 예를 들면, 아동이 진지하게 각각 다른 모양과 색깔의 블록으로 무언가를 만들고 있다면 치료자는 기쁘고 흥분된 목소리보다는 진지하고 차분한 목소리로 "너는 여러 가지 색깔과 모양의 블록들로 무엇인가를 만들고 있구나." 라고 말한다. 또한 화난 표정과 소리를 내며 소리 나는 장난감 총으로 인형을 쏘고 있다면 치료자는 화난 목소리로 "네가 정말로 화가 났구나~."라고 반영해 준다.

### 3) 전문적 자질

전문적 놀이치료사는 잘 훈련을 받고 아동과 가족에 대한 놀이치료 서비스 경험을 많이 가지고 있어야 한다. 놀이치료사가 아동과 나누는 대화는 일반 성인과 다르다. 놀이치료사의 인간적 자질도 중요하지만 전문적 자질을 갖추는 것도 놀이치료의 성공과 질적인 놀이치료 서비스를 제공하기 위해 중요한 요인이다. 놀이치료사는 아동의 심리적 어려움이나 증상을 치료하는 과정에서 좀 더 적응적으로 대처하도록 도와주는 전문가이므로 치료자는 이러한 특성을 지니고 있어야 한다. 이러한 측면은 성격적 특징이나 인간적 자질이기도 하지만, 엄밀히 말해서 놀이치료사가 되기 위한 전문적 교육 속에 이러한 요소들이 녹아들어가 있다. 또한 놀이치료사가 단지 친절하고 따뜻한 성인이 아니라 아동의 문제를 해결하는 데 도움을 주기 위해서는 높은 전문적 지식과 기술을 지니고 있어야 한다. 따라서 놀이치료사가 되는 과정은 광범위하고 특별한 교육, 훈련, 경험을 요구한다.

미국에서는 공인된 놀이치료 자격증을 획득하기 위해서는 석사학위나 박사학위를 가지고 임상적 경험과 슈퍼비전을 이수하여야 한다. 우리나라의 경우 학회에서 놀이치료사 자격증을 수여하는데 그 중 한국놀이치료학회에서 수여하는 놀이치료사를 살펴보고자 한다. 놀이치료사는 사회 · 정서적 적응문제로 성장발달과 학습에 어려움을 겪는 아동과 청소년들을 놀이를 통해 진단하고 치료하는 전문가이다. 놀이치료 관련 학문분야 석사학위 취득자로서 10개 전공과목을 이수하고 자격시험에 합격한 후 임상수련, 슈퍼비전, 사례발표 및 구술시험 등 놀이치료사 자격조건을 구비한 경우에 자격증을 수여한다. 구체적으로 한국놀이치료학회에서 수여하는 놀이치료사가 되기 위해서는 다음과 같은 훈련 과정을 거쳐야 한다.

- 놀이치료 관련 학과에서 석사학위 이상의 학위를 취득한 학회 정회원으로서 상담이론, 발달이론, 성격이론, 놀이치료, 심리평가 등 주요 교과목을 필수로 이수하고, 정신분석, 분석심리학, 인지치료, 행동치료, 가족치료, 미술치료, 임상심리학, 아동정신의학, 정신건강, 청소년심리학, 신경심리학, 교육심리학, 부모자녀관계 등 기초가 되는 학문 분야의 교과목을 선택으로 최소 5개 과목 이상 이수한 수강경력이 있어야 한다.
- 상기의 교육경험이 있는 회원은 놀이치료사 자격시험에 응시할 수 있다. 놀이치료사 자격시험 과목은 놀이치료이론, 상담이론으로 놀이치료의 기초와 전문 분야에 관한 내용을 중심으로 출제된다.
- 놀이치료사가 필기시험에 합격한 후에는 놀이치료 임상경험과 수련과정을 이수해야 한다. 놀이치료사가 되려면 300시간 이상의 실제 놀이치료 경험이 있어야 한다. 이 과정에서 적어도 1년간 놀이치료 5사례에 대해 50시간 이상을 놀이치료

수련감독자로부터 지도를 받아야 한다. 수련감독자란 놀이치료전문가 또는 놀이치료교육전문가 자격을 가진 교수급 지도자들이다.

- 놀이치료 경험과 지도감독 수련과 함께 임상심리전문가의 지도하에 5회 이상 심리검사 실시와 해석에 관한 수련을 받아야 한다.
- 이러한 수련과정이 끝나면 한국놀이치료학회에서 놀이치료 사례를 공개적으로 발표하고 평가를 받는다. 발표하는 사례는 사례보고서, 1회기분의 녹화 테이프, 완전 축어록을 제시하여 평가를 받아야 한다.
- 마지막으로 구술 면접시험에 합격해야 한다. 구술면접에서는 놀이치료사로서 지켜야 할 직업윤리, 전문지식, 임상가로서의 자질 및 사례보고서의 진실성 등에 대한 내용을 질문받게 된다.

이상의 모든 절차를 충족하면 놀이치료사 자격을 취득하게 된다.

# 3장 놀이치료 과정

## 1. 아동 심리 평가

아동의 문제행동에 대한 발달적, 심리적, 환경적 원인을 파악하고 해결방법을 찾기 위해서 평가를 실시한다. 평가를 통해 아동의 심리적 어려움이 무엇인지, 무엇 때문에 생겼는지 원인을 파악하는 것은 적절한 치료 목표와 방향을 세우는 데 매우 중요한 과정이다. 또한 잠재력, 강점, 약점 등을 알 수 있으며 치료자는 올바르고 효율적인 치료계획을 세울 수 있다.

평가 과정은 아동의 놀이 관찰과 평가, 부모면담, 아동심리검사, 부모심리검사 등을 통해 이루어진다. 아동의 문제 영역과 정도에 따라 평가 과정은 다르게 이루어질 수 있다.

### 1) 놀이관찰 및 평가

놀이치료에서는 훈련된 놀이치료 전문가가 아동의 놀이를 평가하고 이해한다. 이를 바탕으로 아동의 정서적 어려움에 대처하는 것을 돕고 문제를 해결하는 방법을 찾는 데 활용한다(Moustakas, 1997; Reddy, Files-Hall & Schaefer, 2005). 놀이관찰을 통한 아동평가는 아동이 불안하거나 지나치게 억압되어 있을 때 놀이를 통해 친숙하고 위협적이지 않은 분위기에서 자신을 충분히 표현하도록 할 수 있다. 놀이는 그 안에서 아동과 부모, 가족, 양육자, 교사 그리고 또래 간의 관계에 대한 정보도 제공한다.

놀잇감으로 가득찬 방에 들어오면 아동들은 자신의 방식대로 놀이를 한다. 놀이평가를 할 때 놀이치료자는 처음에는 다소 수동적 역할을 하면서 아동이 놀잇감이나 사회적 상황에 어떻게 대처하는지를 살펴본다. 아동이 놀이치료실에 들어오는 순간부터 아동이 놀이치료실을 어떻게 받아들이는지, 아동이 무엇을 선택하는지, 놀잇감을 어떻게 사용하는지, 어떤 주제가 펼쳐지는지 등 아주 상세하게 관찰한다. 특히 놀이치료실에서의 첫 장면은 아동에 대해 아주 많은 정보들을 내포하고 있다. 치료실에는 수많은 놀잇감이 있는데 그 중 아동이 특정 놀잇감을 선택한다면 아동의 내면에 있는 어떤 요인이 작용했다는 것을 나타내 준다.

아동은 놀이실에서 자신의 방식대로 놀이를 하면서 심리적, 정서적 특징을 보여준다. 예를 들면, 산만하고 주의력이 부족한 ADHD 아동은 가만히 있지 못하고 끊임없이 움직이며 놀잇감에 정신이 팔려 있지만 한 가지 놀이에 집중하지 못하고 쉽게 관심을 바꾸는 게 특징이다. 반면 엄마와 분리불안이 있는 아동은 놀잇감으로 가득 찬 방을 앞에 두고도 놀잇감에 관심을 가지기보다는 엄마와 떨어지지 않으려고 놀이실에 들어가는 것을 거부할 수 있다. 이러한 아동의 놀이를 구체적으로 관찰하고 평가하는 과정을 통하여 아동의 문제에 대해 이해하게 된다.

아동의 놀이관찰을 통해 파악된 자료는 아동의 상태를 이해하여 치료적 계획을 세우는 데 기본 자료가 된다. 여기에 아동의 첫인상, 옷차림, 신체적 발육상태(또래들과 비교하였을 때 체중이나 신장), 얼굴 표정, 분위기, 부모에게서 치료자에게 오는 순간, 대기실의 모습 등 놀이치료센터에 들어오는 순간부터 놀이치료자는 아동과 부모를 관찰하여 종합적으로 아동을 평가하려고 노력한다.

### 2) 부모면담

아동의 놀이관찰을 통해 평가를 어느 정도 하고 나면 놀이치료자는 부모면담을 통해 아동의 행동문제의 원인이 무엇이며, 일상생활에서 어떤 양상과 어려움을 보이고 있는지 부모와 확인하고 좀 더 구체화한다. 부모는 아동에 대해 가장 많은 것을 알고 있고 가장 많은 영향을 미치기 때문에 부모와의 면담은 이후 치료계획을 세우고 치료과정을 진행하는 데 중요한 역할을 한다.

부모들은 먼저 상담신청서 혹은 접수면접지를 작성한다. 부모들이 작성하는 상담신청서는 일정한 형식과 기준이 있다. 일반적으로 아동의 인적사항, 놀이치료를 오게 된 경위, 주호소문제, 이전 치료력, 생육사, 발달사, 교육사, 양육상 특기사항, 가족력 등을 기록하도록 한다. 치료자는 부모에게 가능한 상담신청서를 성의 있게 구체적으로 적을 것을 요청하여야 한다. 상담신청서에 기록된 아동에 대한 정보는 아동뿐 아니라 부모에 대한 정보도 제공한다. 아동에 대해 아주 어릴 때부터 상세하게 기록하거나 면담 시 언어적 보고를 하는 부모일 경우, 아동의 사소한 행동에 대해서도 너무 민감하거나 치료자에게 자신은 아동에게 아주 관심이 많은 좋은 부모라는 것을 인정받고 싶은 마음일 수도 있다. 또는 너무 많은 정보를 혼란스럽게 제시하는 경우도 있는데 이는 자신의 혼란되고 불안한 마음을 시사하거나 치료자에 대한 무의식적 방어일 수도 있다. 반면 아동의 생육사나 발달사를 거의 기억하지 못하는 부모의 경우, 아동에 대해 정서적으로 무관심하거나 방임하는 부모일 수 있으며, 지금의 상황을 회피하거나 치료자에게 정보를 제공하면 비난받을 것 같은 불안에 의한 방어일 수도 있다. 놀이치료자는 부모면담을 통해 이러한 부모의 특징을 세심하게 살펴볼 필요도 있다.

놀이치료자는 부모가 작성한 상담신청서를 바탕으로 면담을 실시한다. 임신 시의 약물복용이나 질병, 심리적인 충격, 원하던 임신이었는지 여부, 출생 시 아동의 분만상태 및 건강 여부는 중요한 정보가 된다. 아동을 양육한 주양육자가 누구였고, 어떻게 키워졌는지, 양육자가 자주 바뀌지는 않았는지, 아동의 반응에 민감했는지, 아동에게 심리적 상처가 될 만한 사건은 없었는지, 부모의 양육방법에 따라 아동의 반응은 어떠했는지에 대하여 부모와 이야기를 나눈다. 또한 잠은 잘 자고, 음식은 잘 먹었는지, 대소변 훈련은 어떠했는지와 더불어 아동의 신체, 언어, 인지, 정서 및 사회성 발달이 어떻게 이루어졌는지를 자세하게 탐색한다. 아동과 가족 내 병력을 조사함으로써 아동의 문제와 연관된 가족 내 유전적 요인도 탐색하고, 가족환경에 대해 더 구체적인 정보를 얻기 위해 가족구성원에 대한 정보와 관계도 살펴본다(김광웅, 김화란, 2009).

부모와의 첫 번째 면담의 목적은 다음과 같다(Giordano 등, 2005).

- 부모와 긍정적인 라포르(관계)를 형성한다.
- 부모가 도움이 필요한 이유와 놀이치료를 통해서 부모가 바라는 것이 무엇인지 파악한다.
- 아동에 대하여 파악한다.
- 행정적인 관련문서를 완성한다.
- 부모에게 놀이치료에 대하여 설명한다.

## 3) 심리검사

놀이관찰과 평가, 부모면담을 통해 아동의 심리행동문제를 평가하지만, 필요하다면 객관적인 심리검사를 실시한다. 놀이관찰과 부모면담을 통해 수집한 정보만으로도 아동의 문제와 치료적 방향을 파악할 수 있다면 심리검사를 실시하지 않을 수 있다. 하지만 놀이치료자가 아동의 문제를 좀 더 객관적으로 확인하는 것이 필요하다면 아동과 부모를 대상으로 필요한 경우 각종 심리검사와 평가를 실시한다. 심리검사와 평가는 놀이치료 시작 전이나 놀이치료를 받는 중에도 실시될 수 있다. 하지만 놀이치료를 시작한 후 검사를 할 때는 꼭 필요한 경우에 실시하여야 하며, 치료적 관계에 영향을 미칠 수 있음을 염두에 두어야 한다.

### (1) 검사 선택 시 고려 사항

놀이치료자는 놀이평가와 부모면담 이후 심리검사가 필요하다고 판단하면 아동에게 적합한 심리검사를 선택해야 한다. 이 단계에서 놀이치료자가 직접 심리검사를 실시하여 평가할 수도 있지만 임상심리사에게 연계 의뢰하여 평가절차를 거치는 것도 좋은 방법이다. 심리검사를 잘 선택하기 위해서 놀이치료자는 놀이평가와 부모면담을 통해 사례에 대한 파악이 잘 되어 있어야 할 뿐 아니라 각 심리검사의 장단점을 이해하고 있어야 한다. 심리검사를 선택할 때는 다음과 같은 기준을 고려해야 한다.

● 아동의 문제와 관련성

심리검사를 선택할 때 가장 중요하게 고려해야 할 부분은 선택할 검사가 검사를 실시하는 목적에 부합하는지, 즉 아동의 문제를 이해하기 위한 정보를 제공할 수 있는가 하는 것이다. 실시하는 검사가 아동이 겪고 있는 문제와 관련성이 있는지 고려하지 않은 상태에서 무선적으로 검사를 선택하여 실시할 경우 필요하지 않은 정보를 과다하게 얻거나 반드시 필요한 정보를 얻지 못할 수 있다.

● 표준화, 타당도, 신뢰도

검사의 목적이 명확해지면 표준화된 표본으로 검사를 제작하였는가, 타당성이 있는 검사인가, 검사를 신뢰할 수 있는가를 고려하여야 한다.

● 실용성

검사 실시와 채점의 간편성, 검사의 경제성을 고려해야 한다. 가능하면 시행과 채점이 간단하고 실시에 소요되는 시간도 적절하며 비용도 지나치게 부담이 되지 않는 검사를 선정한다.

### (2) 아동 심리검사

아동 심리검사는 아동의 여러 심리검사를 종합적으로 실시하는 한 벌의(Full-battery) 검사와 필요한 부분만을 검사하는 것으로 구분할 수 있다. Full-battery 검사는 아동의 인지 기능, 정서 상태, 성격 특징, 핵심 갈등 영역, 대인관계, 심리적 자원 등 심리적 기능 전반을 종합적으로 탐색, 평가한다. 문제 증상을 정확히 진단하고, 심리치료 계획 수립에 필요한 체계적인 정보를 분석한다. Full-battery 검사는 지능검사, BGT, HTP, KFD, CAT 또는 Rorschach, SCT로 구성된다. 아동의 연령에 따라 또는 검사 목적에 따라 발달검사, 사회성숙도검사, 주의력검사 등을 선택하거나 추가한다. 다음은 놀이치료 현장에서 많이 사용되는 심리검사들의 영역과 종류들이다.

〈표 3-1〉 심리검사 영역 및 종류

| 대상 | 영역 | 검사 종류 |
|---|---|---|
| 아동 | 지능검사 | K-WPPSI, KEDI-WISC |
| | 정서 및 성격검사 | HTP, KFD, CAT, Rorschach, MMTIC, SCT |
| | 주의력검사 | ADS |
| | 발달검사 | 사회성숙도검사, 베일리발달검사 |
| | 시지각검사 | BGT |
| 부모 | 성격 및 정서검사 | MMPI, MBTI, SCT |

● 한국 웩슬러 아동지능검사(KEDI-WISC)

만 5세부터 15세까지 아동의 지능을 측정하는 검사도구이다. 언어성 검사와 동작성 검사로 나누어지는데 각각 6개의 소검사로 이루어져 있다. 언어성 검사에는 상식, 공통성, 산수, 어휘, 이해, 숫자검사로 이루어져 있고, 동작성 검사는 빠진 곳 찾기, 차례 맞추기, 토막 짜기, 모양 맞추기, 기호 쓰기, 미로로 구성되어 있다. 각각의 소검사를 통해 세부적이고 구체적인 인지기능과 인지적 특징을 파악할 수 있는데, 지능(IQ)이 얼마나 높은지보다 각각의 소검사 결과에 대한 분석이 중요하다. 각각의 소검사의 점수 결과로 나온 수치에다 각 소검사가 측정하고 있는 구성영역을 근거로 의미를 부여한다. 지능검사는 아동의 전체적, 성격적, 심리정서적, 행동적 측면을 종합적으로 이해할 수 있게 해주며 한 벌의(Full-battery) 검사에서 기본 검사도구로 사용되고 있다.

● 한국 웩슬러 유아지능검사(K-WPPSI)

만 3세부터 7세 3개월까지 유아의 지능을 측정하는 검사도구이다. 영재아동 또는 나이가 많으나 발달상 문제를 보이는 지체 아동은 연령범위를 벗어나도 사용할 수 있다. 12개의 소검사로 구성되어 있으며 동작성과 언어성 소검사들을 교차해서 제시하여 유아의 흥미를 유지하도록 구성되어 있다.

● 집-나무-사람 그림검사(HTP)

아동의 집, 나무, 사람 그림을 통해 심리적, 정서적 특징을 알아보는 투사적 검사이다. 아동이 지각하고 있는 가정환경, 자아상, 이상적인 자신의 모습, 대인관계 및 중요한 타인과의 관계, 아동의 무의식적 욕구와 의식적 욕구를 살펴볼 수 있다.

그림에서 나타난 인상적, 구조적 특징과 검사 시 보여준 아동의 태도와 언어적 반응을 고려하여 해석한다.

● 동작성 가족화(KFD)

아동에게 가족이 무언가를 하고 있는 그림을 그리도록 한다. 아동이 가족에 대해 어떻게 지각하고 있는지, 가족 안에서 자신의 존재가 어떠하다고 느끼는지를 이해하는 데 유용한 자료가 된다.

● 아동용 주제통각검사(CAT)

만 3세에서 10세 아동을 대상으로 실시하는 동물그림카드로 이루어진 투사검사이다. 아동은 사람보다 동물에 대해서 더 잘 동일시되며 동물그림에 아동 특유의 의미적 내용을 더 많이 투사한다(곽금주, 2007). 사람 대신 동물을 사용함으로써 검사 목적을 위장할 수 있고, 공격적이거나 부정적인 감정을 가진 사람을 동물로 쉽게 전이시킬 수 있다. 아동은 상대적으로 경험이 적기 때문에 제시된 그림을 보고 부모나 가족 그 밖의 성인들과의 심리적 관계를 이야기한다. 검사의 반응이 현재 아동의 행동을 반영하는 것인지 잠재적 성향인 환상이나 충동을 반영하는 것인지 구별하여야 한다. 예를 들면, 평소에 조용하고 순한 아동이 검사에서는 지나칠 정도로 공격적인 이야기를 한다면 그 아동의 공격성은 잠재적이고 무의식적이라고 할 수 있다.

● 로르샤흐검사(Rorschach Test)

10장의 잉크반점 카드를 사용하여 내적 세계를 이해하는 투사검사이다. 아동의 사고, 감정, 현실지각, 대인관계 방식 등 성격적 특징에 대한 다양한 정보를 제공해 준다.

● 성격유형검사(MMTIC/ MBTI)

융(Jung)의 이론을 바탕으로 인간의 타고난 선호성에 따라 성격유형을 16가지 유형으로 나눈다. 심리적 에너지 방향, 인식, 판단, 생활양식을 지표로 성격유형을 구분한다. 아동용(MMTIC)은 초등학교 3학년부터 중학교 3학년까지, 성인용(MBTI)은 중학교 3학년 이상을 대상으로 실시된다. 아동용은 선호경향이 아직 불명확할 때 U(undetermined)로 결과가 제시된다. 부모와 아동의 생활태도, 대인관계, 학습방법 등에 대한 정보와 성격적 유사점과 차이점을 이해할 수 있다.

- 문장완성검사(SCT)

한 문장에 주어, 동사만 제시되어 있어서 나머지 부분에는 아동이나 부모가 스스로 작성해야 하는 반투사적 검사이다. 아동용 검사는 총 33개 문항으로 아동의 발달적 특징을 고려하여 제시되어 있으며, 아동이 가족, 사회, 학교, 자기 자신에 대해 어떻게 느끼고 있는지에 대한 정보를 얻고, 전반적인 심리적 적응을 평가하는 데 유용하다.

- 주의력검사(ADS)

만 5세부터 15세의 아동을 대상으로 주의력을 평가하기 위해 사용하는 주의력 장애 진단시스템(ADHD Diagnostic System)으로 전산화되어 있다. 객관적이고 표준화된 연속수행검사로서 시각 검사와 청각 검사로 나뉘어 구성되어 있다. 아동의 주의집중력 문제가 어느 정도인지, 어떤 양상을 띠고 있는지를 세부적으로 평가할 수 있다. 특히 ADHD(주의력 결핍 및 과잉행동장애)를 진단하는 데 객관적인 자료를 제공해 주므로 아동의 주의력 문제원인이 기질적인 원인에 의한 증상인지 정서적 어려움으로 인한 증상인지를 감별하여 구체적인 치료 목표를 수립하는 데 유용하다.

- 사회성숙도검사

0세부터 30세를 대상으로 사회적 능력, 즉 적응행동을 평가하는 검사이다. 자조, 이동, 작업, 의사소통, 자기관리, 사회화 등 6개 영역의 120개 문항으로 구성되어 있으며 아동에 대한 정확한 정보를 얻기 위해서 가장 많은 시간을 보내는 사람(부모, 주양육자, 형제)과의 면접을 통해 실시된다.

● 베일리발달검사

1개월~30개월 사이의 아동을 대상으로 발달평가를 하는 검사이다. 발달검사 중에서 우수한 것으로 평가되어(정문자, 이은해, 박경자, 1993) 많이 사용되는 도구이다. 전반적인 발달지수를 산출하고 정상발달에서 벗어나는 정도를 평가하며 지능척도, 운동척도, 유아행동기록의 세 부분으로 구성되어 있다

● 벤더-게슈탈트검사(BGT)

아동과 성인을 대상으로 성격, 심리적 과정, 정서장애, 기질적 장애 여부를 평가하는 검사이다.

### (3) 부모 심리검사

부모는 아동에게 가장 중요한 환경이며 아동의 연령이 어릴수록 부모의 영향이 크다고 할 수 있다. 부모의 성격적, 심리적, 정서적 특성과 정신건강은 아동에게 아주 중요한 영향을 미친다. 부모의 정서 상태 및 심리적 특징을 살펴보는 것은 아동의 문제를 이해하는 데 중요한 정보가 된다.

● 다면적 인성검사(MMPI)

부모의 현재 정신건강 상태, 성격특성, 행동양식, 정서상태, 사회적 적응을 알 수 있는 검사이다. 부모 심리검사로 가장 많이 활용되고 있으며 보통 성인용 문장완성검사(SCT)와 함께 사용한다.

## 2. 놀이치료단계

놀이치료자는 아동 심리평가 과정을 통해 수집된 정보를 바탕으로 아동을 위한 최선의 치료적 선택을 하여야 한다. 아동에게 치료적으로 가장 필요한 것을 부모에게 제안하고 부모와 합의 하에 이후의 치료적 과정을 결정하게 된다. 아동의 문제에 따라 놀이치료는 부모에게 아동의 특성만 설명하는 것으로 단회로 끝날 수도 있고 몇 년 동안 지속적으로 실시할 수도 있다. 때로는 심리상담보다 의학적인 처치나 약물복

용이 필요할 수 있으며 약물복용과 놀이치료를 병행하는 것을 제안할 수도 있다. 또한 부모의 심리적 문제 해결이 아동상담을 위해 아주 필요할 때는 별도의 부모상담, 부모의 개인상담, 가족상담을 권유하기도 한다.

아동의 문제가 심각하거나 치료기간이 제한되거나 상담효과를 고려하여 더 필요한 경우를 제외하고 각 놀이치료 세션은 30~50분 정도가 보통이며 일주일에 한 번씩 실시한다. 우리나라의 대부분의 놀이치료실에서는 40분 아동 놀이치료를 실시하고 10분 동안 부모상담을 실시하고 있다. 연구들을 살펴보면 전형적인 아동문제를 해결하는 데 평균 20세션 정도가 소요되지만 어떤 아동들은 문제가 심각해도 빨리 좋아지는 반면 어떤 아동들은 시간이 오래 걸리기도 한다(Landreth, 2002; Carmichael, 2006).

놀이치료 과정을 포괄적으로 연구한 핸드릭스(Hendriks, 1971)는 아동이 놀이치료 과정에서 다음과 같은 특징을 보인다고 하였다.

- 1-4회: 호기심과 탐색을 하지만 확실한 의견을 말하지 않고 어물쩍거린다. 창조적인 놀이를 표현하고 간단하고 서술적인 정보를 제공하는 설명과 행복한 감정과 불안한 감정을 모두 나타낸다.
- 5-8회: 탐색, 꾸물거림, 창조적인 놀이가 계속되고 일반적인 공격놀이 증가, 행복과 불안의 계속된 표현, 자발적인 반응이 분명해진다.
- 9-12회: 탐색, 꾸물거림, 공격적 놀이가 감소하고 관계놀이가 증가한다. 창조적인 놀이와 행복한 감정이 부정적인 감정보다 우세하고 치료자와의 비언어적인 행동이 증가하며 가족과 자신에 대한 좀 더 많은 정보를 제공한다.
- 13-16회: 창조적인 놀이와 관계놀이를 다른 놀이보다 더 많이 한다. 특정한 공격적 언어 표현이 계속되며 치료자와의 관계형성이 증가한다. 행복한 감정이 부정적 감정보다 우세하며 자신과 가족에 대한 정보를 계속적으로 표현한다.
- 17-20회: 극놀이와 역할놀이를 많이 하고 특정한 공격적인 언어표현을 계속한다. 치료자와의 관계가 형성되고 행복한 감정이 우세하다. 자신과 가족에 대한

정보를 계속적으로 표현한다.

- 21-24회: 관계놀이, 극놀이, 역할놀이를 많이 한다. 흔히 일어나기 쉬운 일상생활놀이가 증가한다.

아동이 놀이치료를 받는 기간은 아동들의 문제의 정도와 어려움에 따라서 다를 수 있지만 다음에 제시되는 단계들을 거친다.

### 1) 초기단계

놀이치료 과정에서 시작은 아주 중요하다. 초기단계는 이후 치료과정의 기초가 되며 치료성과에도 영향을 미친다. 초기단계에서는 아동과 치료자 간의 신뢰로운 치료적 관계 형성이 가장 중요한 과업이다. 또한 아동 심리평가 결과를 바탕으로 치료적 윤곽을 잡고 아동, 부모와 협력하여 치료목표를 설정한다.

아동과의 친밀하고 신뢰로운 관계 정립을 위해서 놀이치료자는 아동과 부모의 불안을 이해하고 수용해야 한다. 전문적 도움이 필요하여 놀이치료실을 방문하였지만 낯선 곳에서 낯선 사람을 만나 드러내기 힘든 자신의 심리적 어려움을 호소한다는 것은 부모와 아동 모두에게 편안한 상황은 아니라는 것을 치료자는 염두에 두어야 한다. 놀이치료자는 아동에게 처음에는 낯선 사람으로 느껴질 수 있다는 것을 알고 아동에게 따뜻하게 대해 주며 심리적으로 편안한 환경을 조성하도록 노력해야 한다.

아동에게 놀이치료자의 첫인상도 아주 중요하다. 아동은 놀이치료자가 어떤 사람인지, 자신을 어떻게 생각할지, 좋아할지 등 여러 가지 생각을 할 수 있다. 모든 아동들은 치료자를 탐색하는 과정을 가진다. 심지어 산만하고 낯을 가리지 않는 아동도 처음에는 치료자를 탐색한다. 놀이치료자는 아동의 이러한 감정을 수용하고 공감해 주며 적절한 반응을 하는 것이 필요하다. 아동의 위축된 마음을 편하게 하고 불안정한 상황을 변화시키기 위해 너무 급하게 서두른다면 아동은 더욱 불안하고 불편함을 느끼게 된다. 랜드레스(Landreth, 2002)는 치료자는 아동의 성장이 점진적으로 이루어져야 하며, 아동에게 성장을 강요하거나 재촉해서는 안 된다는 사실을 알고 있어야 한다. 왜냐하면 이 시간은 아동이 마음의 긴장을 풀고 자연스럽게 성장을 이끌어 주며 특별한 관계로 만들어가는 시간이기 때문이라고 하였다.

치료자는 아동이 편안하게 느끼는 적절한 거리를 유지하며 놀이치료실에 아동과 함께한다. 초기단계에는 아동이 놀이치료실과 치료자를 마음껏 탐색하도록 허용하며 안전한 공간과 대상이라는 확신을 가지도록 도와주는 것이 중요하다. 그렇다고 치료자가 가만히 앉아만 있는 것은 아니다. 치료자는 모든 주의와 관심을 아동에게 집중하며, 이러한 집중된 관심을 받는 아동은 자신이 수용받고 존중받는다는 것을 인식하게 된다. 이런 감정이 아동과 치료자가 치료적 동맹을 형성하는 데 밑거름이 된다.

아동은 자신이 수용받고 공감받는다고 느끼면 치료자에 대한 탐색을 끝마치고 좋은 감정을 표현하게 된다. 어떤 아동은 깊이 있는 친근한 관계를 맺는 것이 두려워 치료자가 자신을 어디까지 허용하는지 시험하기 위해 치료자에게 도전하기도 한다. 치료자가 제한하는 행동을 자꾸 하여 치료자의 반응을 살피기도 한다. 치료자는 이러한 아동의 행동이 치료자에게 좋은 감정이 있지만 타인에 대한 신뢰가 부족한 아동이 치료자를 믿어도 되는 사람인지 시험한다는 것을 알고 대처해야 한다. 즉 아동의 감정은 공감해 주지만 부적절한 행동에 대해서는 제한을 한다. 적절하고 일관된 제한을 하지 않는다면 아동은 더 불안해하면서 치료자를 더욱 시험할지도 모른다. 이러한 과정을 통해 아동은 치료자가 환상적인 대상이 아니라 자신을 이해하고 공감하지만 한계가 있는 안전하고 실제적인 대상이라는 것을 경험하게 된다. 이와 같이 치료가 시작되면 아동과 치료자는 치료적 관계를 형성하는데, 각 아동마다 독특성이 있는 만큼 치료적 관계를 맺는 과정도 다를 수 있다. 초기단계의 가장 중요한 과업이 치료적 관계형성이지만, 아동의 문제와 대인관계 손상 정도에 따라 기간이 짧기도 하고 길어지기도 한다.

치료자가 아동과 신뢰로운 관계를 형성하는 데 있어서 대기실에서의 첫만남도 중요하다. 부모가 치료자에게 인사를 한 후 문제를 쏟아내기 시작하면 치료자는 부모의 말을 적극적으로 경청하거나 인내심 있게 받아주기보다 아동에게 관심을 주어야 한다. 치료자는 대기실에 들어가서 부모에게 간단히 따뜻한 눈인사를 하고 부모와 먼저 이야기를 시작하는 것이 아니라 즉시 몸을 숙여 아동에게 눈을 맞추고 따뜻한 미소를 지으면서 아동에게 접촉하는 것이 훨씬 도움이 된다는 것이다(Landreth, 2002).

물론 아동과의 치료적 관계를 확립하는 것도 중요하지만 부모와의 치료적 협력관계를 형성하는 것도 중요한 과업이다. 초기단계의 부모 상담에서 고려할 점은 부모들은 아동을 놀이치료실에 데리고 오고 치료자와 협력적 관계를 형성하지만, 걱정, 불안, 자기연민, 희망 없음 등 부정적인 감정에 시달리고 있다. 초기단계에서 놀이치료자는 부모들의 주 호소문제가 무엇이든 주의 깊게 경청하는 것이 우선이며, 조언이나 교육은 추후 적당한 시기에 실시하는 것이 더 유용할 것이다.

치료자들이 치료 목표를 결정하기 위해서 아동과 함께 작업하는 것은 중요하다(Gelso, Carter, 1985). 치료목표를 설정할 때 치료자와 아동, 부모가 생각하는 목표간에 차이가 있을 수 있다. 치료자는 아동을 돕기 위해 거기에 있다는 사실을 아동에게 짧지만 분명하게 이야기하고, 아동과 중요하게 생각하는 목표에 초점을 맞추어 치료를 시작하는 것이 바람직하다(김춘경, 2005). 아동과 부모의 주 호소문제와 상담자가 생각하는 아동의 문제를 함께 고려하여 아동과 부모와 협의하는 과정을 거치는 것이 필요하다.

### 2) 중기단계

초기단계에서 형성된 아동과 놀이치료자의 신뢰로운 치료적 관계를 바탕으로 본격적인 치료가 진행되는 과정이 중기단계이다. 중기단계는 놀이치료단계 중 가장 길고 힘들며 때로는 지겹게 느껴지는 단계일 수 있다.

중기단계에서는 아동과 치료자의 관계가 보다 밀접해지고, 상호신뢰 속에서 아동은 치료자에게 부정적 감정을 표현하기 시작한다. 자신이 과거에 경험한 감당하기 어려웠던 사건을 놀이를 통해 상징적으로 재현하며 그와 관련된 중요한 인물을 생각해 낸다. 이와 관련하여 아동에게 중요한 인물에 대한 감정을 치료자에게 전이한다.

아동은 초기단계에 형성한 치료자와의 신뢰로운 관계를 바탕으로 치료자에게 그동안 감당하기 힘들었던 것을 표현하기 시작한다. 예를 들면, 무서운 야생동물

피규어를 이용한 역할 놀이를 통해 자신에게 일어난 두려운 상황을 표현할 수도 있고, 손인형 역할극을 하면서 상대 역할을 하는 치료자에게 말로 하기 어려운 자신의 비밀이나 불안을 나타내기도 한다. 놀이는 불쾌한 경험과 연관된 불안을 동화하기 위해 자기의 경험을 재작업하는 수단이라고 볼 수 있다(염숙경, 2009). 웰더(Waelder, 1933)는 아동이 경험한 불쾌한 상황이 놀이의 출발점이나 재료가 된다고 하였다. 예를 들면, 폐렴으로 입원한 경험이 있는 아동이 병원놀이를 통해 인형에게 주사를 놓으면서 병원에서 경험한 자신의 불쾌한 경험을 재작업하는 것을 말한다.

공격성과 적개심, 분노 등 억압되어 있던 부정적인 감정을 놀이를 통해 쏟아내기 시작한다. 아동은 치료실에서 과격한 놀이를 한다든지 공격적인 바람과 욕구를 표현한다. 반죽을 과도하게 두드리기, 망치치기, 차를 굴려서 사고 나는 장면, 차로 코끼리 등 야생동물을 부딪혀서 넘어뜨리기 등, 총쏘기, 물감을 물감통에 던지기 등 공격적이고 파괴적인 놀이가 증가한다. 그와 관련된 중요 인물을 놀이 속에서 상징적으로 등장시킨다. 예를 들면, 아버지의 직장 때문에 주말부부가 된 가족의 아동이 있다. 모래놀이 상자 속에 두 개의 성을 만들고 하나는 마녀의 성이고 하나는 모르겠다고 하면서 마녀는 성에 갇혀 있다고 말한다. 아동은 어느 날 부모가 다투는 것을 보고 아빠가 엄마 때문에 집에 오지 않는다고 느끼고 엄마에 대한 부정적 감정을 마녀, 감금으로 표현한 것을 알 수 있다. 이 시기에는 놀이에서도 반복된 주제와 행동화가 일어나고, 학교나 가정 등 일상생활에서도 행동화가 증가한다.

중기단계에서 아동은 자신이 감당하기 어려운 심리적 갈등을 놀이를 통해 반복한다. 프로이드(1922)는 놀이는 아동이 그 경험을 극복하기 위한 적극적인 시도라고 하였고, 웰더는 놀이에서 반복의 중요성을 말하면서 아동은 특정 상황을 극복하거나 만족을 얻기 위해서 같은 상황을 재차 반복하여 만들어 낸다고 하였다. 아동이 계속적으로 놀이 과정에서 똑같은 행동을 보여줄 때 치료자는 어떤 일이 좀 더 빨리 일어나고 눈에 보이는 변화를 보이고자 하기 때문에 불안을 경험할 수 있다(Landreth, 2002). 하지만 이때 아동에게 가장 중요한 치료자의 역할은 인내심을 가지고 아동 스스로 이 주제를 극복할 수 있도록 도와주는 것이다. 아동의 인지적, 정서적 발달을 고려할 때 아동은 놀이치료에서 대단한 통찰력을 일으키기 어렵다. 중기단계는 치료자에게나 아동, 부모에게도 힘들고 지루한 과정이 될 수 있다. 특히 치료자와 부모는 치료적 협력관계를 통해 중기 과정의 어려움을 극복해야 한다. 아동의 성장과 행동 변화는 서서히 일어나므로 치료자는 그만큼의 인내가 필요하다. 랜드레스는 작은 방법이 수백 번 발생하여 작은 변화가 일어난다고 하였으며, 아동 내부의 정서적 역동성을 통찰할 수 있고 변화를 알 수 있는 2가지 차원을 자신의 임상적 경험을 바탕으로 치료자와 아동의 관계변화, 주제의 발전과 관련하여 설명하였다. 치료자와 아동의 관계변화는 아동이 처음으로 치료자 가까이나 바로 옆에서 노는 것을 발견한다든지, 치료자가 아동에게 처음으로 제한 설정을 하거나 처음으로 제한을 설정하지 않는 것과 같은 아동 내부에서 발생한 변화가 행동의 변화로 이어진 것을 발견하게 된다. 아동 놀이에서 일어나는 주제의 발전과 관련해서는 아동은 해결하지 못한 정서적 문제를 반복적 놀이를 통해 재현하는데, 반복된 놀이가 없어지고 그 주제를 다시 관찰할 수 없다는 것은 아동이 그 외의 다른 것으로 정서적인 이동을 하고 있다는 것을 알려 준다. 예를 들면, 몇주 전에 강도를 당한 가정의 아동이 강도를 상징하는 고무뱀이 집안에 기어올라가는 놀이를 반복하다가 그 놀이를 보이지 않는다든지, 수업시간에 몸을 움직이지 않고 가만히 앉아 있는 것이 힘든 갓 입학한 초등학교 1학년 아동이 동물 피규어를 가지고 학급상황을 반복하여 배치하는 놀이를 보이지 않는 것 등을 통해 알 수 있다.

### 3) 종결단계

치료 종결을 언제 하느냐는 매우 중요한 문제지만 아동의 성격, 문제 양상, 치료의 진전에 따라 다를 수 있으므로 치료 초기부터 종결을 한정한다는 것은 도움이 되지 않는다. 종결단계에서는 아동의 놀이가 좀 더 발전적이고 안정된 모습을 보이며 통합, 확장되면서 보다 아동은 성숙하고 자신 있는 모습을 보인다(김광웅, 김화란, 2009). 아동과 부모의 보고에 의하면 놀이치료실 밖인 일상생활에서도 안정감을 찾고 연령에 적합한 여러 기능이 발달하여 적응적인 행동과 대처가 증가한다. 이는 아동이 혼자서도 할 수 있다는 자신감이 생겼다는 것이다.

종결단계에서도 치료과정에서 아동의 성장과 변화는 서서히 일어난다는 것을 고려해야 한다. 종결을 결정한다는 것은 치료자로서 성취의 경험도 되겠지만 변화가 정말로 일어났는지, 치료를 계속 받을 수 없는 현실적인 문제가 있는지 등 여러 가지 면을 고려해야 한다. 종결을 결정하는 과정은 치료자뿐 아니라 부모와 아동도 의사결정에 참여하여야 한다. 아동의 문제 해결과 성장, 변화를 확인하는 것과 함께 치료의 종결은 치료적 관계의 종결을 의미한다. 따라서 종결을 결정할 때 부모, 아동 모두의 협의를 통해 이루어져야 한다. 관계형성을 어려워하던 아동은 종료를 거부로 받아들일 수도 있다. 종결에 앞서 어떤 아동은 치료자와 헤어지는 것이 서운하고 앞으로 혼자 해나가야 한다는 두려움으로 초기의 문제행동을 다시 보이면서 퇴행하기도 한다. 이때 치료자와 부모가 아동의 마음을 이해하고 수용한다면 아동도 종결을 받아들이고 편안해진다.

종결단계에서는 상담성과에 대해서도 부모, 아동과 나누는 작업을 한다. 처음 놀이치료실에 왔을 때 아동과 부모가 보였던 문제와 어려움이 현재 어떻게 좋아졌는지, 변화한 점이 무엇인지 정확하게 초점을 맞춰서 다루어야 한다. 아동은 치료자와 자신의 긍정적인 변화를 인식하고 자신이 스스로 할 수 있다는 것을 알게 되고 자신감을 가지게 된다.

다음은 아동 내부에서 자기 지시적인 변화를 고려하여 종료 결정을 할 때 참고할 점이다(Landreth, 2002).

- 아동의 의존성이 감소된다.
- 아동의 혼돈이 감소된다.
- 아동이 개방적인 욕구 표현을 한다.
- 아동이 자신에게 집중할 수 있다.
- 아동이 자신의 행동과 감정에 대한 책임을 수용한다.
- 아동이 자신의 행동에 대한 적절한 제한을 한다.
- 아동이 좀 더 내부지향적이다.
- 아동이 좀 더 융통성이 있다.
- 아동이 우연적인 사건에 대해 너그러워진다.

- 아동이 확신을 가지고 활동을 시작한다.
- 아동이 순응하는 것이 아니라 협력한다.
- 아동이 적절하게 화를 표출한다.
- 아동이 부정적- 슬픔에서 긍정적-기쁨으로 옮겨간다.
- 아동이 좀 더 자신을 받아들인다.
- 아동이 연속적인 이야기를 놀이로 표현하고 방향성을 가진다.

## 3. 제한 설정

놀이치료실에서 치료자는 때때로 아동을 제한할 필요가 있다. 아동과 치료자 관계에서 제한 설정이 필요한 이유는, 아동은 허용만 하는 관계에서는 안전함, 가치감, 수용감을 느끼지 않는다(O' Conner, Braverman, 1997)는 데에도 그 이유가 있다. 제한 설정은 치료자와 아동 간의 놀이치료 관계에서 필수적이다(Moustakas, 1959). 하지만 치료자의 이론적 배경에 따라 제한의 방법에도 차이가 있다. 무스타카스(Moustakas, 1959)는 만약 아동이 계속적으로 규칙을 어기려고 하면 놀이실을 떠나야 한다고 제안하는 반면, 기노트(Ginott, 1982)는 제한을 하더라도 아동이 놀이실을 절대로 떠나서는 안 된다고 주장하였다. 어쨌든 놀이치료 과정에서는 아동의 행동을 제한해야 하는 상황이 발생한다. 이러한 상황에 능숙하게 대처하기 위해서는 놀이치료자는 제한 설정을 익숙하게 사용할 줄 알아야 한다. 예를 들면, 화살이나 긴 고무칼로 놀이치료실을 망가뜨리거나 놀이치료자를 위험에 빠뜨린다면 치료자는 아동에게 이러한 사실을 인식시켜 주고 더 적절한 목표물을 공격하도록 제한을 할 필요가 있다.

제한은 놀이치료 과정에서 아동이 제한을 받을 만한 행동을 보일 때 설정된다. 놀이치료를 시작하는 첫 번째 세션부터 제한을 제시하면 아동이 놀이실과 놀잇감을 자유롭게 탐색하고 표현하는 데 방해가 된다. 제한을 설정할 때 치료자는 아동의 욕구를 수용하지만 스스로를 통제할 수 있는 방식으로 반응하여야 한다. 예를 들어, 아동이 치료실 벽을 색칠하려고 하면 "벽에 칠하지 말아라."라고 하기보다는 "너는 벽에 색칠을 하고 싶구나. 그렇지만 벽은 색칠을 위해 있는 것이 아니란다. 테이블 위에 있는 종이가 색칠을 위해 있는 것이야."라고 말함으로써 아동의 감정과 욕구를 수용하고 대안적 행동을 제시한다.

엑슬린(Axline, 1947), 빅슬러(Bixler, 1949), 기노트(Ginott, 1961), 랜드레스(Landreth, 1992), 무스타카스(Moustakas, 1959)의 주장을 종합하여 오코너(O'Conner)와 브레이버맨(Braverman, 1997)은 제한 설정의 목적을 다음과 같이 10가지로 요약하여 제시하였다.

- 치료적 관계에서 경계를 말한다.
- 아동의 신체적 · 정서적 안전과 보호를 제공한다.
- 아동에게 안전함을 제공하려는 치료자의 의도를 나타낸다.
- 세션을 현실로 잇는 역할을 한다.
- 치료자가 아동에게 긍정적이고 수용적인 태도를 유지하게 한다.
- 아동이 위해나 보복에 대한 두려움 없이 부정적인 감정을 표현하게 한다.
- 안정감과 일관성을 제공한다.
- 아동이 책임감과 자아통제를 촉진하고 고양시킨다.
- 놀이치료실을 보호한다.
- 법적, 윤리적, 전문적인 규범을 유지하도록 한다.

기노트(Ginott, 1961)는 놀이치료 시 치료자가 제한을 실행하는 많은 전략들 중 다음과 같은 4단계를 대안으로 제시하였다.

- 아동의 감정과 욕구를 인정한다.
- 비판적인 방법이 아니라 수동적(소극적)인 방법으로 분명하게 설명한다. 수동적인 방법은 아동이 치료자를 때리려고 할 때 "너는 나를 때릴 수가 없어."라고 표현하기보다는 "나는 맞기 위해 있는 것이 아니야."라고 말하는 것이다.
- 아동에게 더 인정받을 수 있는 행동으로 고쳐서 행동하도록 다시 지시한다.
- 제한을 가할 수밖에 없게 만드는 부정적 감정을 표현하도록 한다.

또한, 랜드레스(Landreth, 2002)는 제한 설정의 구체적 3단계를 제시하였다.

- 1단계: 아동의 감정 인정하기

아동의 감정, 바람, 원망에 대한 이해를 언어화한다. 이는 아동의 동기를 수용하고 있음을 전달하는 것이다. 감정을 이해한다는 메시지를 전달하는 것은 강한 감정을 완화시키는 역할을 한다. 하지만 아동의 모든 감정, 욕구, 소망들은 수용되나 모든 행동은 수용되지 않는다.

"나는 네가 그것을 칠하고 싶어 한다는 것을 안단다."

- 2단계: 제한을 전달하기

구체적으로 정확히 무엇을 제한하는지를 정확히 설명한다. 적절한 것과 적절하지 않은 것이 무엇이며, 수용 가능하고 불가능한 것이 무엇인지에 대해 아동이 명확히 알아야 한다. 모호하고 불분명한 제한은 아동이 자신의 책임을 받아들이고 책임지는 능력을 방해한다.

"의자는 색칠하는 것이 아니란다."

- 3단계: 대안을 제시하기

치료자가 아동에게 대안을 제시함으로써 아동은 원래의 욕구를 표현할 수 있다. 치료자는 아동에게 원래 하려던 행동을 선택할 것인지 또는 치료자가 제시한 대안적인 행동을 할 것인지 선택하게 한다. 아동은 자신의 행동을 조절할 수 있는 자아통제력을 경험할 수 있는 기회를 갖게 된다.

"너는 종이에 색칠을 할 수 있단다(종이를 가리킨다)."

신체적, 정서적 안전감을 위하여 가능한 최소한의 제한을 설정할 때 안전하고 비밀보장적이며 보호적인 환경이 제공된다. 제한은 치료자가 미리 규정하여 마련한 구조에 따라 설정되며 다음의 상황에 설정될 필요가 있다(O' Conner, Braverman, 1997).

- 아동과 치료자에게 해롭거나 위험한 행동
- 치료적인 일과나 과정을 방해하는 행동(반복하여 놀이치료실을 떠난다거나 시간이 끝난 후에 놀려고 하는 것)
- 놀이실이나 물건들을 파괴하는 행동
- 놀이실에서 장난감을 가지고 가는 것
- 사회적으로 수용되기 어려운 행동
- 감정표현을 부적절하게 할 때

# 02부

# 놀이치료의 다양한 방법

# 4장 모래놀이치료

## 1. 모래놀이치료의 기초

### 1) 모래놀이치료의 정의

모래놀이치료는 영국의 정신분석가 로웬펠드(Lowenfeld)가 창안한 세계기법에서 힌트를 얻어 여류심리학자 칼프(Kalff)가 분석심리학적 개념을 도입하여 시작한 심리치료기법이다. 심리치료란 치료자가 내담자의 내면세계에 대해 세심한 배려를 함으로써 내담자 스스로 자신의 내면세계의 질서를 회복해가는 것이라고 정의할 수 있다. 20세기에 들어서면서 내면세계를 탐색하는 다양한 심리치료 방법이 개발되어 활용되고 있는데, 그 중에서도 인간의 무의식에 관해 여러 학자들이 많은 관심을 보여왔다. 그러나 인간의 무의식이 어떻게 형상화되며 그것이 마음상태에서 어떻게 상징적으로 표현되는가를 파악하기란 쉬운 일이 아니다.

오랫동안 무의식에 대한 연구는 주로 꿈분석에 의존하였고, 주된 대상도 성인이었다. 그러나 무의식이란 성인들 못지않게 아동에게도 중요한 부분이다. 프로이드(Freud)에 의하면 현실관계에서 충족되지 못한 욕구가 꿈이나 공상을 형성하는데, 아동은 이와 같은 공상을 놀이라는 외적 현실을 통하여 표현함으로써 무의식에 내재된 문제를 해결하려 한다는 것이다. 위니컷(Winnicott)이 언급한 외적 현실과 내적 현실의 중간영역에 위치한 경험을 놀이라는 형태로 표현하는 기법이 바로 모래놀이치료이다(야마나카 · 김유숙, 2005).

다른 치료 기법과 구별되는 모래놀이치료의 특성을 보면, 첫째, 모래놀이치료는 의식과 무의식의 통로 역할을 한다. 내담자가 일상세계 속에서 생활하다가 치료실에 들어와 모래상자를 만나고 작품을 만들게 되면 그것은 무의식으로 가는 통로가 되며,

내담자는 그것을 통해 자기실현의 과정을 일상생활과 연결시킬 수 있게 된다. 상징물 역시 무의식으로 들어가는 입구를 제공한다. 때로는 상징물을 사용해 대인관계의 갈등이나 어린 시절 해결하지 못한 부모자녀관계와 같은 무의식적인 내용을 나타내기도 한다. 때로는 개인적 무의식을 넘어선 집단무의식과 관련된 문제를 표현하기도 한다. 이처럼 모래놀이치료는 암시적이므로 놓인 상징물의 이미지를 상징적으로 접근하는 것이 중요하다. 여기서 의미하는 상징적인 접근이란 해석이 아니라 치료자가 내담자에 의해 만들어진 작품의 이미지의 흐름 속에 자신을 맡기면서 작품을 이해하는 것을 의미한다.

둘째, 모래놀이치료는 자기를 표현하는 치료이다. 모래놀이치료에서 작품을 만들 때, 대부분의 내담자는 처음 시작할 때는 자신이 의도한 대로 작품을 만들려고 하지만, 시간이 지나면서 자신의 의도를 넘어선 작품이 만들어졌다는 경험을 자주 하게 된다. 무의식에 이끌려 작품을 만드는 것이다. 때로 "내가 왜 이것을 만들었지?"라고 되돌아보는 자기반영의 계기가 되기도 한다. 자신이 만든 것을 스스로 바라봄으로써 자신을 새롭게 이해하는 경우도 있다. 따라서 모래놀이치료는 내담자가 모래놀이치료 세계에 몰입하여 그 과정에 자신을 맡기는 동시에 그것을 밖에서 바라보며 자각하고 자신에 대한 통찰을 얻도록 하는 치료이다.

셋째, 내담자는 모래놀이를 통해 자기치유력을 끌어낼 수 있다. 대부분의 내담자들은 모래를 만짐으로써 자기방어적 태도에서 벗어나 내면세계를 구체화해 나간다. 따라서 치료가 잘 진행된다면 모래놀이를 통해 자아의 통제를 벗어난 이미지를 전개하게 된다. 내담자는 치료자가 낫게 하는 것이 아니라 스스로 낫게 된다. 자기치유력(self healing), 즉 내담자가 자신의 힘으로 낫는 것이다. 내담자가 스스로 낫기 위해서는 무의식 속에 잠재되어 있는 자기치유력이 활성화될 수 있도록 노력해야 하는데, 이를 돕기 위해 치료자나 모래상자가 존재하는 것이다.

마지막으로, 모래놀이치료는 자연과 인위적인 부분을 포함한 치료이다. 모래놀이치료는 그림처럼 추상적인 세계가 아니다. 모래를 만지는 행위는 신체적 감각과 연결된 있는 그대로의 자연세계에 가깝지만, 모래놀이치료는 상징물을 이용하여 상당히 인공적인 세계를 표현하는 만들어진 세계이다. 만들어졌다는 것은 작품이 의도적이라는 것을 의미한다. 모래놀이의 작품은 그림과 달리 쉽게 만들 수 있으며, 적당히 만드는 것도 가능해서 자신의 주관적 영역과는 전혀 관계가 없는 세계를 만드는 것도 가능하다. 어떤 목적으로 만들더라도 만든다는 행위 자체가 긍정적으로 작용할 것이다. 모래놀이치료는 이처럼 자연적인 것과 인공적인 것이 공존하는 양면성을 지니고 있다.

이상의 특성들을 토대로 모래놀이치료를 정의하자면, 모래놀이치료란 모래상자와 상징물을 사용하여 내담자의 내면세계의 이미지를 구체적인 형상으로 만들어가는 과정을 통해 내면세계를 재현하여 스스로의 힘으로 변화를 추구하는 심리치료라고 규정할 수 있다. 즉, 세상을 상징하는 여러 가지 소품들을 이용하여 모래상자 안에 자신의 사고와 감정, 상황 등을 표현하도록 함으로써 내면의 역동성에 대해 자각하고 통찰을 얻어 자신의 전체성을 향해 변화되도록 돕는 치료기법이다. 모래놀이치료에서 치료자는 모래상자, 물, 여러 가지 소품과 재료들을 제공하고, 내담자는 모래상자라는 제한된 공간에 상상력을 발휘해서 자신의 세계를 만든다. 모래놀이치료는 아동은 물론, 성인, 부부, 가족, 집단 등 광범위한 연령과 대상에 효과적으로 사용된다.

루쓰 암만(Ruth Ammann)은 모래상자는 '영혼의 정원(a soul garden)'과 같다고 말했다. 모래상자는 내담자의 정신생활(Psychic life)을 나타내기 위한 용기(container)라고 할 수 있다. 모래상자는 내담자의 내적 생활과 외적 생활이 발전하고 나타날 수 있는 '중개자적인 공간(in-between-space)'이다. 모래상자는 자유로운 빈 공간으로, 내담자는 거기에 자신의 세계를 만들면서 새로운 통찰력을 가지고 현재의 세계를 변용시킬 수 있는 기회를 갖게 된다. 치료자는 안전하고 수용적인 환경을 제공하고, 내담자는 그러한 환경에서 자신의 내면의 소리를 낼 수 있게 된다. 의식적, 무의식적 내용들이 나타나서 화해를 이루며 구체화되는 이 '중개자적인 공간'은 치료자와 내담자의 공간이며, 또한 치료자와 내담자의 의식과 무의식이 만나서 상호작용하는 공간이기도 하다.

모래놀이는 내담자로 하여금 가장 깊은 감정의 핵심 혹은 가장 깊은 정신에 접근하도록 도와준다. 모래놀이치료에서 내담자는 자신의 내적 세계와 외적 세계에서 일어나고 있는 것을 이미지들로 나타낸다. 내면의 소리가 표현하고 있는 것을 구체화시킴으로써 내담자는 자기 자신과의 관계를 외적 현실로 가져오게 되고 무의식의 내용이 드러나게 한다. 잠재의식을 객관적으로 관찰될 수 있는 3차원적 이미지로 구체화함으로써 지금까지 억압되었던 미지의 것을 의식화할 수 있게 된다. 내담자는 모래와의 연결을 통하여 치유가 필요한 곳으로 퇴행하게 된다. 일반적으로 모래놀이는 어린 시절의 어떤 기억으로 돌아가게 한다. 이는 대부분의 사람들이 어린 시절에 모래나 흙이 있는 곳에서 놀았기 때문이다.

모래놀이에는 많은 형태가 있다. 어떤 내담자들은 소품을 전혀 사용하지 않은 채 모래를 만지거나 움직이며 형태를 만든다. 마른 모래를 사용하는 내담자가 있는가 하면 어떤 내담자들은 젖은 모래를 사용한다. 모래상자를 빨리 만드는 내담자도 있고 천천히 만드는 내담자도 있다. 정체된 세계를 만들기도 하고, 계속해서 움직이는 이야기를 만들기도 한다. 모래놀이가 매우 평온하다고 말하는 내담자가 있는가 하면, 어떤 내담자들은 과거의 고통을 다시 느끼면서 매우 깊은 감정을 느끼기도 한다. 모래놀이에서 올바른 방법과 올바른 결과란 없다. 모든 내담자는 그 순간에 자신에게 필요한 것을 할 것이라고 믿는 것이 중요하다. 또한 치료자는 자신의 편견, 가치, 해결하지 못한 문제들에 대해서 가능한 한 많이 아는 것이 중요하다. 치료자가 자신에 대해서 알게 되면 내담자의 경험을 개방적으로 수용하게 되고 판단을 최소화하게 되기 때문이다.

## 2) 모래놀이의 특성

아동이 언어를 대신하여 조그만 물체를 가지고 할 수 있는 놀이에 착안하여 로웬펠드(Lowenfeld)는 아동의 심리상태와 정서, 정신을 표출할 수 있는 도구로 모래상자를 만들었다. 그녀는 정신분석적 아동분석의 공헌을 인정하면서도, 한편으로 이들이 프로이드의 이론을 아동의 놀이에 지나치게 적용하였음을 비판하였다. 아동의 사고, 감정, 감각, 기억, 관념 등은 모두 복잡하게 뒤엉켜 있고 유동적이며 여러 층에서 동시에 일어나기 때문에 전통적인 정신분석기법을 그대로 아동에게 적용시키면 안 된다고 생각하였다. 아동의 정서는 어떤 감정이든 일단 나타나면 전체를 차지하며, 아동이 가진 개념도 어른의 관점에 의한 외적 현실과는 관계없이 형성된다는 것이다. 따라서 아동에게는 생각과 감정을 표현할 힘을 주고, 경험의 여러 층에서 일어나는 생각을 표현하고, 움직임의 표현이 가능한 장치가 필요하다고 여겼다. 결국, 이전의 정신분석의 방법과는 다르게 해석이나 전이의 과정 없이도 아동이 자신의 생각과 정서를 쉽게 표현할 수 있는 매체가 등장하게 되었는데, 그것이 오늘날 모래놀이상자의 시작이 되었다. 로웬펠드는 아동이 자신의 세계를 꾸미는 데 사용할 수 있는 수많은 모형들을 마련했고, 아동을 위해 허리 높이의 탁자 위에 방수가 되는 모래상자를 만들었다.

1950년대에 이르러 칼프(Kalff)는 융(Jung)의 분석심리학을 응용하여 모래놀이치료를 더욱 발전시켰다. 그녀는 자아는 태어나면서부터 발달하고 생의 초기 2~3년 동안에 절정에 달하는 모자일체성에 의해 강화되는데, 모래놀이치료를 통해 아동은 모자일체성을 경험하면서 자신의 내면세계를 표현하고 정신적 외상을 해결할 수 있는 기회를 가질 수 있다고 주장하였다.

무의식의 심상들은 우리가 나타내는 그림이나 작품 등 여러 모습 속에서 표현된다. 그런데 그림은 '잘 그려야 한다'는 부담감 때문에 기피될 수도 있지만, 모래놀이는 이미 만들어진 형상들을 사용하므로 쉽게 시작될 수 있다. 융에 따르면 마음의 심상을 표현하는 작업의 의의는 무의식을 활성화하고 동시에 그곳에 묻힌 창조적 기능을 자극하여 내담자의 무의식에 잠재된 자기치유 능력을 발휘하게 하는 데 있다. 그러기에 분석학적 치료자들은 모래놀이를 자유화와 마찬가지로 충분한 치료적 여건을 갖춘 것으로 본다.

로웬펠드는 모래놀이의 특성을 다음과 같이 제시하였다.

첫째, 모래놀이는 다차원적 특성을 갖는다. 여러 가지 사고과정은 때로 모순되지만 우리 내부에서 동시에 일어난다. 정신 내에서 이루어지는 사고과정은 동시에 여러 층에서 일어나며, 단일구조로 동시에 표현될 수 있는데, 모래놀이는 이러한 다차원적인 표현을 가능케 한다.

둘째, 모래놀이는 역동적 특성을 지닌다. 아동의 생활은 외적으로나 내적으로 행동이 생활의 주를 이룬다. 아동은 자신이나 주변세계의 구성요소에 대한 경험들을 다양하고 끝없이 반복될 수 있는 이야기로 여긴다. 모래놀이에서는 삶과 경험의 역동성이 표현된다.

셋째, 모래놀이는 알려지지 않은 마음의 상태를 표현하게 하는 특성이 있다. 많은 심리학파들이 내적 발달의 전 언어단계(preverbal stage)가 지난 중요성에 대하여 동의하고 있으나 그 본질이나 내용을 이해하기는 어려워한다. 모래놀이에서는 가장 복잡한 지각과정, 고도의 예기치 못한 환상 및 혼란상태가 직접 표현된다.

넷째, 모래놀이는 치료 기법으로서 나름대로의 독자성을 가진다. 모래놀이치료는 아동의 전 인지적 사고에 직접 접근하게 해준다. 인지가 발달되지 않은 어린 아동의 경우, 마음의 특별한 영역인 환상의 영역을 표현할 수 있지만 언어로는 그 의미를 설명하지 못한다. 즉 모래상자를 꾸밈으로써 아동은 표현을 할 수 있지만, 언어로 그 의미를 설명하지는 못한다.

### 3) 모래놀이의 치료적 힘

모래놀이치료의 이론적 전제는 '적절한 조건이 주어질 때, 인간은 무의식의 깊은 곳에 스스로를 치유하려는 힘을 가진다'는 점이다. 내담자는 모래상자에 3차원의 구상을 표현하는 창의적 · 자발적인 과정을 통해서 이제껏 알지 못했던 자신의 내부세계와 접하며 자신의 환상세계를 표현할 기회를 갖게 되고, 신뢰할 수 있는 치료자의 도움으로 내담자는 자신의 감정과 삶의 양식을 이해하게 되고 스스로 치유해 간다는 것이다.

모래놀이의 힘은 무엇인가? 최근 성인이나 아동의 심리치료에 모래놀이를 이용하는 사람들의 수가 점점 더 증가하는 이유는 무엇인가? 모래놀이치료가 다른 치료 기법과 구별되는 점은 무엇인가?

첫째, 치유전문가들은 어린이의 환상놀이는 개성화 과정과 성인세계의 숙련을 촉진시킨다는 것을 깨달았다. 융은 "환상은 모든 가능성들의 어머니이다. 환상 속에서 모든 심리적 대극들이 결합되는데, 내적 세계와 외적 세계가 하나로 결합된다."고 말했다. 정신건강 치료자들은 최근 몇 년 동안 젊은이와 노인, 남성과 여성 안에 있는 어린이의 힘을 재발견하면서 내담자들에게 놀이와 같은 경험적 치료를 사용하게 되었다. 놀이는 내재하고 있는 창조성, 감정, 인식, 기억들을 해방시켜 외적 세계로 가져오게 한다. 그리하여 인간은 놀이에 대한 욕구와 갈망을 가지고 있는데, 특히 모래와 물은 환상놀이에서 사용되는 강력한 도구들이다.

모래놀이는 어린이들에게 자연스러운 형태의 표현이기 때문에 어린이들은 모래놀이에 끌린다. 모래와 물은 어린이들에게 자동적으로 자발적인 놀이를 초대하는 자석들이다. 어린이들이 모래놀이치료실로 들어오게 되면 즉시 모래상자와 많은 소품들에 마음이 끌리게 된다. 성인들은 어린이들보다 머뭇거리는 경향이 있지만 성인들도 모래놀이 영역에 관해서 호기심을 느낀다. 대부분의 성인들은 어린 시절에 해변이나 모래놀이터에서 모래를 가지고 놀았던 경험이 있다. 그러므로 모래놀이는 과거 경험의 연결 및 과거 경험을 생각나게 하는 역할을 하고 어린 시절의 영역으로 가는 지름길을 만든다. 모래놀이를 하면서 아동과 성인 모두 예술적인 기술과 문화적인 제한을 느끼지 않기 때문에 자기 비난 없이 자유롭게 창조하고 싶은 마음을 느끼게 된다. 모래놀이에는 잘못된 방법도 올바른 방법도 없다. 성인 모델링이 없어도 방해받지 않고 모래상자에 자신의 세계를 만들 수 있기 때문에 세계는 내담자의 진정한 내면세계이다.

둘째, 모래놀이가 다른 형태의 치료와 구별되는 점은 모래놀이는 내면의 생각과 감정을 구체적으로 나타내는 세계를 만들게 한다는 것이다. 우리는 구체적으로 표현된 세계를 보고, 만지고, 경험하고, 변화시키고, 토론하고, 사진을 찍어 기록을 남길 수 있다. 어떤 내담자들은 자신이 겪은 삶의 경험이나 트라우마를 표현하고 객관화할 필요가 있다. 이 때 대부분의 치료 방법은 실제적인 물리적 형태들을 사용해서 경험들을 재현하고 재창조하게 하는 데 어려움이 있다. 융에 따르면 인지적 수단으로 이해하고 해결할 수 없는 감정적 경험들은 눈에 보이는 형태를 만듦으로써 다루어 줄 수 있다고 한다. 모래, 물, 소품, 손을 사용해서 모래상자를 만들 때 매혹적인 어떤 것이 일어나는 것 같고 내담자의 무의식만이 아는 해결책이 내담자의 손으로 전달된다. 통합된 실체가 모래상자에 나타나고, 내담자는 '아하' 경험을 하게 된다. 어린이들에게 놀이와 삶은 거의 동의어라 할 수 있는데, 모래놀이를 통해 무의식적인 재료들을 객관화함으로써 현실과 통합하게 된다. 다른 형태의 치료 방법으로 문제를 해결할 수 없을 때 또는 감정과 행동의 원인을 몰라서 당혹스러울 때 만지고, 보고, 듣고, 냄새 맡을 수 있는 모래놀이가 해결책을 줄 수 있다.

셋째, 모래놀이에서 사용된 소품과 재료의 상징은 공통 언어의 기능을 한다. 어린 아동들은 자신들에게 일어나고 있는 것을 구체화하고 이름을 붙일 능력이 없는데, 모래놀이는 언어 없이도 가장 깊은 내면의 생각들과 감정들을 표현할 방법을 제공할 수 있다. 모래와 물은 태어나기 전, 태어난 후, 언어 이전의 의식을 두드리기 때문에 정신의 표현을 이해하기 위해서 언어적인 기술이 필요한 것은 아니다. 그래서 모래놀이는 언어, 문화, 인종, 나이, 발달수준을 초월해서 사용될 수 있다. 세계의 많은 문화에서 흙과 상징을 친숙하게 사용한다. 지나치게 말을 많이 하는 것은 오히려 치료과정을 방해할 수 있다. 끊임없이 말을 하고, 문제를 지성화하며, 회피적인 언어를 사용하는 내담자들에게 모래놀이는 이성적인 마음을 단념케 하고 무의식으로 하여금 지금 여기에서의 이야기를 하게 한다. 그러므로 모래놀이는 비언어적인 구체화라고 할 수 있다. 깊은 내면의 경험들이 내담자와 치료자에게 상징적으로 표현되고 전달될 수 있으며, 이러한 깊은 내면의 경험들을 함께 나눔으로써 치료자와 내담자 간에 친밀한 유대가 형성될 수 있다. 이러한 유대관계는 언어적으로는 만들기 어렵다.

넷째, 내담자가 치료자의 질문에 대답하지 않고 어려운 상황으로 만들 때 모래놀이치료는 언어적 치료 기법보다 덜 위협적이 될 수 있다. 모래놀이는 덜 저항하고 방어하게 한다. 내담자의 관심이 침묵 중에 모래상자에 나타날 수 있다. 모래놀이는 저항하는 내담자의 마음을 건드릴 수 있다. 예컨대, 가족문제를 이야기하라고 하면 부담스러워하고 위축될 수 있는 상황의 경우, 모래상자에서는 그러한 이야기들을 침묵 중에 드러내면서 내면세계를 만들 수 있다.

다섯째, 모래놀이는 치료자들이 현재 사용하는 기법들의 보조물이 될 수 있다. 모래놀이는 그 자체로 치료의 기법이 되지만, 다른 접근들과 함께 사용될 때는 하나의 도구로 사용될 수 있다. 모래놀이는 3차원의 상징을 사용하기 때문에 다른 기법들이 심리내적 경험의 전체성과 복합성을 표현하기에 적당하지 않을 때 모래놀이가 적합할 수 있다. 비언어적인 모래놀이는 내담자로 하여금 많은 차원의 사건을 동시에 표현할 수 있게 한다. 내담자는 무의식으로부터 의식으로, 내면세계로부터 외부세계로, 정신과 영으로부터 신체로, 비언어적인 것으로부터 언어적인 것으로 가는 다리를 만든다. 또한 그 반대로 가는 다리를 만들 수 있다. 왜냐하면 무의식이 이미지로 객관화될 때 내적 변화가 촉진되기 때문이다.

여섯째, 내담자는 모래와 물을 사용함으로써 치유되고 통합될 필요가 있는 경험의 영역으로 자동적으로 돌아가게 된다. 모래놀이를 하면서 경험이나 트라우마는 자유롭게 보호된 환경에서 분명해지고 수용이 가능해진다. 판단 없이 사람과 창조의 세계를 존중할 수 있는 치료자 앞에서 이런 과정이 일어나게 된다. 내담자는 모래상자를 만들 때 끊임없이 세계를 변화시키며 옛 것을 파괴하고 새 것을 창조한다. 창조하고 파괴하고 창조하고 파괴하는 행위를 반복함으로써 내담자는 마음을 가라앉히고 자신의 세계를 바라볼 수 있다. 내담자들은 옛 경험을 지배하며 희생자라는 피해의식으로부터 벗어나서 새로운 경험의 창조자가 되는 것으로 움직여 간다.

일곱째, 모래놀이는 타고난 무의식의 치유력을 활성화시켜서 희생자 의식으로부터 창조자라는 의식으로 움직여 가는 기회를 준다. 그래서 모래놀이는 내담자로 하여금 자신의 치료과정을 결정할 수 있게 한다. 내담자는 드러낼 것과 드러내지 않을 것을 조절한다. 내담자가 다룰 준비가 되어 있는 경험이나 트라우마만이 의식화될 것이다. 내담자는 내적 무의식의 세계를 반영하는 외적 이미지들을 만듦으로써 자신에 대해 더욱 폭넓은 이해를 하게 될 것이다. 내담자는 적극적이고 의식적으로 치유과정에 관여하기 때문에 무기력과 열등감을 극복할 수 있다. 내담자가 창조한 세계에 대해 치료자가 주관적으로 해석하거나 설명하는 것이 아니고 내담자의 느낌을 존중하기 때문에 내담자 자신의 독특한 경험과 통찰이 중요하며, 내담자는 자신이 삶에 대해 책임을 지는 중요하고 존중받는 사람이라는 것을 깨닫게 된다.

### 4) 모래놀이치료자의 역할

모래놀이치료자는 모래상자와 모래놀이실에서 일어나고 있는 것을 내담자를 위해서 간직하는 심리적 용기(Psychological Container)의 역할을 하는 것이 중요하다. 이 때 내담자가 안전하게 자신의 내면의 소리를 내도록 보호하고 수용하는 자세가 기본적으로 요구된다. 이러한 자세는 특히 어린 아동들에게 중요하다. 왜냐하면 어린이의 자아(ego)는 아직 강하게 발달되지 않아 판단하지 않는 성인의 지지를 필요로 하기 때문이다.

또한 치료자는 내담자에게 주의 깊은 경청의 태도와 판단하지 않는 행동을 보이는 현존하는 모델이 된다. 치료자는 판단하지 않는 자세로 내담자의 창조적인 세계를 만드는 과정을 주의 깊게 경청하며 관찰하는 능력을 보여야 한다. 아울러, 치료자는 내담자와 내담자의 모래상자를 결합시키고 연결시키는 역할을 해야 한다. 치료자는 내담자로 하여금 자신이 만들고 있는 세계나 장면이 무의식에 있는 심리 내용 중 어떤 것을 어떻게 나타내는지를 보도록 도와준다. 모래놀이과정에서 내담자는 깊은 감정을 느끼고 통찰을 얻으며 내면에 감추어져 있던 것을 구체적으로 볼 수 있는 의식의 차원으로 가져오게 된다. 그래서 내담자가 떠오르는 감정과 기억을 경험하고 다룰 때 치료자는 내담자의 도우미와 지지자(helper/supporter)의 역할을 해야 한다.

모래놀이는 내담자를 탐험하는 여정이다. 치료자는 이 탐험의 여정에서 공동탐구가이다. 치료자와 내담자는 정신지형학을 통하여 함께 움직인다. 의미를 찾는 데 있어 내담자가 주도권을 잡는다. 치료자는 내담자의 주도권을 따르면서 질문을 던지고 제안하며 인내하고 내담자의 이야기가 나타나도록 하는 것이 중요하다. 치료자는 내담자의 탐험을 자극할 만큼만 적극적인 공동탐구가가 되도록 해야 한다. 암만(Ammann)은 다음과 같은 이미지로 이 균형을 훌륭하게 설명했다. "내담자의 정신과정을 담는 그릇이 불꽃 위에서 요리되고 있는데 치료자는 그 불꽃을 잘 돌보아야 한다. 불이 밖으로 나가지 않도록."

치료자는 내담자의 탐험과정을 지켜보고 반영하는 목격자(witness)와 거울(mirror)의 역할도 해야 한다. 자신이 새롭게 통찰한 것을 확신하지 못하는 내담자가 많이 있다. 이 때 치료자는 내담자가 거울에 비친 자신을 볼 수 있도록 내담자의 경험을 반영해 주는 역할을 한다. 치료자가 단순히 반영만 해주어도 내담자에게는 모래상자의 세계를 자신의 삶에 적용하는 데 있어 한 발자국 나아가게 되는 계기가 된다.

### 5) 모래놀이치료의 발전과정

정신분석과 분석심리를 이론적 기반으로 하는 모래놀이치료는 아동기의 상징놀이에 그 뿌리를 두며, 상징놀이를 통해 아동의 원형이 가장 잘 표현된다고 생각하였다. 치료 도구로서 모래상자를 사용한 것은 1920년대 후반으로 거슬러 올라간다. 1929년 영국의 소아과 의사 로웬펠드(Lowenfeld)는 '세계놀이(Worldplay)' 라고도 알려진 '세계기법(World Technique)' 을 시작했는데, 이 세계기법이 모래놀이의 전조가 된다. 그 당시 클라인(Klein), 안나 프로이드(Anna Freud), 에릭슨(Erikson), 뷸러(Buhler), 볼가(Bolgar), 피셔(Fischer) 등의 많은 학자들은 치료, 진단, 연구를 위해서 장난감과 소품을 사용하는 것을 지지하였다(Mitchell & Friedman, 1994).

로웬펠드는 아동은 성인과는 다른 복잡한 정신적 요소가 얽힌 존재이며, 그것을 이해하기 위해서는 시각, 촉각과 같은 감각요소를 포함한 기법이 효과적이라고 생각하였다. 감각적인 경험을 할 때 아동은 자신이 느끼고 있는 세계를 자유롭게 표현할 수 있다는 것이다. 이에 모래상자와 작은 상징물을 제공하면 아동은 자신의 내면세계를 만들 것이라고 생각하고 세계기법(world technique)이라 부르는 치료 기법을 고안하였다. 1950년대 스위스의 융 분석가인 칼프(Kalff) 여사가 모래놀이치료라고 하기 전에, 모래에 소품들을 사용해서 상자를 만드는 것은 이미 이 때 시작된 것이다.

1920년대에 로웬펠드는 정통 소아과에서 아동정신과로 옮겼다. 옮긴 목적은 어린이들에게 매력적인 매체를 발견해서 치료자와 어린이가 대화할 수 있는 수단을 제공하기 위해서였다. 로웬펠드는 언어이전단계의 가장 깊은 생각들과 감정들을 드러내는 데는 작은 장난감들을 사용하는 것이 힘이 있다고 생각했다. 이러한 생각은 로웰펠트 자신의 경험에서 나온 것이었다. 로웬펠드는 불행한 어린 시절을 보냈고, 많은 병을 앓았으며, 부모님의 이혼과 어머니의 권리 양도를 겪었고, 러시아와 폴란드 전쟁 때 군의관으로서 일했었다. 이러한 개인사가 로웬펠드의 사고의 배경이 된 것이다. 그녀의 과거의 경험이 어린이들의 내면을 이해하고 상호대화를 위한 길을 여는 데 있어서 비언어적인 도구가 빠르고 효과적이라는 것을 인식하는 데 도움이 되었다.

로웬펠드는 젊었을 때 우연히 1911년 웰스(Wells)가 쓴 「마루게임(Floor Games)」이라는 소설을 읽었다. 웰스는 놀이가 성인들에게 매우 혁신적인 아이디어들을 제공한다는 것에 대해 깊은 신념을 가지고 있었다. 웰스는 「마루게임」에서 두 아들과 함께 했던 활동들을 설명했다. 그는 나무조각들, 종이, 점토, 사람과 동물모형 등이 있는 방에서 두 아들과 함께 게임을 하고 도시와 섬을 만들었다. 이런 놀이활동을 통해 웰스는 발명과 창조적인 상상력을 조장하는 재료들과 놀이의 유형들을 인식했다. 로웬펠드는 자신의 경험적인 배경을 통하여 어린이들과 대화하고 이해하기 위한 기회를 제공하는 방법을 찾으면서 웰스로부터의 영감을 받아서 세계기법을 시작하게 되었다.

로웬펠드는 작은 장난감들, 작은 모형들, 종이로 된 모형들, 새 막대기 등을 모아서 박스에 보관했는데 아동들은 그 박스를 보고 '신기한 상자(Wonder Box)' 라고 이름을 붙였다. 로웬펠드는 '세계' 라고 부르는 캐비닛과 작은 서랍에 소품들을 넣어 두었다. 그리고는 두 개의 아연 상자를 만들어 한 상자에는 모래를 담아 두고 또 한 상자에는 물을 담아 두었다. 어린이들은 상자와 소품을 자발적으로 배열하면서 세계를 묘사하였다. 로웬펠드는 어린이들은 언어 대신 경험적으로 생생한 이미지로 생각한다고 믿었으며, 모래상자에서 의식적인 생각들과 무의식적인 생각들이 대화한다는 것을 발견했다. 로웬펠드는 심리분석가가 아니기 때문에 내담자들의 작품을 분석하지 않았으며, 세계기법의 가치는 경험을 통해서 실현된다고 생각했다. 또한 세계기법의 목적은 치료자가 세계를 만든 내담자를 직면시키는 것이 아니라 만들어진 세계가 그 세계를 만든 내담자를 직면하게 하는 것이라고 하였다.

1950년대에 이르러 칼프 여사는 융 분석가가 된 다음에 세계기법을 융 이론에 적용하고 그것을 '모래놀이(Sandplay)' 라고 하였다. 칼프 여사의 관점은 동양철학에 대한 공부, 높은 직관력, 노이만(Neuman)의 발달이론에 대한 영향, 융과 로웬펠드와 함께 공부한 것, 오랫동안 모래상자를 사용해 온 역사 등으로부터 형성되었다. 칼프 여사는 모래놀이를 원형적인 내적 세계를 표현하게 하고 일상의 현실과 연결하게 해주는 도구로 보았다. 칼프의 모래놀이는, 정신은 전체성과 치유를 향해서 움직이도록 활성화될 수 있다는 융의 신념에 기초한다. 상징놀이는 의식적 정신과 무의식적 정신 간에 대화를 하게 한다고 한다. 치료자가 만들어 낸 안전하고 보호된 공간 안에 있는 모든 차원들이 혼합되어 화해와 전체성을 상징하는 이미지들을 만들어 내고 자아(ego)와 자기(self)의 연결을 재확립하게 만든다고 한다. 칼프는 어린이들이 자아(ego)와 자기(self)가 재활성화되어 결합을 이룬 다음에 더욱 균형적이고 조화로운 행동을 한다는 것을 관찰한 다음 어른들에게도 모래놀이를 적용하기 시작했다.

칼프는 국제적으로 다른 융 분석가들에게 모래놀이에 대해서 강의를 하고 훈련시키며 모래놀이를 광범위하게 사용하게 한 촉매자였다. 세계기법과는 달리 분석심리학에 바탕을 둔 모래놀이치료자는 내담자를 직면시킨다. 칼프 여사는 마른 모래상자와 젖은 모래상자, 즉 두 차원의 모래상자를 사용했다. 상자의 바닥과 측면들은 하늘과 물을 나타내도록 하기 위해 푸른색으로 되어 있다. 내담자가 모래상자 만드는 것을 방해하지 않기 위해 치료자는 침묵해야 한다는 것을 강조했다. 여러 개의 상자를 만들 때까지 해석을 하지 말라고 했다.

이와 같이 웰스(Wells)가 1911년에 개발한 「마루게임(Floor Games)」에 힌트를 얻어 로웬펠드가 세계기법을 만들었는데, 스위스의 칼프는 이러한 기법에 치료적 의미를 부여하였다. 그녀는 세계기법에 분석심리학적 개념을 도입하여 자신의 치료 실천에 근거한 이론을 적용하였다. 칼프는 정신분석이나 분석심리학자들 사이에 모래놀이치료가 널리 퍼지도록 하는 촉매자의 역할을 하였다.

1980년대 초 도미니코(Domenico)는 다양한 형태와 크기의 모래상자를 사용해서 정상적인 미취학 아동들을 대상으로 현상학적인 연구를 했다. 어린이, 성인, 부부, 가족, 집단을 대상으로 임상적이고 변용적인 작업을 했다. 그녀는 자신의 모래놀이 이론과 실제를 '모래상자-세계놀이(Sandtray-Worldplay)' 라고 불렀다. 그녀는 다양한 색깔의 모래가 담겨 있는 모래상자에서 모래, 물, 이미지를 가지고 놀면서 회기가 진행되는 동안 정신이 어떻게 드러나는지에 대해 관찰한 결과에 기초하여 이론을 세웠다. 과정을 충분히 경험하는 것, 놀이의 결과들, 모래놀이 과정의 각 단계에서 일어나는 치유적인 '의미 만들기(meaning-making)'에 초점을 두었다.

도미니코도 정신의 치유력(Healing power of psyche)을 강조한다. 그녀는 무의식적인 정신의 깊이를 강조하기보다는 내담자로 하여금 자기 자신과 자신이 만든 세계를 경험하는 과정을 촉진시키고 치료자가 침묵하든 말을 하든 해석을 하지 않음으로써 의식의 깊이를 가지고 직접 작업한다. 그녀는 치유와 성장을 향한 내담자의 움직임을 충실히 나타내기 위해서는 정신과 놀이 결과에 대해 신뢰하는 것이 중요하다는 것을 강조하였다. 도미니코는 모래놀이치료자의 기능을 내담자의 '격렬한 성장'과 각 개인에 대한 '공동체적-사회적 기대들'을 중개하는 사람이라고 하였다.

정신에 대한 도미니코의 접근 방법은 로웬펠드와 칼프의 접근 방법과는 매우 다르다. 도미니코는 인간을 다차원적인 존재로 보았다. 다차원적인 인간 존재는 다양한 차원에서 의식적(무의식적이 아니라)이며 현실의 다양한 면을 경험하고 응답하고 창조하고 수정하기 위해 다른 의식의 몸을 사용한다. 그녀는 이미지들이 일단 상자에 놓여지게 되면 더 이상 상징이 아니라 진짜가 된다고 하였다. 로웬펠드나 칼프와 달리, 도미니코는 의식의 영역과 몸은 내담자의 진단에도 불구하고 각 개인 안에서 기능한다고 여겼다. 그녀는 모래놀이는 항상 의식의 영역과 몸을 활성화시킨다고 생각하였다.

도미니코는 로웬펠드와 마찬가지로 내담자에 대한 개인적인 경험을 가지고 시작하고, 칼프와 마찬가지로 내담자의 경험의 원형적인 수준을 존중하지만 해석하지는 않는다. 그녀는 내담자가 모래놀이 세계를 깊이 경험하고 자신의 중심에 대해서 깨닫고, 자신들에 대해서 책임지는 기술들을 만들었다. 다른 치료자들과 달리 도미니코는 개별 모래놀이 회기 기록지뿐만 아니라 집단모래놀이용 회기 기록지를 개발했다. 그녀는 내담자에게 모래놀이 경험을 일상생활에 적용할 것을 요구하였고, 치료자에게는 자기발견을 위해서 모래놀이를 해야 한다고 주장하였다.

현재 모래놀이치료는 융의 상징적 접근을 기초로 하는 칼프 학파의 모래놀이와 도미니코의 '모래상자-세계놀이'가 널리 실행되고 있다. 최근 들어 모래놀이를 적용하고자 하는 치료자들이 많이 늘고 있다. 모래놀이는 치료적인 환경인 모래 위에서 다양한 놀이방법을 허용한다. 경직된 규칙을 세우지 않으며 해석을 하지 않는 추세이다. 또한 치료의 보조물로서 언어적 접근과 비언어적 접근을 모두 사용한다. 내담자와 치료자의 창조성으로부터 펼쳐지는 많은 경험을 구체화해 주는 모래놀이치료는 오늘날 이론적으로나 경험적으로도 치유와 성장에 매우 유익한 치료기법으로 평가되고 있다. 통원 및 입원환자의 정신건강시설, 병원, 개인진료소, 기관, 학교, 사업 등 여러 분야에서 모래놀이치료를 적용할 수 있다.

## 2. 모래놀이치료의 준비

### 1) 도구

#### (1) 모래와 물

모래와 물은 모래놀이치료의 가장 기본적인 재료가 된다. 내담자는 모래와 물을 가지고 원하는 대로 모양을 바꾸고 쉽게 조절하는 경험을 하면서 서서히 반응을 나타내기 시작한다. 모래와 물은 능동적이고 강력한 상징의 대상으로서, 내담자로 하여금 심리적 · 신체적 경험을 시각적 · 촉각적으로 표현하도록 해준다. 다양한 형태와 색상, 질감의 모래는 좀 더 풍부한 심리적 경험을 표현할 수 있게 도와준다.

일반모래 이외에 흰 모래, 젖은 모래를 구비해 놓는 것이 좋다. 고운 모래는 선이 부드러운 느낌을 주며 곱고 쉽게 모양을 만들 수 있게 해준다. 거친 모래는 색다른 경험을 표현하는 데 효과가 있고, 어두운 색의 모래는 땅의 느낌을 좀 더 강하게 자극한다. 젖은 모래는 마른 모래와는 아주 다른 경험을 갖게 해준다. 어떤 모래를 사용할지 선택은 내담자가 직접 하도록 한다. 원하면 물을 제공해 줄 수 있다. 내담자는 물로 뿌리거나, 붓거나, 흘러내리게도 하면서 자신이 원하는 형상을 창조해 낼 수 있고, 자연에서의 흙과 물의 관계를 탐색하고 관찰할 수도 있다.

#### (2) 모래상자

모래상자는 물리적으로는 모래를 담는 용기(container)이지만, 심리적으로는 내담자의 내적 세계를 담는 곳, 내담자의 세계가 창조되는 곳이다. 모래상자는 내담자가 안전하게 자기를 표현할 수 있는 '자유와 보호의 공간' 으로, 자기실현을 위한 심리적

변환이 일어나는 용기가 된다. 그 크기와 형태는 다양하게 발전되어 왔다.

모래상자의 크기에 대해 칼프(Kalff)는 19×28×3(inch)를 추천하였고, 일본의 가와이 하야오는 57×72×7(㎝)를 추천하였다. 상자의 안쪽 재질은 물이나 하늘을 상징하는 파란색이나 청록색으로 칠하고, 실제로 물을 부을 수 있게 방수처리를 한다. 작은 상자를 사용하다가 경험이 확장되면 좀 더 큰 상자로 바꾸어 사용할 수도 있다. 원으로 된 상자인 경우, 지름이 70㎝ 정도가 적절하다. 둥근 상자는 자아성숙을 의미하는 만다라나 중심화의 이미지를 창출하는 데 효과적이다. 상자의 크기를 제한하는 이유는 모래영역이 지나치게 크면 내담자가 집중하고 형상화하는 데 어려움이 있기 때문이다. 모래상자는 창조자의 역할을 하는 내담자의 자아와 영혼, 정신세계가 존재하는 축소된 우주라 할 수 있다. 내담자는 이 축소된 우주의 주인으로서 안전하고 자유롭게 보호받으며 자신의 세계를 창조하게 된다.

모래상자 안에서의 작업은 내담자에게 내면의 느낌을 지각할 수 있게 하고, 정신내적 현실과 외부세계의 현실을 이어 준다. 모래상자라는 매체는 상상력과 공상의 욕구를 일깨운다. 전 언어적 사고양식인 심상사고를 활성화하여 창의성과 자발성을 길러 준다. '창의적인 힘'은 내담자가 치료시간 동안 떠오르는 생각과 느낌을 표현하고 언어화하도록 도와준다.

인간의 생각과 느낌은 현실에서 언어적 의사소통을 거치면서 압축 · 왜곡되며, 총체성을 잃고 시간의 구속(time-bound)을 받게 된다. 치료에서도 언어적 표현은 심리내적 현실의 엄청난 양과 복잡성을 온전하게 담을 수 없다. 더욱이 정서, 인지, 언어발달상 미숙한 아동은 더욱 그렇다.

모래놀이는 상자 안에 창조된 세계를 통해 만지고, 보고, 생각하고, 토의하고, 경험하고, 사진 찍을 수 있는 물리적 창조물을 제공해 준다. 모든 생각, 느낌, 상상, 이미지, 의식의 흐름을 물리적으로 창조 또는 변형시킬 수 있다. 인간의 마음, 지적 능력, 신체를 함께 표현함으로써 내담자의 전 존재를 온전하게 드러나게 해준다.

모래와 모래상자

## 2) 소품(상징물)의 종류 및 진열 방법

모래상자 안에서 사용할 소품들은 실제 모형의 축소품들로 사용한다. 다양한 인종과 직업의 사람모형들, 동물, 식물, 자동차, 건축물, 음식, 가구 등의 상징물들이 필요하다. 내담자들의 심리적 · 창조적 감각을 자극하기 위하여 질 좋은 모형들을 준비한다. 아동들의 관심을 끌고 취하고 싶도록 소품들은 매력적이어야 한다.

치료자들에 따라 소품의 전시 방법들은 다소 다르다. 로웬펠드는 치료자가 아동에게 소품을 제안하거나 너무 다양한 선택 가능성으로 인해 아동이 압도당하지 않도록 해야 하지만, 어떠한 주제도 충분히 표현할 수 있도록 충분한 양을 마련할 것을 권한다. 바람직한 전시 방법으로 로웬펠드는 서랍이 있는 캐비넷 전시 방법을 권장한 반면, 칼프를 비롯한 융 학파에서는 소품들을 개방된 선반에 전시하는 방법을 사용하였다. 도미니코는 과잉자극과 혼란을 최소화하기 위해 열린 선반에 수직 방향으로 같은 종류의 물건을 보관하였다.

소품 전시 방법은 다양하게 개발할 수 있으나, 질서 없이 배열하는 방법은 내담자를 압도하거나 혼란스럽게 하므로 삼간다. 일반적으로 정신의 층과 일치하여 맨 위의 칸에는 인간과 일상생활 소품들을 진열하고, 그 밑칸에 동물, 그 다음으로 식물, 그리고 맨 아래에 광물과 관련된 소품을 진열하는 것이 적절하다.

구체적인 소품의 내용으로는 삶의 여러 측면을 나타낼 수 있고 감정이나 정서, 상황을 표현할 수 있는 것들이라면 어느 것이라도 사용할 수 있다. 일반적으로 사용되는 소품들은 다음과 같이 일곱 가지 범주로 구분된다(김광웅 외, 2008).

① 인간과 일상생활 : 가족, 종교적 인물이나 상징물, 직업을 상징하는 사람들, 신화적 인물, 만화 · 동화 · 영화 주인공, 역사적 인물, 원시인, 문화가 다른 사람들 등.

② 동물과 동물사회 : 대부분의 동물들은 의인화하여 사용되는데, 가족 단위로 제시되어야 개인, 가족, 지역사회를 모두 표현할 수 있다. 야생동물, 멸종동물, 신화 속 동물, 서식지에 따른 동물들, 집단으로 지내는 무리들, 혼자 지내는 동물들, 암수 쌍, 어미와 새끼 쌍 등.

③ 식물의 세계 : 식물들도 의인화하여 사용될 수 있다. 다양한 형태의 식물이 필요하다. 바다, 땅, 사막, 툰드라, 열대지방 등 모든 지역의 식물들을 준비한다. 나무(산 것과 죽은 것, 성장주기를 나타낼 수 있는 것, 열매가 달린 나무, 꽃이 핀 나무 등), 꽃, 덤불, 울타리, 야채와 과일, 마른 잎 등.

④ 광물 : 다양한 크기, 색깔, 형태의 광석 등.

⑤ 인간과 환경의 조화 : 복잡하고 다양한 인간세계, 식물세계, 동물세계, 광물세계를 동시에 표현할 수 있도록 제시해 주는 것들로, 이는 인간과 환경의 조화를 나타내는 것들이다. 인디언과 천막 및 토템 폴, 마법사와 마술방패 또는 지팡이 등이 있다. 이는 역사적 순간과 인간 능력을 조화시키는 데 필요하다. 여러 가지 침대, 유모차, 화장실 등도 중요하고, 두 개 이상의 집과 방으로 분리해서 꾸밀 수 있는 칸막이도 필요하다. 어린이와 어른, 내부와 외부, 사회적 환경 등을 마련한다. 운동장, 학교, 감옥, 병원, 상점, 주유소, 교회, 해저, 산, 마을, 다양한 문화 및 도시의 주거 형태 등이 있으면 좋다. 또 필요한 것을 만들 수 있는 블록과 연필을 준비한다.

⑥ 교통수단 및 의사소통에 관련된 물건 : 교통수단들은 심리학적 · 생리학적 경험을 통해 보다 풍부한 대인관계를 제공해 준다. 바닷속, 바다위, 산길, 공중으로 움직이는 것, 응급과 구조를 위한 것, 어린이와 성인의 것, 전쟁 시 및 평화 시의 교통수단, 교통표지판, 신호등 등 다양한 크기의 교통수단들.

⑦ 기타 : 각종 미술재료, 물놀이도구, 모래도구, 건설장비, 불과 관련된 도구, 행성상징물, 지형학적 상징물, 보물, 죽음과 관련된 물건들.

모래놀이치료실의 소품(상징물)

### 3) 환경 구성

#### (1) 모래상자의 배치

모래상자의 배치는 내담자의 키와 연령층을 고려하여 결정한다. 무엇보다 중요한 것은 내담자가 분명하게 잘 볼 수 있는 장소에 내담자의 관심을 끌 수 있도록 모래상자와 소품들을 배치하는 것이다. 모래치료실의 소품장에서 아동은 자신의 생각을 표현하기 위한 물건들을 발견해야 하므로 소품장은 모래상자와 가깝고 쉽게 접근할 수 있도록 벽쪽에 둔다. 모든 소품들은 아동이 손쉽게 만질 수 있는 안전한 모형들이어야 한다. 모래놀이치료실 내에 모래놀이 소품 이외에 창조적인 활동을 할 수 있는 미술재료나 활동공간을 함께 마련하는 것이 좋다.

모래놀이치료실 및 모래상자의 배치

### (2) 내담자의 위치

모래놀이의 위치나 자세는 다양하다. 상자 앞에 서서 할 수도, 혹은 상자의 주변을 걸어다니면서 할 수도 있다. 의자에 앉거나 마루바닥에 앉아서 할 수도 있다. 어떤 위치에서 할지는 내담자가 원하는 대로 하며, 치료자는 내담자가 자신에게 가장 적합한 자세를 찾을 때까지 격려하고 기회를 준다.

다양한 자세들 중에서 테이블 위에 놓인 모래상자 앞에 서서 꾸미는 것이 가장 능동적인 참여를 이끌어 낼 수 있다. 두 발로 선 자세는 눈 앞에 펼쳐지는 세상을 맞이하고 창조하는 경험을 강화시킨다. 동시에 한눈에 쉽게 상자를 내려다 볼 수 있기 때문에 관찰자 위치로도 활용할 수 있다. 내적 요구에 반응하고 있는 자신의 손을 내려다보면서 상자 속의 세계를 창조할 수 있는 자유를 발견할 수도 있다.

한편, 모래상자 앞에 앉는 방법은 신체적 의사소통을 감소시키고 창조를 제한하게 된다. 바닥에 앉아서 하거나, 무릎을 꿇은 상태로 하거나, 책상다리를 하거나, 상자 옆에 누워서 하기도 한다. 하지만 이런 자세들은 초기 발달단계로의 퇴행을 조장할 수 있다. 상자와 선반 사이를 오가는 동작이 기는 것보다는 걷기로 이루어질 때 보다 역동적인 작업이 가능하며, 높은 곳에서부터 세상을 조망할 수 있고 상자 전체에 대한 시각화가 가능해진다.

### (3) 치료자의 위치와 자세

상자와 치료자와의 적절한 거리는 내담자의 성격이나 문화적 배경에 따라 다르다. 물론, 치료 중에 치료자의 위치는 바뀔 수도 있다. 중요한 것은 내담자가 치료자로 인해 관심이나 주의가 분산되지 않음을 느껴야 하고, 침입감이나 포기한다는 느낌을 받지 않아야 한다는 것이다. 내담자의 경험을 심리적으로 이해하려는 치료자의 의지가 중요하고 내담자의 욕구에 적절하게 반응할 수 있는 충분한 신체적 공간이 필요하다.

치료자가 있는 곳에서의 놀이는 손상된 상상력을 회복하고 치유로 이끈다. 이런 측면에서 본다면 모래놀이치료에서는 모래상자가 있고 치료자가 함께 지켜봐 줌으로써 개인의 심리적 · 생리적 경험, 탐구적 통합기능이 함께 작용하게 된다. 여기서 모래가 주는 자극은 치료자에게도 해당된다. 경험이 부족한 치료자는 내담자의 묘사를 통해 부과되는 극도의 부정적 혹은 긍정적인 심리적 에너지를 견디기 어려울 수 있다. 치료자는 정서적으로 동요되지 않을 만큼 힘이 있어야 한다. 치료자에게 모래놀이 경험의 축적과 훈련, 깊은 자기탐색은 매우 중요하다. 치료자 자신도 모래놀이의 즐거움과 정신에 작용하는 모래의 힘을 느껴 보아야 한다. 치료자의 절제력, 내담자에 대한 깊은 공감, 인간성에 대한 존중능력은 내담자의 심리적 에너지가 회복되는 데 중요한 기능을 한다.

## 3. 모래놀이치료의 적용

### 1) 아동의 모래놀이와 발달단계

아동은 놀이와 모래에 자연스럽게 끌리기 때문에 모래놀이는 아동과 작업하기에 이상적인 접근방법이다. 모래놀이를 통하여 깊은 내면의 생각과 느낌들에 다가갈 수 있고 문제들을 무의식적으로 해결할 수 있게 된다. 로웬펠드가 발견한 것처럼 모래, 물, 소품들을 가지고 노는 것은 아동이 자신의 생각들을 객관화할 수 있는 이상적인 방법이다. 아동들은 모래상자에 대한 자신의 생각들을 명료화하면서 마침내는 완전히 알 수 있게 된다. 모래놀이는 아동이 명료화할 수 없는 의식적, 무의식적인 내용과 대화할 수 있게 하는 강력한 매체라 할 수 있다.

아동의 발달단계를 아는 것이 모래놀이를 진행하는 데 도움이 된다. 치료자가 아동의 기능 수준을 평가하고 과정을 촉진하며 이끌어가기 위해서 기대해야 할 것이 무엇인지, 발달적 관점에서 아동 놀이의 의미에 대해서 이해하는 것이 도움이 될 수 있다. 발달단계에 대한 이해를 토대로 치료자가 어떠한 치료적 자세를 취해야 하고 모래놀이 과정을 촉진시키기 위해 무엇을 해야 하는지에 대한 정보를 얻을 수 있기 때문이다. 그런가 하면 한편으로 모래놀이를 통해 아동의 발달단계를 파악할 수도 있다. 모래놀이의 내용과 형태에서 아동의 발달단계가 나타나고, 단계가 진보하고 있는지에 대한 징표가 나타난다. 모래상자에서 보이는 놀이의 유형, 선택한 소품, 주제들을 통하여 아동의 성숙수준과 발달지체 여부를 파악할 수 있다.

칼프 여사의 자아발달단계의 관점은 노이만(Neumann)의 이론과 일치한다. 1단계(약 6, 7세까지)에서 자아는 주로 식물과 동물이 있는 그림으로 나타낸다. 이 시기에는 동물과 식물이 지배적이다. 2단계(6, 7세에서 11, 12세까지)에서는 투쟁과 갈등, 전쟁이 많이 나타난다. 이 시기의 아동은 매우 강해져서 외부세력과 싸울 수 있고 대항하게 된다. 3단계(11, 12세에서 청소년까지)에서는 실제 삶을 표현하는 장면과 사회적인 시각이 많이 나타난다. 이 시기에는 집단으로의 통합이 일어나게 되어 자아는 한 사람으로서 환경에 받아들여지고 집단의 한 구성원이 된다.

아동의 모래상자에서 '동물-전쟁-공동체'의 모티브가 자주 나타나긴 하지만 이러한 패턴이 항상 나타나는 것은 아니다. 그러나 대체적인 흐름과 패턴들이 내담자의 과정을 이해하는 데 도움이 된다. 일반적으로 아동의 자아가 성숙하고 발달해 감에 따라 혼돈에서 질서로, 공허에서 풍부함으로, 왜곡에서 정돈으로, 분할에서 통합으로 변화해 간다.

스튜어트(Stewart)는 노이만(Neumann), 에릭슨(Erikson), 피아제(Piaget)의 발달단계들을 종합해서 모래놀이 평가방법을 고안해 냈다. 이 방법은 한계점도 있지만 아동의 모래놀이에서 발달단계를 탐구할 때 도움이 된다. 그러나 또한 아동의 놀이유형이 생활연령적인 모델에 적합하지 않다는 것을 관찰하게 된다. 더구나 이 모델이 모든 문화에 적용되는지에 대해서도 충분히 검증되지 못하였다.

스튜어트의 패러다임에서 1단계, 즉 유아기II(7~10개월에서 2세까지)에서는 까꿍놀이와 숨고 찾기와 같은 나타나고 사라지는 게임들을 하게 된다. 일반적으로 2살 반 이하의 유아와는 모래놀이를 하지 않는다. 왜냐하면 그들의 발달에는 한계가 있기 때문이다. 그러나 아동이 유아기의 트라우마나 방임 때문에 발육이 정지되어 이 단계에 머무르는 경우, 아동은 어머니와의 분리, 자신과 외부세계에 대한 신뢰에 있어 어려움을 느끼게 된다. 아동의 생활연령뿐만 아니라 놀이에서 성숙단계가 어떻게 나타나는지에 대해 살펴볼 필요가 있다. 유아기 단계에 있는 아동은 모든 소품을 가까이에 두고 상자를 채우는데 소품들을 밀고 던지거나 묻고 찾는 행동을 보이기도 한다.

스튜어트의 두 번째 단계, 즉 초기 아동기I은 1, 2세에서 3, 4세까지이다. 이 단계에서는 질서와 무질서의 게임이 나타난다. 아동은 자율성을 획득하기 위해 애쓰기 때문에 내적 갈등이 일어난다. 부모의 양육에 대항해서 투쟁하고 있는 것이다. 부모의 통제에 반항해서 싸우면서 독립과 의존의 갈등을 겪게 된다. 모래놀이는 안전하고 제한된 공간을 제공하기 때문에 아동이 자율성을 발달시킬 수 있다. 보유와 제거의 문제(예: 보관하는 것과 내버려두는 것, 대극의 직면, 건설과 파괴)를 다루는 것을 관찰해야 하는 때이다. 창조와 파괴뿐만 아니라 많은 혼돈이 나타난다. 일례를 들면, 몇 회기에 걸쳐서 많은 소품을 사용하여 혼란스럽고 파괴적인 모래상자를 만들었던 4세 아동이 시간이 지나면서 자신이 선택한 소품을 더 잘 구별하고 정렬하기 시작했다. 이 아동은 여러 회기 동안 이 활동을 반복했는데, 일관성 있는 패턴을 만들지는 않았지만 상자 안과 치료실 밖에서 질서를 잡아가기 시작했다.

스튜어트의 세 번째 단계, 초기 아동기II는 3, 4세에서 6, 7세까지이다. 이 시기의 아동은 놀이에 집중한다. 공격받고 도망가고 하는 행동들이 상자에 나타난다. 스튜어트는 공격하는 사람이 아니라 위험으로부터 도망가는 사람에 초점을 맞추어야 한다고 했다. 이 때의 공격이나 갈등은 그 이후의 시기에 나타나는 전쟁보다는 덜 조직적이다. 갈등의 중심인물이 더 분명하게 표현된다(예: 중심인물이 나타나는 공격받는 집이나 사람, 울타리를 친 영역, 물이 있는 웅덩이). 이 시기의 아동은 부모로부터 분리되어 또래와 어울리면서 독립을 연습하게 되는데, 이에 대해 아동은 불안을 느낄 수 있다. 이 단계에서 아동은 모래를 마루에 떨어뜨리고 끝내야 하는 시간에 끝내려 하지 않는 것과 같은 행동을 보이기도 한다.

스튜어트의 초기 아동기II에서 중기 아동기(6~7세에서 11~12세까지)로 전환할 때, 서로 떨어져 있거나 마주보고 있는 것으로 나타나는 대립의 단계가 나타나는 경향이 있다. 이 투쟁의 단계에서 치료자는 전쟁에 초대받는데 적의 역할을 수행하게 될 수 있다. 이 시기에는 또래성 분화게임이 나타나기도 한다. 여아와 남아 둘 다 초기단계보다 자아가 통합되지만 남아상자와 여아상자가 의미있게 달라지기 시작한다. 여아와 남아 모두 상자에 전쟁이나 위험을 나타내지만 남아들은 카우보이, 인디언들, 군인들을 등장시켜 전쟁하는 장면을 더 많이 나타내는 양상을 보인다. 한편 여아들은 반대세력과의 개인적인 투쟁을 더 많이 나타내며, 무장한 세력 대신 위험한 동물들을 사용하는 경향이 있다. 여아들의 상자는 일반적으로 남아들의 상자보다 조용하고 평화롭게 나타난다.

이 대립의 단계에서 땅덩이가 담이나 울타리, 골짜기, 강에 의해서 서로 분리될 수 있다. 보호와 한계를 주는 울타리를 사용함으로써 경계를 치는데, 이를 통해 내적, 외적 갈등을 다루는 능력을 얻었다는 것을 알 수 있다. 그러나 점차적으로 장벽이나 다리를 없애고 상자 안의 영역들을 연결하게 된다. 이는 내담자가 자기 자신의 대립되는 부분들을 연결하고 있다는 것을 나타낼 수 있다. 이 전환기에 대극의 통합과 수용이 일어나면서 상자의 소품들은 점차 균형 잡히고 중심으로 가게 된다. 소품들은 점점 더 가까워지고 중심에 원을 형성하게 된다. 원은 일치와 치유를 위해 정신이 무의식적으로 향하는 것으로 볼 수 있다. 브래드웨이(Bradway)와 맥코드(McCoard)는 "전환기에 우물, 음식, 가솔린 펌프 등과 같은 에너지의 원천이 나타난다."고 했다. 에너지의 원천들뿐만 아니라 양육할동이 나타나기도 한다. 9세 아동의 모래상자가 전쟁에서 음식을 준비해서 파티를 여는 것으로 변화되기 시작하면 분명히 어떤 변화가 일어나고 있는 것으로 본다.

스튜어트의 패러다임은 아동이 약 12세가 되면 끝난다. 칼프의 모델에 따르면 12세쯤 되면 집단에의 적응이 시작된다. 자아가 '집단'의 구성원이 될 수 있을 만큼 충분히 강해졌을 때 사회에서 청소년의 위치에 대한 시각이 변화되기 시작한다. 십대 청소년들은 비밀이 많고 성인들을 잘 신뢰하지 않지만 성인 세계에서 자신들의 위치를 이해하기 시작한다. 청소년기는 친숙함과 편안함에 저항하는 때이다. 십대들은 아동으로 퇴행하는 것이 아니라 성인이 되어야 하는 딜레마를 다루며 청소년들의 역할에 대해 부모들이 주는 혼합된 메시지를 받아들인다. 청소년은 모래상자에서 치료자에게 자신이 성장했다는 것을 보여주어야 한다고 생각한다. 청소년은 모래놀이를 유치하다고 생각하기 때문에 모래놀이를 하지 않으려 한다. 그러나 어쩔 수 없이 모래놀이를 해야만 할 때 분리문제와 투쟁에서 지배나 통제의 문제가 나타나는 기회가 될 수 있다. 이 단계에서는 사회적 시각에 대한 감각이 모래상자에 나타난다. 또한 이 시기에는 성차가 분명하게 나타나서 남성은 외부세계를 만들고 여성은 내부세계를 만드는 경향이 있다.

### 2) 아동 모래놀이의 형태

아동은 자극을 여과하고 내적인 한계를 정하는 능력이 성인보다 부족하다. 따라서 치료자는 아동의 모래놀이에서 분명한 한계를 정할 필요가 있고, 소품 사용에 있어서도 과도한 소품의 사용은 아동의 주의를 지나치게 자극하기 때문에 이를 피하는 것이 좋다. 아동 모래놀이의 목적은 장난감 가게와 같은 것을 만들기 위한 것이 아니라, 아동의 의식과 무의식이 마음대로 표현되도록 광범위한 언어를 제공하는 것이다. 쉽게 자극을 받고 산만해지는 아동에게는 소품장을 가리거나 소품의 수를 제한할 필요가 있다.

많은 소품을 놓거나 매우 혼란스러운 상자를 만드는 아동들이 있다. 대개 어린 아동들이 이런 상자를 꾸민다. 충동 조절을 거의 하지 못하거나 해소할 필요가 있는 감정으로 가득 찬 아동은 마구잡이로 소품을 놓는다. 치료자는 참을 수만 있다면 이를 허락하여 의도적으로 그 행동이 자연스럽게 변하는지를 관찰할 수 있다. 아동은 이런 형태의 모래놀이를 할 필요가 없을 때까지 반복할 것이다. 그 때가 되면 행동에 변화가 일어난다. 아동을 위해서 외적인 한계를 정할 필요가 있다고 생각되면 소품의 수를 제한할 수 있다. 그 반대로 소품을 늘릴 수도 있다. 때로 너무 정돈되고 공허한 모래상자를 만들기도 한다. 아동의 심리적인 역사와 현재 상황(예: 결핍/빈곤, 혼란스러운 삶, 완벽주의), 발달단계, 충동조절 등을 충분히 고려하여 그 의미를 평가하는 것이 중요하다. 어떤 아동은 지나치게 많은 소품과 상자를 사용한다. 그래서 치료자는 적어도 세 개의 상자를 준비해 두는 것이 좋다. 아동은 자신이 여러 면들을 구획으로 구분하는 것 같다. 때때로 아동은 상상력으로 계속해서 상자를 확장해 나가고 다른 면을 표현하기 위해 상자를 더 필요로 하기도 한다. 아동은 치료자가 자신을 구제해주거나 자신과 자신에게 일어나는 것을 조절해 줄 사람으로 생각할 때 전이 문제를 상자에 표현하게 된다.

물을 사용할 때 성인은 모래를 적시는 정도이지만 아동은 상자에 물을 많이 붓는 경향이 있다. 아동이 상자에 물을 많이 붓는다면 치료자는 이것을 허락할 것인지 아닌지를 결정해야 한다. 아동은 소품을 물에 띄우거나, 가라앉히거나, 소품을 물에 빠뜨리고 싶어 할 수도 있다. 이럴 경우 치료자는 빈 상자를 제공할 수 있는데, 아동은 빈 상자에 자유롭게 물을 채우거나 상자에 모래를 적게 놓을 수 있다. 소품을 가라앉히고 인물이나 다른 소품들을 물에 빠뜨리고 물에서 움직이게 할 수 있다. 상자에 물을 많이 붓는 것을 반복해도 치료자가 괜찮다면 이 행동을 계속하도록 허락할 수 있다. 물 붓는 행동을 조절시키기 위해 상자 하나를 변화시켜 놓을 수 있다. 모래상자에 들어갈 수 있는 다른 그릇을 줄 수도 있다. 그릇이 소품들을 담을 수 있을 만큼 커야 한다. 육지로 둘러싸여 있는 물에 소품을 띄우거나 움직이게 하기도 한다.

어떤 아동은 그릇에 모래를 채운 다음 비우는 행위를 반복한다. 이런 행위를 함으로써 아동은 힘과 통제력을 얻게 되는 것 같다. 아동은 상자에서 모래를 비워내고 다시 채우고 싶어 할 수도 있다. 그래서 빈 상자를 준비해 두어야 할 필요가 있다. 비우고 다시 채우는 행위는 건설과 파괴를 반복하는 행위와 유사하다. 아동이 이런 활동을 하는 것은 흔한 일이다. 아동은 보통 한 상자에서 건설하고 파괴하는 행위를 반복해서 한다. 모래상자에서 건설, 변경, 파괴의 형태로 변화가 일어난다. 소품이나 모래를 가지고 건설한 다음 부수고 파괴하는 행위는 성인보다 아동에게 더 흔하다. 일반적으로 이런 패턴은 분노와 힘의 욕구를 표현하는 것이다. 그런 패턴을 통하여 아동은 창조하고 파괴한 다음 다시 창조할 수 있는 능력이 자신에게 있다는 것을 알게 된다. 어떤 아동은 마지막에 모든 소품을 치우고 싶어 하는데 이는 자신의 세계를 지배하고 싶은 욕구를 나타내며 아동은 세계를 창조한 다음 파괴하고 다시 창조하고 고칠 수 있는 능력이 자신에게 있음을 인식하게 한다.

아동은 상자의 소품을 묻거나 감추는 행위를 하기도 한다. 유아에게 이 행위는 대상영속성을 재경험하는 것을 나타낸다. 아동의 문제를 몰라서 무엇을 탐구해야 할지 모를 때가 있다. 감추어진 소품은 자신이 받아들이지 않는 면을 나타낸다. 소품을 드러내 놓은 것은 해결되지 않은 문제를 더 기꺼이 보고 작업하겠다는 것을 나타낸다.

아동의 모래상자에는 특별한 패턴들이 있다. 아동이 선택하는 소품의 유형과 소품 사용 방법은 성인과 다르다. 아동은 성인보다 환상, 영화 캐릭터들, 선사시대의 동물들, 카우보이와 인디언들, 군인들을 더 많이 사용한다. 아동은 전원풍경을 만들기도 한다. 전쟁, 힘 투쟁, 권위적인 인물과의 갈등과 같은 주제들이 아동 상자에 자주 나타난다. 아동은 힘이 있는 소품이나 권위적인 인물, 힘이 없는 인물을 상자에 놓는다. 발달의 입장에서 볼 때 아동이 삶에서 힘과 통제를 위한 내적, 외적 투쟁이 있을 때 개성화와 힘에 대한 욕구를 나타내는 상자를 만든다고 한다. 청소년의 상자에서는 정체성과 개성화에 대한 주제가 나타나는 경향이 있다.

모래놀이를 피하고 다른 접근 방법을 선택해야 하는 경우가 있다. 예컨대, 아동이 모래를 던지거나 모래 속으로 기어들어가려고 할 때 치료자는 다른 방법을 선택할 수 있다. 이런 행동들은 모래놀이의 한계를 지킬 수 있는 능력이 없다는 것을 나타낸다. 아동이 발달 및 감정의 차원에서 모래놀이를 할 준비가 되어 있지 않다고 생각되면 다른 치료 방법을 선택하는 것이 바람직하다.

## 3) 모래놀이의 다양한 방법

### (1) 정적 모래상자

정적인 모래상자란 움직임이 없는 장면을 만드는 것이다. 아동들은 모래놀이실에 들어가면 곧바로 소품이나 장난감과 모래상자에 끌려 관심과 흥미를 보인다. 놀이는 아동의 자연스러운 과정이고, 아동은 아직 상징적 의미를 잘 알지 못하며 치료자는 아동을 직면시키지 않기 때문에 모래놀이 전에 신뢰관계를 형성하는 것이 성인들만큼 필요하지는 않다. 대신 치료자가 모래상자를 수용하고 존중할 때 아동과 치료자

간에 신뢰감이 발달한다. 아동의 모래놀이 시간은 보통 한 시간으로 제한되어 있다. 이는 유아는 긴 시간 동안 집중할 수 없으며 집중시간이 길어지면 불안하고 산만해지기 때문이다. 아동의 집중 능력이 약하다면 30~40분 정도로 줄일 수도 있다.

모래놀이를 소개하는 단계에서 아동, 특히 유아에게 모래놀이를 하는 이유에 대해서 짧게 설명한다. 말을 하지 않는 아동에게는 "때때로 아이들은 자신의 생각이나 감정을 말로 표현하기가 어렵단다. 그래서 사람들은 생각과 느낌을 말로 하는 것보다는 그림을 그리는 것이 더 쉽다는 것을 발견한단다. 너는 모래와 물과 소품을 사용해서 이 모래상자를 꾸밀 수 있어. 그러면 너의 내면 안에서 일어나고 있는 것을 이해할 수 있게 되고 더 좋은 해결방법을 찾을 수 있단다."라고 말할 수 있다. 모래놀이를 싫어하는 아동은 수줍음이 많거나 완벽주의적이며 잘못된 것에 대한 두려움이 많은 경향이 있다. 치료자는 시간을 가지고 아동이 모래놀이에 익숙해질 수 있는 환경을 조성하는 것이 매우 중요하다. 아동이 계속해서 모래놀이 하는 것을 주저하고 불편해한다면 아동에게 모래놀이보다는 다른 방법을 찾을 수 있다는 것을 알려 준다. 그리고 원한다면 언제든지 모래놀이를 할 수 있다고 말해 준다. 이런 아동은 그 다음 회기에서 모래놀이를 하게 되는 경우가 자주 있다.

아동이 모래놀이를 하기 전에 자신이 원하는 대로 만들 수 있으며 옳은 방법도 잘못된 방법도 없다는 것을 알려 준다. 아동에게 모래와 물과 소품을 보여준다. 치료실에서의 놀이규칙도 설명해 줄 필요가 있다. 치료자는 나름대로 자신의 규칙을 발달시키는데, 효과적인 모래놀이를 위해 필요한 것 이외의 규칙은 만들지 않는 것이 좋다. 모든 놀이의 첫 번째 규칙은 아동이 자신이나 치료자를 어떤 식으로든 해칠 수 없다는 것이다. 아동이 모래상자 안에서 물과 모래를 가지고 놀 수 있으며 자신이 원하는 만큼의 물과 소품을 사용할 수 있다는 것을 알려 준다. 소품장에 있는 모든 소품을 모래상자에 놓을 수 있다는 것을 알려 준다. 과잉행동을 하거나 파괴적인 아동이 올 경우에는 부서질 수 있는 소품들을 미리 치워 놓는 것이 좋다.

아동이 모래상자를 다 만들고 나면 성인 모래놀이에서와 마찬가지로 경험과 재배열의 단계로 간다. "이 모래상자는 마치 세계와 같다고 할 수 있어. 특별한 곳이야. 네가 이곳에서 산다고 가정해 보렴. 상자 주변을 걸으면서 여러 측면에서 이 세계를 볼 수도 있단다."라고 말할 수 있다. 어린 유아는 조용히 앉아서 음미하는 능력이 제한되어 있기 때문에 이 과정에 시간이 오래 걸리지 않는다. 아동과 청소년은 상상력을 발휘하여 자신이 이 세계에 살고 있다고 가정하면서 좀 더 오랜 시간이 걸릴 수 있다. 이 때 어떤 아동은 그 세계에 살고 있는 자신에 대해 자발적으로 이야기하기 시작한다. 이런 경우 이야기하는 것을 멈추지 말고 자연스럽게 치료의 단계로 흐르게 한다.

어떤 아동은 이 세계에 대해서 말하지 않으려고 할 수 있다. 이럴 경우 강요하지 말고 대신 경험과 재배열의 단계 이후에 놀이를 끝낸다. 그러나 모래상자에 대해서 언제든지 이야기할 수 있다는 것을 알려 준다. 아동이 모래놀이 과정에 익숙해지고 편안해지면서 모래상자에 대해서 이야기하기 시작한다. 아동이 이야기하게 된다면 계속해서 세계를 여행하는 단계로 나아간다. 아동에게 그 세계에 대한 모든 것과 세계에서 일어나고 있는 것을 이야기해 줄 수 있는지 묻는다.

유아에게는 로웬펠드의 기법을 사용하면 더 광범위한 질문을 끌어낼 수 있다. 로웬펠드는 자신이 아동의 생활방식에 대해서 아무것도 모르며 다른 나라에서 온 방문객이라고 가정하라고 한다. 그런 다음, 세계에 있는 모든 것에 대한 의미와 그 세계에 사는 것이 어떠한지에 대해서 이해할 수 있도록 설명해달라고 요구한다. 치료자가 다른 행성에서 온 낯선 사람이라고 자신을 소개하면 아동은 더 자세하게 설명하는 경향이 있다. 아동이 자신의 세계를 설명하는 것을 주저하거나 어디에서 시작해야 할 지를 모른다면 상상력을 발휘해서 이야기를 만들라고 한다.

치료적 개입의 단계에서는 성인 모래놀이에서와 같이 아동에게 소품들로 하여금 서로 대화하게 하라고 말할 수 있다. 아동은 매우 폭넓게 대화할 수 있다. 또한 사이코드라마를 효과적으로 사용할 수 있다. 일어나고 있는 것을 보여달라고 요청할 수도 있다. 예를 들어, "늑대가 토끼를 어떻게 괴롭히는지 보여주겠니? 토끼가 어떻게 도망가는지 보여줄 수 있니?"라고 말할 수 있다. 그런 다음 모래상자에서 치료실로 옮겨, 그 상황을 재현해 볼 수도 있다. 화를 표현할 때도 이 방법이 적용될 수 있다. 심상을 마음에 그리도록 하거나 상상력을 사용하는 것도 효과적인 기술이다. 왜냐하면 아동의 매일의 놀이나 작업에서 환상은 정상적인 부분이기 때문이다. "이 성에 왕이 살고 있는데, 내가 이 성을 방문했다고 가정하자. 왕에게 날 이 성을 여행시켜 줄 수 있는지 물어봐 주겠니?"라고 말할 수 있다. 그런 다음 좋다고 하면 어떤 방들이 있는 지, 그 방 안에서 무엇이 일어나고 있는지를 이야기해달라고 요청한다. 이런 기술들은 아동에게 위협적이지 않고 즐기면서 치료자와 함께 놀고 대화하게 하는 동시에 중요한 정보를 끌어낼 수 있고 무의식적인 문제들을 해결하도록 도와준다.

대부분의 아동은 모래상자를 사진 찍고 싶어 한다. 문서화의 단계에서 아동에게 어디에서 사진 찍고 싶은지 물어본다. 아동이 직접 자신의 상자를 찍는 것도 좋은 경험이 될 수 있다. 아동에게 사진 찍는 법을 가르쳐 준 다음 자신이 원하는 각도에서 스스로 찍을 기회를 주는 것도 좋다. 아동은 사진을 소중히 여기고 상담하지 않을 때 치료자와 연결시키는 과도기적인 대상으로 사용할 수도 있다.

아동이 모래상자를 감상하거나 탐구한다면 "상자를 만들면서 어떠했니? 모래상자에서 무엇을 기억하고 싶니?"라고 물을 수 있다. 모래상자에 어떤 문제상황이 제시되어 있다면 "실제 삶이라면 어떻게 할 수 있겠니?"라고 물어볼 수도 있다. 어떤 아동은 이런 질문에 기꺼이 답을 구하려 하지만, 어떤 아동은 그렇지 않다. 그러나 아동이 상자의 의미와 자신 안에서 일어나고 있는 것을 아는 것은 그리 중요하지 않다. 우리는 아동의 무의식을 믿기 때문이다.

정적 모래상자의 예-11세 여아의 사례

### (2) 동적 모래상자

도미니코(Domenico)는 아동이 자발적으로 만드는 상자는 두 가지 유형이 있다고 한다. 나이든 아동과 청소년은 정적 모래상자를 만드는 반면, 유아와 많은 에너지를 소비할 필요가 있는 아동은 동적 모래상자를 만든다는 것이다. 동적 모래상자는 아동이 자신이 창조한 드라마를 연기하는 단계가 된다. 드라마는 많은 에너지와 끊임없는 변화를 필요로 한다. 이야기가 진행됨에 따라 대개 아동은 옛 것을 부수고 새 것을 창조하는 것을 여러 번 반복한다. 때때로 아동은 치료자에게 함께 놀이를 하자고 한다. 도미니코는 동적 모래상자를 만드는 사람은 변화에 매우 흥미가 있고 결과가 아니라 변용에 초점을 맞춘다고 하였다. 또한 소녀들보다는 소년들이 동적 모래상자를 더 많이 만든다는 것을 발견했다.

한 가지 사례로 6세 된 남아는 많은 동적 모래상자를 만들었다. 내과의사가 의뢰한 사례였다. 그의 부모는 내담아동에 대해서 매우 걱정했다. 자동차 사고가 나서 어머니가 매우 심각하게 다친 이래 매우 활동적이던 내담아동은 더 이상 다른 어린이들과 놀지 않고 학교에 가기 싫어했다. 어머니와 떨어질 때 발로 걷어차고 소리를 질렀다. 내담아동은 초기에 길과 자동차와 트럭들을 가지고 놀았다. 놀 때 많은 소음을 내며 움직였다. 어느 날 그는 차끼리 서로 부딪치게 했다. 그 이후 그는 헬리콥터를 가지고 왔다. 헬리콥터는 차에 있는 사람들을 구조해서 병원으로 데리고 갔다. 의사는 수술하고 밴드를 붙여 주었다. 내담아동은 계속해서 여러 회기 동안 이 장면을 만들었다. 어느 날 그는 건강하고 집으로 가는 사람들을 가지고 놀았다. 그 다음 회기에 모래놀이를 하고 싶지 않다고 말했다. 모래놀이가 지루하다고 말했다. 그래서 치료자와 함께 게임을 하기로 결정했다. 이 때 그의 어머니는 내담아동이 다시 친구들과 놀기 시작했으며 어머니와 떨어지는 것을 덜 머뭇거린다고 말했다.

아동이 동적 모래상자를 만들 때는 비디오카메라가 아니면 모래놀이 과정을 기록할 수 없을 것이다. 아동은 자신의 내적 문제들을 해결하기 위해 어떤 변화를 통해서 자동적으로 진보할 것이다. 대부분의 아동은 소리를 내면서 드라마를 만든다. 어떤 아동은 이야기가 전개되는 것처럼 계속해서 대화하고 이야기하면서 상자를 만든다. 놀이를 방해하지 않기 위해서는 질문을 하지 않는 것이 가장 좋다. 질문하게 되면 과정이 정지된다. 그러나 놀이를 하는 동안 의미 있는 변화가 있고 소리를 내고 말을 계속 할 때 치료자는 아동의 말이나 행동을 반영해 주면서 아동에게 주의를 기울인다. 이렇게 하면 아동은 자신의 놀이과정을 관찰하고 의식하게 된다.

아동이 실제 삶에서의 경험과 비슷한 차사고를 만든다면, 치료자는 그의 놀이에서 본 것과 들은 것을 말할 수 있다. 예를 들어, "그 아동은 차가 부딪힐 때 소리를 질렀

네."라고 말할 수 있다. 아동의 감정 내용을 사용하면서 보고 들은 것을 반복할 수 있다. 이때 치료자 자신의 생각이나 해석을 아동의 놀이에 투사해서는 안 된다. 동적 모래놀이가 끝난 후 치료자는 마지막 장면을 살펴서 소품들의 마지막 위치와 아동이 만든 패턴을 탐구한다. 이렇게 하는 것이 아동에게 도움이 될 수 있다. 그러나 놀이하는 과정에서 많은 정보를 주고 작업이 이루어지기 때문에 마지막 장면은 제한되어 있다. 아동이 그 상황을 상기하도록 돕기 위해 질문을 할 수도 있다. 예를 들어, 상자에 있는 인물들이 차사고가 났을 때 어떠했는지를 기억해보도록 하고 상자 밖에서 그 사고를 재연하라고 할 수도 있다. 이 때 표현을 더 많이 하게 하고 근육운동도 더 하게 하며 한계는 덜 둔다. 아동이 차사고를 더 충분히 다루어야 한다고 생각되면 사고가 난 인물들을 다시 상자에 가져와서 서로 대화하게 하라고 한다. "차사고가 났을 때를 기억하니? 차들을 다시 상자로 가져와서 사람들로 하여금 자신들의 생각과 느낌, 말하고 싶은 것에 대해서 서로 대화하게 하겠니?"라고 말할 수 있다. 새로운 상자에 인물들을 놓게 하여 인물들의 대화에 초점을 둔다.

세계 탐구를 다 마친 다음, 아동에게 마지막 장면을 사진 찍고 싶은지를 묻는다. 치료자와 내담자가 마지막 장면을 사진 찍는다 하더라도 상자의 의미는 이 안에 있는 것이 아니라 과정 안에 있다는 것을 기억해야 한다. 동적 모래상자는 마지막 상자보다 과정이 더 중요하므로 사진보다 비디오 녹화가 필요하다.

동적 모래상자의 예- 5세 남아의 사례

### (3) 상호작용 모래놀이

아동 내담자는 다른 놀이치료 방법에서 하는 것처럼 모래놀이에서도 치료자에게 적극적인 역할을 해달라고 초대할 수 있다. 특히 8세 이하의 어린 아동들이 치료자의 참여를 요구한다. 때로는 청소년도 이것을 요구하기도 한다. 모래세계의 책임자는 아동이다. 그러므로 아동의 요구에 응해서 참여할 때는 신중해야 한다. 아동의 변화를 돕기 위해서 아동이 배우고 싶은 행동의 모범을 보일 수도 있다. 그러나 아동의 내적, 외적 세계를 나타내는 태도를 정확하게 따르는 것이 분명히 더 치료적이다. 행동의 모범을 보여줄 때 아동의 발달과정과 관계되는 것에 맞추는 것이 중요하다. 상자에 치료자의 가치를 강요하지 않도록 조심한다(예: 나쁜 놈을 좋은 사람으로 만들기). 치료자의 응답은 내담자의 개인 성장을 촉진시켜야 한다. 도덕이나 공정에 대해서도 가르치지 않는 것이 좋다. 치유를 위해 아동에게 필요한 경험을 할 기회를 주도록 하는 것이 중요하다.

일반적으로 치료자는 모래놀이에 관여하지 않는 것이 좋지만 예외가 있다. 동적 모래상자에서 아동의 놀이가 고정되어 있는 것 같아서 지도해 줄 필요가 있다면 도와주어도 되는지, 혹은 상자의 어떤 인물의 역할을 해 주어야 하는지에 대해서 묻는다. 아동의 삶에서 계속되는 투쟁을 함께 할 필요가 있다고 생각되면 치료자가 상자의 어떤 사람 역할을 하기를 원하는지를 묻는다. 아동이 이런 갈등을 분명하게 나타내는 장면을 만들었다면 "내가 너와 함께 놀아도 괜찮겠니? 내가 저 사람(아동의 적대자)의 역할을 해도 되겠니?" 라고 말할 수 있다. 또한 아동을 나타내는 인물의 역할을 선택할 수도 있다. 아동의 모래세계 안에 있는 패턴의 변화를 촉진시키기 위해 행동의 모범을 보이고 싶다면 상자에서 아동을 나타내는 인물의 역할을 해도 되는지를 물어본다. 그러나 세계에 들어가기 전에 항상 내담자의 허락을 얻는 것이 매우 중요하다.

# 5장 미술놀이치료

## 1. 미술치료의 정의

### 1) 미술치료의 역사

우리는 누구나 살아오면서 미술치료적 경험을 해 보았을 것이다. 유년시절 즐겨했던 흙놀이와 모래놀이, 막대기와 돌멩이로 긋곤 했던 그리기놀이 등이 그 순간의 기분을 초월하여 알 수 없는 즐거움과 기쁨을 주었고, 긴장과 스트레스를 완화시켜 주는 역할을 하였을 것이다. 이러한 활동들이 자신의 무의식을 자극하여 자신의 현재 상태를 변화시키고 자아를 표현하게 하는 창의적인 힘이 되었을 것이다.

미술치료는 이러한 창작을 통한 내면세계의 외면화 과정 속에서 개인의 갈등적인 심리상태나 정서상태를 파악하고, 거기에 연루된 갈등관계에 있는 심리, 정서적인 요소를 창작이라는 과정을 통하여 조화롭게 해결하도록 도와줌으로써 개인의 심리적인 갈등을 완화시키거나, 병리적인 정신구조를 재편성하게 하는 것으로 이루어진다고 하겠다.

미술치료는 영어로 Art(미술) Therapy(치료)라고 쓴다. Art therapy라 하면 대개 미술치료를 말하며, 예술치료를 일컫는 경우에는 Arts therapy라고 쓴다. 예술치료는 미술치료, 음악치료, 무용치료, 드라마치료 등 여러 분야의 예술을 사용한 치료들을 망라하여 일컫는 말이다.

창작미술을 통하여 개인이나 집단의 안녕을 도모하는 활동은 고대 인류의 동굴벽화로부터 현대에 이르기까지 일부 예술인들과 정신건강 전문가들의 관심사가 되어왔다. 동굴벽화를 그리던 고대 인류의 행위 속에는 종교적, 정신적 의식이 담겨 있었을 것이며, 샤만의 주술적인 목적의 암각화, 부적 등의 미술작업이 가지는 상징적인 행위와 비슷했을 것으로 추정할 수 있다.

미술작업이 가지는 치료적인 측면이 수용되기 시작한 것은 19세기 아동과 정신질환자의 그림에 관심을 가지기 시작하면서부터이다. 1887년 최초로 이탈리아 시인 리치(Ricci)가 아동화에 관심을 가졌고, 브래너(Barnners)가 유전심리학 잡지에 "아동화의 한 연구"를 발표하면서부터 아동화는 많은 심리학자들의 연구대상이 되어 아동의 흥미, 성격, 지적 능력 등이 그림에 어떻게 반영되는지 연구하였다(1926년 Goodenough: 인물화에 의한 지능검사, 1948년 Buck: HTP성격검사, 1949년 Machover: 인물화에 의한 지능검사 등)(김유정, 2000).

독일에서 미술치료의 시작과 발전에 중요한 역할을 한 정신과 의사 프린츠호온(Prinzhorn)은 1919년에서 1921년까지 정신병원의 환자들이 그린 5,000여 장의 그림, 소묘, 콜라주, 조소 등을 수집하여, 1922년 「정신병자들의 그림」이라는 책으로 출판하였다. 의사들뿐만 아니라 정신분석가인 로르샤흐(Rorschach)나 안나 프로이드(Anna Freud)도 환자들의 그림에 대한 연구를 하였고, 융(Jung)도 그의 분석심리학에서 환자들의 그림을 분석하며 치료에 적용하였다. 퓌츠(Putz)는 1964년 예술을 치료적 도구로 사용하여 인간의 교육에 기여한다는, 즉 예술의 새로운 기능으로서 '미술치료' 라는 개념을 처음으로 사용하였다. 그 이후로 페촐트(Petzold), 프란츠케(Franzke), 슈뢰더(Schroder) 등에 의해서 미술치료가 다양한 개념으로 쓰이면서 발전되기 시작하였다.

미국에서는 1907년 이래로 정신과 병동에서 환자들이 미술가들의 지도 아래 미술활동을 시도한 것을 미술치료의 출발로 보고 있다. 그러나 미술을 심리치료적 관점과 연계하여 인식하게 된 것은 1940년대 초반으로, 뉴욕에서 활동하던 미술가이자 아동미술교육자로서 정신분석을 받았던 나움버그(Naumburg)에 의하여 현대미술치료가 자리 잡게 된다. 그녀는 정신치료와 마찬가지로 미술치료도 치료자와 환자 사이에 치료적인 관계 형성이 중요하다고 보고 미술치료 과정에서의 전이와 역전이의 해결 여부가 관건이 된다고 하였다. 치료자는 내담자가 자발적으로 그림을 그리도록 도와주고 그려진 그림에 대해서 내담자에게 연상시키면서 스스로 해석할 기회를 주었다. 그녀는 그림의 상징성을 중요시하여 치료자로서 해석을 가하는 방법을 사용하였는데, 이러한 방법은 현재까지 미술치료에서 가장 보편적으로 사용되어 오고 있다(주리애, 2000).

크레이머(Kramer)도 정신분석이론을 배경으로 미술치료를 실시하였으나 나움버그(Naumburg)와는 달리 환자의 미술작품을 상징적인 대화로 보지 않고 창조적 행위 그 자체에 치료적 가치를 두었다. 그녀는 창작활동을 통해 내담자의 내부의 감정이나 욕구가 사실적으로 표현되고 이 때에 파괴적, 반사회적 에너지를 배출함으로써 그것을 감소시키거나 전환시킨다고 하였다. 따라서 미술치료자의 역할은 해석이 아니고 승화와 통합과정을 돕는 것이라고 하였다.

루빈(Rubin)은 1970년대부터 정신분석학적 미술치료의 지도자로서 활발한 활동을 하고 있다. 그녀는 나움버그(Naumburg)가 환자의 예술을 '상징적 언어'의 형태로 본다는 것에서 언어적인 의사소통 모델의 틀을 벗어나지 못하고 있는 듯하다고 지적하면서 정신분석적 미술치료에서 치료자는 환자로 하여금 가능한 한 자유롭게 자신을 표현하도록 해야 하고, 그리고 나서 환자의 기능을 방해하는 내재화된 갈등을 이해하기 위해 함께 작업한다고 강조한다.

로빈스(Robbins)는 대상관계심리학이라는 후기 정신분석학적 미술치료의 선구자로서 아직도 활발하게 활동하고 있다. 그는 생의 초기 발달 단계에서 어머니를 위시한 주위의 대상들과의 관계에서 형성된다는 대상관계적인 이론에서 보는 인간의 심리적인 문제를 미술치료가 적절하게 다룰 수 있다고 보는데, 그 이유는 생의 초기의 대상관계는 언어차원의 것이 아니고 비언어적인 차원이라는 것, 그리고 적절하지 못했던 모와 및 기타 대상관계를 예술작업을 통하여 회복할 수 있다는 것이다. 따라서 대상관계심리학에서 미술이나 미술작업은 상실된 초기대상 및 대상관계를 대처한다고 보고 있다.

이러한 분석적인 접근방법 외에도 현재에는 미술의 창조적 과정을 통해 자기의식을 높임으로써 사회적응력을 키우고자 하는 '인본주의적 미술치료' 방법과 특수교육 분야에서 장애아동의 표현력을 증진시키거나 새로운 재료를 적응시키기 위해 많이 활용하고 있는 '행동주의적 미술치료' 도 있고, 개성화와 자기실현을 위하여 실시되는 '분석심리학적 미술치료' 등 다양한 모습으로 전문화되어 가고 있다.

그밖에도 미술가이며 심리학자인 레비(Levy), 미술치료를 대학과정에 도입한 레빅(Levick)과 랜드가르텐(Landgarten), 웨이드슨(Wadeson) 등이 50년대와 60년대를 거쳐서 오늘날까지 미술치료의 발전에 기여하고 있다.

우리나라의 경우, 1992년 한국미술치료학회가 창립되었고 1994년 미술치료연구지가 창간되었다. 현재, 미술치료학회를 중심으로 임상미술전문가 및 미술치료자가 양성되고 있으며, 교육, 재활, 정신치료 등의 다양한 분야로 미술의 활용범위가 확장되는 추세에 있다(이숙 외, 2004)

### 2) 미술치료의 개념

미술치료란 시각매체를 사용하여 내면의 심상을 표현하게 함으로써 무의식을 활성화하고, 그 속에 묻힌 창조적 기능을 자극하여 내담자의 자기 치유 능력을 돕는 치료 방법이다. 이를 통하여 인간은 그의 내면에 왜곡, 상실, 억제되었던 부분을 재발견하고 통합시킴으로써 인격의 발전을 가져올 수 있게 된다. 그러므로 미술치료는 작품의 예술성보다는 작품 활동을 통한 카타르시스, 승화 과정, 그리고 의사소통에 관심을 두고 충동과 통제, 사랑과 미움 등 무의식과 의식 사이의 필연적인 갈등 요소들을 미술의 전체성과 상징성을 통하여 통합시킴으로써 인격의 발전을 더욱 촉진시켜 줄 수 있다.

웨이드슨(Wadeson, 1980)은 학자에 따라서 여러 가지 의견이 있을 수도 있고 접근 방법이나 적용 대상에 따라 정신요법적 미술치료, 재활적 요법치료, 레크리에이션적 미술치료 등으로 나누기도 하지만, 미술치료는 결국 이미지 표출과정에 있어서 비언어적인 커뮤니케이션 기법으로서 우위를 차지하고 있다. 이 기법을 반복적으로 시행함에 따라 언어적 이미지와 시각적 이미지에서 지금까지 상실, 왜곡, 방어, 억제되어 있는 상황에서 보다 명확한 자기상, 자기 자신의 세계관을 재발견하여 자기 동일화, 자기 실현을 꾀하게 된다고 보는 것이다.

김진숙(1993)은 미술치료는 창작을 통하여 심리적, 정서적 갈등을 완화시키므로 원만하고 창조적으로 살아갈 수 있도록 도와주는 심리치료법이라고 하였다.

주리애(2000)는 미술치료란 환자의 작품과 창작과정 및 창작 후의 과정을 통해 환자의 상태와 문제를 파악하고 이를 경감시키고 개선하여 환자의 적응적 상태를 형성해 나가는 것이라고 하였다.

이상에서 살펴본 바와 같이 미술치료는 궁극적으로 심신의 어려움을 겪고 있는 사람들을 대상으로 미술활동을 통해 그들의 심리를 진단하고 치료하는 데 목적이 있다(한국미술치료학회편, 1990).

## 2. 미술치료의 준비

### 1) 미술치료의 이론적 구성

#### (1) 정신분석적 미술치료

정신분석적 미술치료는 프로이드를 중심으로 한 정신분석가들이 사용하는 자유연상법이나 꿈의 해석과 전이의 해석 등의 기법을 사용하는 미술치료를 말한다. 이것은 자유연상이나 꿈을 해석하는 데 있어 미술매체나 창조적 매체를 사용하여 표현하게 하는 것이다. 쉽게 말해 정신분석적 미술치료는 무의식을 미술을 통해 의식화시키는 작업이다(Rubin, 1987)

프로이드는 인간의 정신세계를 일차적인 과정이라고 부른 무의식의 세계와, 이차적인 과정이라고 부른 의식세계, 두 가지 차원으로 구분하였다. 우리가 자아와 대상에 대하여 논의하려면 이 두 체계가 서로 접촉할 수 있는 상징적인 표현, 즉 비언어적인 표현을 탐구해야 한다. 프로이드는 경험은 하지만 의식에서 받아들일 수 없는 욕구가 무의식이 된다고 하였고, 이러한 무의식은 그림에 투사된다. 그래서 정신분석적 미술치료는 갈등의 단서를 그림을 통해 알고 인식할 수 있다고 말한다. 즉, 미술치료란 이 무의식 속에 있는 갈등을 끄집어내 주어 적절하게 반응시켜 의식화 시킨다는 뜻이다. 여기에 사용된 시각적 표현을 언어적으로 읽어 주고 수용해 주어 치료가 일어나게 하는 일이 치료자의 일이다.

이것을 처음 시도한 것은 나움버그(Naumburg)였는데, 그녀는 아이들의 미술 표현이 자발적인 것에 크게 고무되었으며 자신이 정신분석을 받을 때에 꿈과 환상의 모습을 떠올리는 작업을 통하여 해방되는 기분을 느꼈었다. 그래서 억압된 것을 이미지를 통하여 '표출' 하는 것이 치료적일 뿐 아니라 정화가 되면서 동시에 의사소통의 효과가 있음을 알아냈다. 표출된 심상은 상당히 상징성을 띠고 있었으므로 상징의 미술 표현화를 치료의 수단으로 사용하게 되었다(이부영, 1988).

인간의 성격구조는 본능(id)과 자아(ego), 초자아(super ego)로 구성되어 있다. 프로이드가 말하는 본능은 성적인 본능과 공격적인 본능이다. 본능은 갖고 태어나는 것이기 때문에 누구나에게 있는 것이다. 따라서 이런 본능을 인정하지 못하고 억압하게 되면 정서적 장애를 일으키는 결과를 낳게 된다는 것이다. 또 자아는 환경과 욕구의 조절과 본능을 지연시켜 주는 역할을 하고, 초자아는 양심이나 자아 이상 형성에 영향을 미친다. 이 본능, 자아, 초자아가 불균형을 이루게 되는 것이 바로 불안이다(이부영, 1988).

프로이드에 의하면 자아가 이 불안을 감당하지 못하니까 고통을 일시적으로 감소시키기 위해 선택하는 것이 방어기제다. 이러한 방어기제의 종류에는 투사, 억압, 취소, 억제, 반동형성, 동일시, 저항, 전이, 승화, 합리화 등 30가지가 넘는다. 그래서 정신분석적 미술치료에서는 내담자가 자유롭게 그린 그림에 투사된 내담자의 불안과 갈등을 읽고 해석하는 것이 중시된다. 정신분석적 미술치료는 현대 정신분석학의 흐름에 맞추어 대상관계이론이나 자기심리학 등과도 연결되어 진행되어 가고 있다.

### (2) 융학파의 분석적 미술치료

융(Jung)은 자신의 개인적 경험을 통해서 그림이 주는 치유력을 스스로 체험하였다. 그는 인간에게는 내면적 심상인 상징과 꿈을 통하여 일상적 의식의 세계가 아닌 다른 깊은 곳에 성장의 의지가 존재한다는 것을 증명하려 하였다. 융은 "환자는 내면의 심상인 그림을 그리는 행위를 통해서 자기 자신을 형상화할 수 있다."라고 주장하였다(Menzen, 2001).

융은 무의식을 '나를 이끌어 가는 힘' 이라고 하였다. 무의식을 바다에 비유한다면 의식은 자그마한 섬과 같다. 의식은 우리의 정신의 모든 것을 대변하지 않으며, 그것은 극히 자그마한 일부에 지나지 않는다. 자아란 그 자그마한 일부의 중심이다. 그래서 그것을 많은 콤플렉스 가운데의 하나로 보고 이를 자아 콤플렉스라 부른다.

의식이란 마치 피부와 같은 표면이다. 의식은 첫째로는 자기 신체, 자기 존재에 대한 의식을 통해서, 둘째로는 일련의 기억에 의해서 형성되는데, 물론 그 뒤에 많은 것이 의식을 구성하게 된다. 여러 가지 종류의 개인적 분화 등이 뒤따른다. 사고, 감정, 감각, 직관 등 융의 이른바 '정신의 네 가지 기본기능' 도 의식의 내용이 된다. 이것은 물론 그 분화 정도에 따라 무의식의 내용이 될 수도 있다.

인간은 조화롭게 살아가야 하는데 너무 한쪽으로 치우쳐 살면 무의식이 메시지를 보내는 기능을 한다. 그래서 무의식은 치료기능을 촉진시키는 역할을 하며 조화롭게 이끌어져 가는 힘이 된다. 이러한 무의식은 꿈이나 상징으로 나타나는데, 꿈이 하는 보상적 기능이나 상징에 나타나는 감정, 이미지도 여기에 해당되는 것이다.

또 융은 무의식을 개인적 요소인 개인무의식(한 개인이 살아오면서 지각되지 않고 묻혀 있는 의식, 출생 이후 특수한 경험을 바탕으로 이루어짐. 그림자)과 함께 원형적 요소로서 집단무의식을 이야기했다. 이 집단무의식(아니마, 아니무스)은 인류 전체가 가진 축적되어 온 무의식을 말한다. 융은 이 집단무의식을 모든 만물이 관통할 수 있는 하나의 힘으로 보았으며, 그래서 너와 나의 공통된 점을 발견하고 '우리' 라는 중간영역을 만들 수 있다고 한다. 융이 본 이 집단무의식은 그림에 투사되어 치료자와 내담자가 상호통찰과 공감을 이루는 요소가 되는 것이다. 결론적으로, 의식이 무의식에 관심을 가지고 그것과 더불어 살 때 인간정신의 전체적 실현과 그 성숙은 가능해진다.

그러므로 이러한 입장에서 분석심리 미술치료는 그림에 나타난 상징을 이해하며 같이 토론해 가면서 숨겨진 근원을 찾는다. 이것은 내담자의 이해와 성장과 변화를 촉진시킨다.

### (3) 인본주의적 미술치료

인본주의적 미술치료는 말 그대로 인간 중심적인 접근 방법이며, 치료자의 태도적인 면을 강조한 접근법이다. 인본주의적 미술치료에는 실존주의치료, 인간중심-내담자중심치료 등이 대표적이다. 특히 실존치료가 대표적인데, 이것은 실존철학을 배경으로 하며 그만큼 실존철학의 사상이 바탕이 된다, 실존치료에서는 인간 본성에 대한 관점을 정신분석학자들과는 달리 끊임없이 변하는 것으로 보았다. 인간의 의지에 따라 끊임없이 재창조되고 변할 수 있는 것이 인간의 본성이라는 생각이다. 실존치료에서는 인간은 자기인식능력이 있고 의지가 있기 때문에, 반성할 수도 있고, 선택해서 변화된 삶을 살아갈 수 있다고 본다. 그래서 실존주의 미술치료에서 중요시 여기는 개념이 바로 '선택' 이다. 미술치료실에는 수많은 재료가 있고, 내담자는 미술작업을 하기 위해선 반드시 선택을 해야 하는 상황에 놓인다.

이 때 치료자는 내담자에게 무언가 선택해 주고 가르쳐 주는 사람이기보다는 선택할 수 있게끔 해야 한다는 것이 바로 실존주의 미술치료의 입장이다. 그리고 선택한 것에 대해선 책임질 수 있게 하며, 선택할 수 있는 것도 책임지는 것도 반성하는 것도 바로 내담자 자신인 것을 인식하게 하는 것이다.

또 실존주의 미술치료에서는 '의미'에 관해 끊임없이 질문하며, 불안이나 죽음도 그 의미를 깨닫고 받아들이는 것이 중요하다고 여겼다. 삶이 진지해지기 위해선 죽음을 당연히 받아들여야 한다는 입장이었다.

실존주의 미술치료는 실존철학과 함께 유럽에서 발달하였다. 이에 비해 칼 로저스(Carl Rogers)에 의해 창시된 인간중심치료는 미국을 중심으로 발달하였다. 인간중심치료는 불안이나 고통을 탈피하는 것보다는 창조적 기쁨, 희망이 정직하게 표현되는 것을 시작으로 보았다. 치료의 목표를 자기실현이라는 점에 두었으며, 내담자 중심의 미술치료를 지향하였다. 그래서 인간중심주의 미술치료에서는 치료자의 솔직성과 무조건적인 수용, 공감성을 중시한다.

게슈탈트 미술치료는 현상학-실존주의가 정신분석의 영향을 받아 정립된 것이다. 게슈탈트는 하나의 형식(form)을 말한다. 게슈탈트 미술치료는 지금 현재의 상황에서 미해결된 과제를 찾는 방법이며, 모든 인간은 개개인을 책임질 수 있고 통합된 인간이라고 보는 관점을 갖고 있다.

인간은 계속적으로 전경과 배경으로 선택하게 되는 상황에 놓여 있는데, 미해결된 과제가 있으면 전경과 배경이 명확하게 자리 잡지 못하고 갈등상태에 놓이게 된다는 것이다. 이것은 미해결된 과제에 묶여서 건강한 게슈탈트를 형성하지 못하는 것과 같다. 이렇게 되면 전경과 배경이 상황에 맞게 바뀌지 못하게 된다.

게슈탈트 미술치료에서는 그래서 나를 자각하고 인식하는 것이 중요하며, 형태로 표현된 것에서 느껴지는 감정을 즉각적으로 표출하면서 자신을 지각하게끔 한다. 따라서 게슈탈트 미술치료에서는 자기 자신을 표현해 보고 느껴 볼 수 있는 자아개념 프로그램을 주로 사용하게 된다. 이러한 점은 어느 면에서는 동양예술의 자기성찰, 끊임없는 오성에 대한 탐구라는 점에서 비슷한 부분이 있으며, 자아의 발견과 자각의 과정이 갖는 스스로의 무의식적인 치료가 행해진다는 점에서 새로운 연구접목이 요구되는 분야라 하겠다.

### (4) 행동주의적 미술치료

행동주의 치료는 명확히 관찰되는 행동 중 바람직하지 못한 것(정신역동적 치료에서 증상이라 불리던 것들)을 치료하기 위해 고안된 것이다. 행동주의 접근에서는 행동상의 바람직한 변화를 정의하고 경험적으로 입증하며 치료 기간 내내 계속해서 평가한다.

처음에는 미술치료와 행동주의적 접근이라는 말 자체가 대조적으로 보인다. 두 가지 관점은 매우 달라 보이는 듯하나 두 가지 다 문제를 가진 사람을 돕고자 하는 시도라는 공통점을 지니고 있다. 정신역동적 미술치료에서도 부분적으로는 행동기법을 사용하기도 한다. 예를 들면, 경직되고 억압된 아동에게 치료자가 점토를 뜯어 던지기를 제시하며 그 행동을 격려하고 칭찬해 주었다면, 이는 강화라는 행동주의적 방법을 쓴 것으로 볼 수도 있는 것이다.

그래서 미술치료에서는 내담자의 특성에 따라 행동치료 기법을 활용하고 있고, 특히 발달장애 아동(정서장애, 정신지체, 자폐아동)이나 행동문제를 지닌 성인에게 유용하게 쓰일 수 있다. 이들에게 행동주의적 기법을 미술치료에 적용했을 때 인지적, 정서적 발달을 꾀할 수 있었고, 적응행동을 개선하는 데도 매우 효과가 있다고 입증되어 왔다. 또 행동주의 기법을 미술치료에 적용했을 때, 문제가 있고 지체가 있는 아동들의 행동을 개선시킬 뿐 아니라 그 아동들의 정서적 욕구를 드러내도록 하고 치료하는 데도 효과적이라고 했다.

### 2) 미술치료의 장점

미술치료를 왜 하며, 무엇을 제공해야 할 것인가에 대해 많은 논의가 있어 왔다. 미술치료는 나름대로 제한점도 있고 아직 연구되어야 할 부분이 많지만 심리치료의 한 방법으로서 다음과 같은 여러 가지 장점도 지니고 있다(Wadeson, 1980; 한국미술치료학회편, 1990).

#### (1) 미술은 심상의 표현이다

우리는 심상(image)으로 생각한다고 볼 수 있다. 말이란 형태를 취하기 전에 심상으로 사고한다. 즉, 어머니라는 말을 하기 전에 '어머니' 의 심상을 떠올릴 것이다. 삶의 초기의 경험이 중요한 심상의 요소가 되며, 그 심상은 성격 형성에 중요한 역할을 하게 된다. 미술치료에서는 꿈이나 환상, 경험이 순수한 언어적 치료법에서처럼 말로 해석되기보다는 심상으로 그려진다. 예술매체는 종종 심상의 표출을 자극하는, 즉 일차적 과정의 매체를 자극하여 창조적 과정으로 나아가게 된다.

### (2) 미술은 방어가 감소된다

심상과 밀접한 관련이 있는 것이 방어이다. 우리는 어떤 다른 의사소통 양식보다 언어화시키는 작업에 숙달되어 있다. 미술은 비언어적 수단이므로 통제를 적게 받는다. 예상치 않았던 작품이 그림이나 조소에서 제작될 수 있는데, 가끔 창작자의 의도와는 완전히 반대가 되기도 한다. 이러한 것은 미술치료의 가장 흥미 있는 잠재성 중의 하나이다. 예상치 않았던 인식은 가끔 환자의 통찰, 학습, 성장으로 유도되기도 한다.

### (3) 미술은 어떤 유형의 대상을 즉시 얻을 수 있다

미술치료의 또 다른 장점은 즉시에 구체적인 유형의 자료를 얻을 수 있다는 점이다. 즉, 눈으로 볼 수 있고, 만져 볼 수 있는 자료가 환자로부터 생산되는 것이다. 미술의 바로 이러한 측면이 많은 의미를 가지는데, 즉 환자가 만든 어떤 유형의 대상화를 통해서 치료자와 환자 사이에 하나의 다리가 놓여진다. 어떤 환자는 단 한 번의 작품에서도 자신의 감정을 느끼기도 하지만, 저항이 강한 사람은 더 오랜 시간이 걸린다.

### (4) 미술은 자료의 영속성이 있어 자신을 회상할 수 있다

미술작품은 보관이 가능하기 때문에 환자가 만든 작품을 필요한 시기에 재검토하여 치료 효과를 높일 수 있다. 때로는 새로운 통찰이 일어나기도 하며, 환자 자신도 이전에 만든 작품을 다시 보면서 당시의 자신의 감정을 회상하기도 한다. 즉 그림이나 조소가 주관적인 기억의 왜곡을 방지할 수 있다는 것이다. 또한 환자의 작품 변화를 통해서 치료의 과정을 한눈으로 이해할 수 있으며, 치료팀의 회의에서도 작품을 통해 그 환자의 생생한 목소리를 들을 수 있다.

### (5) 미술은 공간성을 지닌다

언어는 일차원적인 의사소통 방식이다. 대체로 한 가지씩 나간다. 미술표현은 문법, 통사론, 논법 등의 언어규칙을 따를 필요가 없다. 즉 본질적으로 공간적인 것이며, 시간적인 요소도 없다. 미술에서는 공간 속에서의 연관성들이 발생한다. 이를테면, 우리가 가족을 소개할 때도 먼저 아버지, 어머니를 소개하면서 두 분의 관계를 얘기하고 그리고 형제들과 그들의 관계 그리고 나서 이 모든 식구들과 나와의 관계를 말할 것이다. 그러나 분명한 것은, 우리는 이 모든 것을 동시에 경험하고 있다. 미술의 공간성은 바로 경험을 복제한 것이다.

우리는 나의 가족을 말로 소개하고, 그림으로는 그것을 동시에 나타낼 수 있다. 가깝고 먼 것이나 결합과 분리, 유사점과 차이점, 감정, 특정한 속성, 가족의 생활환경 등을 표현하게 되므로 개인과 집단의 성격을 이해하기가 쉽다.

#### (6) 미술은 창조성과 신체적 에너지를 유발한다

미술작업을 시작하기 전의 개인의 신체적 에너지는 다소 떨어져 있지만, 미술작업을 진행하고 토론하며 감상하고 정리하는 시간에는 대체로 활기찬 모습을 띤다. 체내의 에너지 정도가 변화한다는 것을 느끼는 사람이 많다. 그것은 단순히 신체적인 운동이라기보다는 '창조적 에너지'의 발산이라고 해석된다. 연극이나 영화에서 역할을 맡은 배우처럼, 미술치료는 하나의 작업이라기보다는 놀이와 레크리에이션과 음악과 열정이 있는 창조적 에너지를 발산하는 것이라 할 수 있다.

### 3) 미술치료의 발달단계

아동에 대한 미술치료의 발달단계는 크게 세 단계로 나누어진다(김광웅 외 공저, 2008)

#### (1) 1단계

0~2세에 해당하는 단계로, 간단한 협응, 자신과 환경과의 구분, 기본적인 인과관계의 이해, 감각정보의 통합, 환경에 대한 긍정적 태도와 신뢰감 형성 등을 목표로 한다.

이 단계의 아동들에게 가장 중요한 것은 치료자와 아동이 신뢰감을 형성하는 것이다. 확고한 신뢰감이 있어야만 아동은 안정감을 갖고 환경을 적극 탐색하며 활동에 몰입할 수 있다. 이 단계에서는 크레파스, 칼라펜, 물감, 파스텔, 점토 등을 이용하여 아동이 놀이한다는 느낌이 들 수 있게 진행한다.

#### (2) 2단계

정상 아동의 만 2~6세의 수준으로 자신과 사물의 변별, 상징화 능력의 발달, 감각운동협응의 정교화, 자율성의 발달 등을 목표로 한다. 이 단계부터 아동은 표상과 상징을 사용할 수 있다.

자율성이 강해지는 단계이므로 독립성과 주도성을 갖고 활동과정에서 성공감과 만족감을 느낄 수 있게 해주어야 한다. 또한 감정의 분화가 활발히 발달하는 시기이므로, 다양한 감정들을 분리하고 명료화시킬 수 있게 돕는다.

이 단계에서는 아동의 집중시간을 고려하여 흥미를 잃지 않도록 너무 복잡한 프로그램은 피하는 게 좋다. 또한 이 시기 아동은 모방능력이 있기 때문에 처음 프로그램 소개 시에 치료자가 직접 시범을 보여주는 것도 좋다.

#### (3) 3단계

정상아동 7~12세에 해당한다. 보존개념의 획득, 조망수용능력의 발달, 유목화와 계열화의 획득, 자기통제력과 집단의식의 발달 등을 목표로 한다.

2단계에서 강했던 자기중심성에서 벗어나 보다 논리적 · 객관적이 되는 시기이다. 사회정서적으로는 타인과의 상호작용을 통해 자기조절력을 신장시키고 사회적인 기준을 받아들일 수 있으므로, 집단미술치료도 용이해진다.

## 3. 미술치료의 적용

미술치료는 다양한 상황에서 여러 가지 목적을 위해 미술표현을 활용하는 것을 말한다. 미술작업을 통해서 환자로 하여금 통찰을 할 수 있게 도와주는 것이 미술치료의 목적이다. 그 대상은 유아동, 청소년, 성인은 물론이고 양로원의 노인들까지도 그들의 삶을 정리하는 데에도 미술치료가 도입될 수 있다.

### 1) 미술치료실의 물리적 환경

미술치료에 있어서 중요한 두 가지 요소는 작업환경과 기본적인 재료이다. 미술작업을 위한 치료실은 그 크기를 규정하는 데 어려움이 있으며, 적당히 넓은 공간, 충분한 채광, 미술도구 등을 갖추면 된다. 물론 조용하고 비밀을 유지할 수 있으면 더욱 바람직하지만, 많은 미술치료자들은 어떠한 환경도 환자에 따라서 유용하다고 지적

한다. 예컨대, 움직임이 어려운 신체장애인의 경우는 환자의 방을 방문해서 실시할 수 있고, 환자가 평안하다고 느끼는 골방에서도 가능하다.

물리적 환경에 있어서 어떤 요소들은 미술치료에 중요한 의미를 가진다. 집단 미술치료에서는 구성원들 간의 물리적 간격(거리)은 미술작업 시간이나 토론에 영향을 미칠 수 있다. 미술도구 또한 영향을 미칠 수 있는데, 마루에 앉아 그리는 것, 이젤과 의자를 사용하는 것이 제각기 다르다.

### 2) 미술치료의 시간

미술치료의 시간 구성은 치료 목표나 대상, 방법에 따라서 다양하게 결정된다. 통상적으로는 주 1, 2회 정도 실시하며, 성인의 경우는 60분에서 90분 정도이고 아동의 경우는 30분에서 60분 정도로 실시된다. 그러나 시간은 내담자의 집중력이나 성향, 그날의 상황에 따라서 조절될 수 있다. 또한 성격적으로 경직되고 강박적인 내담자의 경우는 특별히 시간 제한을 두지 않고 작품의 완성시간을 기준으로 할 수도 있다. 이들의 경우, 시간에 대한 강박적 생각이 미술활동에 방해가 될 수 있기 때문이다. 충동적이고 무절제한 내담자의 경우는 시간 제한을 철저히 지키기도 한다.

치료자는 치료 장면에서 시간이 종결되기 전 미리 "앞으로 10분 정도 남았으니까 우리 지금부터 마무리하자." 식의 이야기를 해 둘 필요가 있다. 이러한 언급은 내담자들로 하여금 시간을 조절해 갈 수 있는 능력을 제공하고, 당황하거나 불안하지 않도록 도와주는 작용을 한다.

### 3) 미술치료의 진행

미술치료는 먼저 아동을 진단(평가)하고 치료 목표를 세워서 치료 시간을 갖게 되는 것으로 이루어진다. 대략 도입, 활동, 토론의 순서대로 진행된다(강승아, 2000).

① 도입 부분에서는 서로 친밀해가면서 편안한 분위기가 조성되도록 한다. 여기에서는 긴장 이완을 위해 호흡법이나 음악을 사용하기도 한다. 전반적 설명이나 규칙에 대한 오리엔테이션도 이때 이루어져야 할 일 중의 하나이다.

다음의 활동 부분에선 알맞은 재료의 선택이 중요한데, 시간이나 아동의 성향에 따라 다르게 적용될 수 있다. 주어진 시간에 완성할 수 있는 재료가 제공되어야 성취감을 느끼게 된다. 또 아동의 성격이 경직되었다면 이완을 촉진할 수 있는 물감, 핑거 페인팅, 물기가 많은 점토가 효과적이고, 충동적이고 공격적인 아동이라면 행동의 통제가 용이한 색연필, 사인펜 같은 딱딱한 재료가 좋다. 이것은 내담자의 성격과 반대되는 재료를 제공하여 그의 내면세계에 억압되어진 부분을 재통합하는 기회를 주기 때문이다.

그리고 한 가지 재료에만 너무 고착되어 있는 아동에겐 좋아하는 재료부터 시작하여 조금씩 첨가되고 확산되어 갈 수 있도록 하는 것이 바람직하다. 또한 자아 기능이 미성숙한 경우에는 동시에 너무 많은 재료를 제공하여 혼란을 초래하지 않도록 해야 한다. 다양한 재료를 사용하여 미술활동을 하는 것이 좋을 것이라는 치료자의 욕심은 아동에게 도움이 되지 않는 경우가 있다.

② 활동 부분에서 치료자가 주의해야 할 일은 너무 많은 질문을 하여 내담자가 미술활동 자체에 몰두하는 것을 방해하지 않도록 하는 일이다. 미술활동은 무의식과 의식을 오가면서 자연스럽게 이루어지는 것이기 때문에, 잦은 질문이나 치료자의 개입은 그 흐름을 끊을 수 있다.

③ 토론 부분은 내담자와의 대화를 말하는 것인데, 아동이 느낌을 표현할 수 있는 시간이다. 기분이나 마음 상태를 말로 표현할 수 있는 것이 이 때 이루어지게 되고, 작품 내용을 매개체로 은유적인 대화가 되기도 한다. 아동에게 직접적으로 자신의 마음을 표현해 보라고 요구하는 것은 어렵지만, 아동이 자신의 그림을 이야기하는 것은 훨씬 쉽고 편안하게 할 수 있기 때문이다.

### 4) 치료자의 태도

#### (1) 수용적 태도

치료자와 아동 간의 좋은 인간관계를 맺는 것은 매우 중요하므로 치료 초기에는 치료자에 대한 경계심을 없애도록 하기 위해서 수용적이고 받아들이는 태도를 치료자가 보여주어야 한다. 이러한 수용적인 분위기에 익숙하게 되면 아동은 자발성을 회복하게 되어 자발적으로 자기가 그리고 싶은 그림을 그리게 되며, 자기를 있는 그대로 표현하는 것을 두려워하지 않게 된다. 아동은 자기가 그리고 싶은 것을 마음대로 그릴 수 있음을 확인하게 되면 그림을 그리는 것에 즐거움을 느끼게 되며, 치료자와의 관계는 신뢰를 바탕으로 다져지게 될 것이다.

### (2) 지지적 태도

아동이 정서적 표현과 그림 그리는 활동에 대해서 치료자는 지지적인 태도를 보여준다. 특히 아동의 그림에 대하여 비판, 비난, 평가하는 태도는 바람직하지 못하므로 하지 않도록 한다. 아동이 그리고 싶은 것을 그릴 수 있다는 신뢰감을 치료자는 언어나 태도를 통해서 보여주는 것이 좋다. 예를 들면, 그림을 그리다가 잘 그려지지 않아서 좌절감을 느끼는 아동에게 "그래, 그림이란 어떤 때는 잘 그려지지 않을 때도 있지. 그렇지만 너는 끝까지 잘 해낼 수 있다고 생각해."와 같은 치료자의 말은 아동에게 정서적인 뒷받침을 해주는 역할을 하게 된다.

### (3) 그림에 대한 질문

아동이 그림이나 미술작업을 다 끝냈을 때, 치료자는 아동이 그리거나 만들어 놓은 작품에 대하여 질문을 한다. 질문에 대해서 아동이 대답을 하면 그것을 받아서 다시 한 번 치료자의 말로 명확하게 아동에게 들려 준다. 예를 들면, 아동이 "언니와 눈싸움을 하는 그림이에요."라고 대답했을 때 "그래, 언니하고 너하고 눈싸움을 하는 것을 그렸구나."라고 치료자가 다시 한 번 확인해 주는 말을 함으로써 아동이 자신의 그림을 다른 사람이 같이 인식해 준 것에 대해서 자신감과 만족감을 갖도록 도와준다. 또한 그림의 내용에 대하여 불분명하거나 아동의 내면세계를 명백히 이해하는 데 도움이 된다고 생각되는 경우에는 그림에 관하여 아동이 좀 더 이해해 보도록 유도해 본다. 이런 경우, 그림의 내용을 중심으로 자연스럽게 상담을 이끌어 갈 수 있는 계기가 될 수도 있다. 때로는 그림을 그리는 것보다는 그림을 그리면서 이야기를 더 많이 하는 경우가 있는데 이럴 때에는 그림을 그리도록 유도하기보다는 자연스럽게 아이가 하는 이야기를 들어 주면서 그림 그리는 과정을 따라가 주면 된다(김동연, 이재연, 홍은주, 2001).

## 5) 미술치료의 매체

### (1) 미술치료에서의 미술매체의 중요성

미술치료는 조형활동을 통해서 자유롭게 환자의 내면세계를 표출하게 하고, 그를 통해 환자의 내면세계를 이해하게 하며 보다 적응적인 상태로 이끌어 가는 치료방법으로, 특히 언어적 표현능력이 부족한 아동이나 청소년의 심리적 문제를 이해하고 치료하는 데에 커다란 장점을 지니고 있다. 그러한 조형활동, 즉 창작과정과 작업에 필요한 미술재료와 도구의 선택은 큰 역할을 한다. 그것은 이러한 재료와 도구들이 내면의 무의식을 자연스럽게 표출시켜 주는 매개체이면서 또한 치료자와 내담자를 원만하게 연결시켜 주는 역할도 하기 때문이다.

미술치료자는 미술재료나 도구들이 어떻게 다양한 표현을 촉진시킬 수 있는가를 이해하고 적절한 환경을 만들기 위해 어떻게 해야 하는지를 다시금 인식할 필요가 있다. 미술치료자들은 치료 상황에서 다양한 재료와 매체들을 사용한다. 그러나 우리 대부분은 주변 환경에서 얻을 수 있는 수많은 재료들을 인식하지 못하고 획일적인 미술 재료를 선호하는 경향이 있다. 비록 미술치료자가 모든 재료의 사용법과 활용성을 알고 있어야 하는 것은 아니지만, 치료 시간의 구성 및 내담자의 특성에 따라서 목적에 부합되도록 재료를 선택해야 하므로, 기본적인 재료에 대한 특성과 효과에 대한 지식은 알고 있어야 한다. 즉, 겉표면에 표현할 수 있는 종이의 종류와 목재, 돌, 금속, 유리종류 등에서 그것들의 무게나 질감, 그리고 색깔이나 크기가 갖는 한계점과 특성을 알고 있어야 하며, 그러한 재료들에 어울리는 펜과 물감의 종류 등, 그 특성과 쓰임새를 잘 알고 있어야 환자는 불필요한 좌절을 겪지 않고 적절한 재료의 선택을 할 수 있다.

재료와 매체의 선택에서 두 가지 중요한 고려점이 있는데, 바로 촉진과 통제이다. 내담자의 자발성을 촉진하기 위해서는 충분한 작업공간과 아울러 다양한 색상과 충분한 크기의 재료들이 필요하고, 행동 면에서 통제가 필요한 내담자는 또 그에 대한 매체가 필요하다.

또한 표현 방법에 따라 평면작업 외에도 우리 생활 주변에서 사용하고 경험한 다양한 재료들을 수집하여 내담자의 흥미를 역동적으로 이끌어 나가고 폭넓게 촉진시킬 수 있는 입체작업 또한 좋은 활동 방법이다.

그리고 그것들을 보다 더 효과적으로 활용할 수 있게 하기 위한 미술도구의 조작 방법과 작업 후의 주의점을 전달하여 내담자에 대한 존중감도 함께 전달되게 한다. 이러한 전달이 되기 위해서는 치료자가 미술 재료와 매체에 대한 충분한 경험을 해야 하며 상황에 따라 기술적인 문제 또한 도와줄 수 있어야 할 것이다. 그리고 더 나아가 그러한 재료들의 특성을 바탕으로 '재료를 어떻게 다룰 것인가'에 중점을 둘 것이 아니라, 내담자의 자유로운 '재료의 표현 가능성'에 중점을 두고 계속 연구해 나가야 한다.

### (2) 미술치료의 재료 구분

#### ◆ 인위적인 재료

가. 제품화된 재료

① 종이 재료: 양지(신문용지, 인쇄용지, 필기도구, 도서용지, 도화지, 박엽지, 잡지), 판지(백판지, 기타 판지, 골판지, 셀로판지), 한지

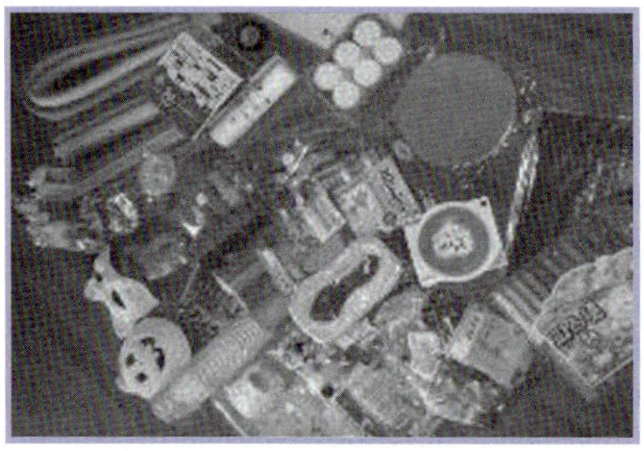

② 그리기 재료 및 채색 재료: 수성물감류(수채화물감, 아크릴물감, 포스터물감, 수성페인트, 수성잉크, 먹, 동양화물감), 유성물감류(유화물감, 유성페인트, 마블링물감, 유성잉크), 크레용류(크레용, 파스텔, 크레파스), 펜류(연필, 색연필, 볼펜, 사인펜, 매직, 마커펜), 기타(분필, 콘테, 목탄, 래커 스프레이, 젯소)

③ 점토류: 자연점토(청자토, 백자토), 대용점토(지점토, 유성점토, 기타-밀가루점

토, 전분반죽, 톱밥반죽, 종이반죽)

④ 가루 형태로 된 재료: 석고가루, 전분가루, 밀가루, 톱밥, 색모래, 금 · 은색 가루, 소금

⑤ 선 및 끈 형태로 된 재료: 철사, 꽃철사, 칼라 절연철사, 스프링, 피복전선, 모루, 나무젓가락, 이쑤시게, 면봉, 성냥개비, 비닐끈, 한지끈, 마끈, 면끈, 가죽끈, 칼라끈, 빵끈, 면끈, 운동화끈, 금 · 은사, 릴리앙스실, 고무줄, 고무밴드, 털실, 무명실, 색실, 리본테이프, 줄하트, 빨대, 수수깡, 백업, 매직 누들스

⑥ 면 형태로 된 재료: 석고붕대, 우드락, 칼라우드락, 페이퍼보드, 단열재, 캔버스, 합판, 시트지, 쿠킹호일, 포장지, 주름지, 셀로판지, 고무원단(EVA), 합판, 부직포, 종이부직포, 망사(눈꽃망사, 금은망사), 아크릴판, 비닐랩, 아세테이트지, OHP필름, 에어팩

⑦ 크림 및 젤 형태로 된 재료: 스노우파티, 생크림, 면도세이빙, 밀가루풀, 화학물풀, 반짝이풀, 헤어젤, 무스

⑧ 덩어리 형태로 된 재료: 구슬, 바둑알, 비비탄, 탁구공, 테니스공, 풍선, 발포석고, 양초, 솜, 모, 스펀지, 뽕뽕, 구슬, 스티로폼구, 스팽글, 모형꽃, 모형눈알

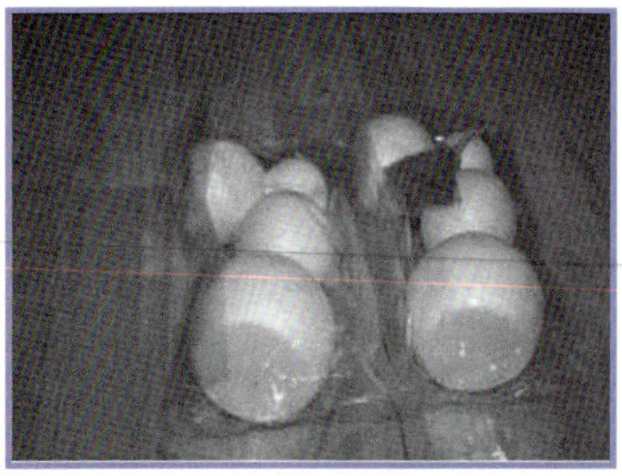

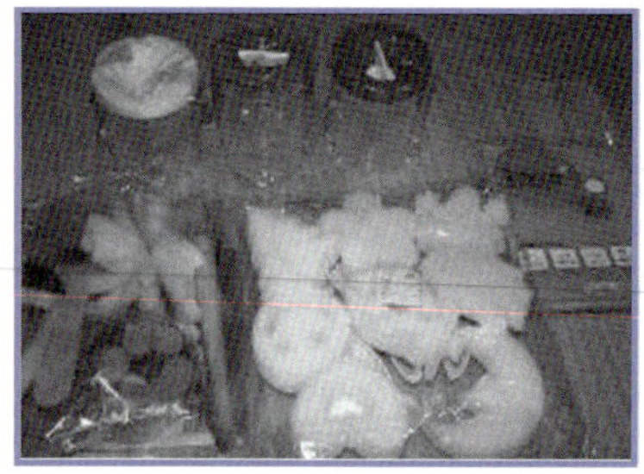

나. 재활용(폐품) 재료

① 폐지의 종류: 신문지, 광고지, 책, 잡지, 팸플릿, 달력, 상표, 우유팩, 종이봉투, 종이가방, 과자상자, 전자제품상자, 골판지, 벽지, 붙임상자, 종이접시, 펄프 몰드, 종이컵, 포장지, 지관, 종이인형, 딱지, 스티커, 카드, 껌 껍질

② 플라스틱의 종류: 카세트테이프와 CD케이스, 아크릴판, PT병, 각종 뚜껑(물감, 간장, 케첩, 음료수), 각종 용기(요플레, 요구르트, 필름, 화장품, 샴푸), 일회용 숟가락, 빨대, 다양한 폐장난감, 볼펜, 빨래집게, 레코드판, 필름, 단추, PVC파이프, 블리스터팩, 스킨팩

③ 금속 재료: 분유통, 참치캔, 음료수캔, 맥주캔, 철사, 못 쓰는 옷걸이, 석쇠, 각종 뚜껑, 우산대, 전선 코일

④ 스티로폼 재료: 가전제품 완충 포장재, 컵라면 용기, 식료품 용기, 반찬 용기, 단열재

⑤ 섬유 재료: 스타킹, 양말, 조각, 천, 장갑, 헌 메리야스, 옷감 조각, 수건, 스카프, 보자기, 티셔츠

⑥ 유리 재료: 주스병, 꿀병, 커피병, 박카스병, 조미료병, 잼병, 콜라병, 수족관, 거울, 창문.

◆ 자연적인 재료

가. 식물성 재료

각종 나무, 잎사귀, 각종 꽃(생화, 조화), 곡식류(쌀, 보리, 옥수수, 검은콩, 노란콩, 조, 수수, 녹두, 팥), 씨와 열매 종류(대추씨, 수박씨, 호박씨, 감씨, 포도씨, 꽃씨, 솔방울, 강낭콩, 도토리, 밤, 탱자, 은행), 댓살, 작은 막대, 칡덩굴, 보리, 밀짚, 포도줄기, 나뭇가지, 수수깡, 풀뿌리, 솔잎, 나뭇가지, 대나무, 밀짚, 보리짚, 왕골, 판자, 넓은 잎, 나무껍질 등

나. 동물성 재료

각종 물고기, 해파리, 산호충(말미잘, 산호), 각종 조개껍질, 고동껍질, 굴껍질, 각종 동물 박제류, 깃털

다. 광물성 재료

모래, 자갈, 돌멩이, 바위

동물성

광물성

### (3) 미술치료를 위한 재료 활용의 유의점

가. 재료의 정의

재료(material)란 넓은 뜻으로는 창조 과정의 결과에 있어서 예술적인 여러 형상

을 산출해 낼 모든 전제로서의 소재를 말한다. 좁은 뜻으로는 표현의 제재를 가리키며 흔히 물감, 목재, 철재 등 예술의 물질적 원료를 말한다. 즉 재료의 성분과 조직, 성질 등에 관한 특성을 알고 사용함으로써 재료의 효율성을 극대화시킬 수 있을 뿐만 아니라 논리적인 사고방식으로 미술작업을 수행할 수 있는 것이다.

나. 미술치료 재료 활용의 유의점

- 내담자가 접근하기 쉬워야 한다.
- 내담자의 치료 목표에 타당하고 욕구에 적합한 재료를 선택하여야 한다. .
- 자기 주변에서 구하기 쉽고 적은 경비로 언제든지 사용할 수 있는 재료이면 더욱 좋다.
- 폐품을 활용한다.
- 재료의 질이 좋아야 한다.
- 표현재료에 변화를 주어야 한다.
- 안전성과 위생성을 갖추어야 한다.
- 취급상 내담자의 기술로는 해결이 곤란한 것, 너무 가늘거나 크거나 등 어린 아동의 신체적 조건과 거리가 있는 것은 될 수 있는 대로 피하는 것이 좋다.

### 6) 미술치료 프로그램 및 기법

미술치료의 기법은 그 방법이나 형식에 따라 여러 가지 관점에서 논의될 수 있다. 이를테면 심리상담이나 심리치료의 이론적 측면에서 볼 때는 정신역동지향적(정신분석) 미술치료, 분석심리학적 미술치료, 인본주의적 미술치료, 행동주의적 미술치료 등으로 구분될 수 있다. 또한 개인치료 형태의 미술치료와 집단 형태의 미술치료로 나눌 수도 있고, 대상이나 목적에 따라 기법을 논의해 볼 수도 있다.

미술 결과물 하나만을 가지고 일대일 대응법으로 '이런 양식의 그림은 이런 아동이다.' 라고 절대적으로 단정 지을 수 없다는 의미이다. 그래서 진단을 할 때는 그 대상의 연령, 상황, 특성을 고려해야 하며, 언어화시키는 작업이 반드시 필요하다. 이것이 밑바탕이 되어 있을 때 미술치료가 진단을 위해 쓰이게 되는데, 그 방법에는 여러 가지가 있다(김동연, 2000; 주리애, 2003).

## (1) 진단을 위한 미술치료 프로그램

### 가. 그림 진단의 유의점

그림으로 진단할 때 중요하게 관찰하여야 할 부분은 결과와 더불어 활동 과정이다. 그림 분석에는 크게 전체적인 평가와 형태적 분석, 내용적 분석, 태도적 분석이 있다.

먼저 전체적인 평가에서는 그림의 첫 인상을 중요시하고, 그림이 얼마나 조화롭고 짜임새가 있는가, 구조는 잘 되어 있는가, 이상한 것은 없는가에 주목한다.

다음 형태적인 분석에서는 그리는 시간, 순서, 크기, 위치, 필압, 스트로크, 대칭성, 방향, 상세함, 음영, 생략과 왜곡, 투명성 등이 있다. 예를 들면, 그림을 시작하는 데 시간이 오래 걸리는지 바로 들어가는지를 본다거나. 무엇부터 그리는가, 무엇을 그릴 때 가장 어려워하는가, 그렸다 지우기를 반복하는가(자신감이 없는 경우도 있지만, 양가감정을 가진 대상인 경우도 해당되는 경우가 많다) 등을 본다.

그림을 다 그린 후에는 전체적으로 그림의 크기와 필압, 그림의 위치, 선의 특징을 관찰해야 한다. 작은 그림은 에너지가 작고 환경에 대한 부적응을, 필압이 약하면 억제가 높은 아동이라고 본다. 그리고 세부 묘사에 집착하는 부분은 없는지, 대칭적으로 그리지는 않는지를 봐야 한다. 과도한 상세함은 외부와 적절히 통합이 되지 않음을 반영한다고 보며, 생략과 왜곡은 그 부분의 갈등을, 투명성은 인격 통합의 상실과 현실 검증력의 상실로 본다. 보통 화면 구성의 경우는 그림이 위에 치우쳐져 있으면 공상적이고 이상적이라고 진단하며 불안정하거나 우울한 경우 하단에 치우치고, 위축되고 과거 지향적이면 좌측 화면을, 미래지향적이며 성공지향적일 때 우측 화면을 활용한다고 볼 수 있다.

내용적 분석에서는 특히 강조된 적이 없는지, 전경과 배경과 공간성이 어떠한지, 그림 요소들과 상관관계, 색채, 상징을 다룬다.

태도적 분석에서는 어떤 재료를 선택하는가, 활동하는 데 어려워한다거나 시작하기 어려워하는가 등을 본다.

이 모든 것은 아동 개인에 따라 각기 다르게 해석될 수 있으므로, 그림의 진단은 아동의 개인성을 고려하지 않고 일률적으로 해석되어서는 안 된다. 따라서 가장 중요한 것은 아이의 설명과 의도, 느낌을 충분히 듣고 위의 모든 것을 종합적으로 해석해야 하는 것이다. 예를 들어, 똑같은 빨강을 사용하더라도 조화롭게 칠해졌을 때와 이 중적으로 칠해졌을 때, 거칠게 표현되었을 때가 모두 해석이 달리 되며, 빨강에 대해 아동이 어떻게 느끼는지에 따라서도 해석이 달라지기 때문이다. 이와 같이 활동 과정과 아동의 설명이 가장 중요한 진단의 근거라고 볼 수 있다.

### 나. 투사 검사

#### ① DAP(인물화 검사)

인물화에 의한 성격검사로 많이 사용되며, 전신상의 남녀를 따로 검사받는다. 자유화에 비해서 저항이 적어 심리검사로 애용되고 있다. 한국판 표준화검사는 없으나 미국이나 일본의 기준에 준하여 분석한다. 인물화 분석은 HTP나 가족화의 기초가 되므로 깊이 이해할 필요가 있다.

#### ② HTP(집, 나무, 사람 검사)

진단도구로 많이 사용되며 사전, 사후 검사에도 유용하다. 4장의 종이에 집(House), 나무(Tree), 사람(Person)의 남, 여를 그리게 한다. HTP를 한 장에 다 그리는 통합법도 사용되며, 운동성을 가미한 동적HTP(KHTP)도 개발되어 유용하게 사용한다. HTP는 저항이 적으며 동일 환자의 그림을 배열했을 때 질병의 경과를 잘 파악할 수 있다. 특히 KHTP는 각각의 그림에서 나타나지 않는 역동성과 내담자의 더 깊은 내면의 세계를 잘 반영해 준다.

1948년 벅(Buck)이 프로이드의 정신분석학을 바탕으로 만든 검사인데, 나중에 해머(Hammer)와 코피츠(Koppize)에 의해 더욱 발전되어 아동의 심리검사에 유용하게 활용되어 오고 있다. 이 검사는 A4용지 4장과 연필, 지우개 등을 사용하여 일정한 검사 방법에 의해 실시되는데, 그림만 그리는 것이 아니라 각각 그림에 대한 20가지 질문을 하여 그림에 보충된 자료를 얻는다. 이 검사에서 집 그림은 대체로 가정생활과 가족관계에 대한 것을 반영할 수도 있지만, 집 자체가 자아상의 상징이 될 수 있다. 나무는 개인 성장의 변화 과정을, 사람 그림은 자아상에 대한 것을 더욱 잘 반영한다.

③ KHTP (동적 집, 나무, 사람 검사)

한 장의 종이에 집, 나무, 사람을 다 같이 그리는 것으로 요소 간의 역동성을 잘 알 수 있다. 내담자에게 "집, 나무, 그리고 어떤 행동을 하는 사람의 전체 모습을 그리시오. 사람의 전체 모습을 그릴 때 만화나 혹은 막대기 같은 모양의 사람을 그리지 마시오."라고 말한다.

④ 나무 그리기법

진단에서 많이 사용되며, 열매가 달린 나무를 한 그루 그리도록 지시한다. 나무는 내담자의 질병상태를 잘 발견할 수 있다. 대체로 줄기, 가지, 뿌리, 열매, 잎, 전체인상 등을 기준으로 분석한다. 우울증의 경우에는 도화지의 한쪽에 작은 줄기를 그리고 색채도 연하며 뿌리도 가늘다. 가지나 잎의 수도 적고, 색조 전체가 어둡고 음울하며, 몇 번이고 지웠다 그리기도 한다. 반대로 조증의 경우는 굵은 줄기, 굵은 뿌리, 정열적인 색조, 거친 터치 등으로 공격성도 찾아볼 수 있다. 예컨대, 나무 그림자를 강조할 때는 부모의 문제, 친구 간의 트러블, 형제 간의 갈등에서 고통 받고 있음을 표시하며, 가지의 묘사는 대인관계의 증가와 일치한다.

⑤ FCCD (동그라미 중심 가족화)

부모와 자신과의 관계를 깊이 탐구할 수 있으며, 따로따로 부상, 모상, 자기상을 그리게 한다. 또한 동물가족화를 그려 환자의 가족관계나 심리도 파악할 수 있다.

⑥ KFD (동적 가족화)

가족을 그리게 하여 가족의 체계나 내담자의 가족 지각을 파악한다. 가족화(DAF)와 동적 가족화(KFD)는 지시가 다르며, 후자가 더 역동성 파악에 좋다. 동적 가족화는 가족이 무언가 하고 있는 그림을 그려 보는 것인데, 가족의 역동성 및 아동이 가지는 가족에 대한 감정을 반영해 준다. 동적 가족화는 기존의 가족화 검사에 움직임을 첨가하여 번즈(Burns)와 카우프만(Kaufman)에 의해 정신분석학과 융이론을 바탕으로 발전된 검사인데 가족의 역동성을 파악하기가 더욱 용이하다. 변형된 형태로는 동적 사업화, 동적 종교화, 학교 생활화 등이 있다.

⑦ 협동화법

가족이나 내담자들이 소집단을 이루어 한 장의 종이에 협동해서 그림을 그리게 하는 방법이다. 집단치료에 유용하며 자발성의 정도, 경험의 표출, 협동성, 그리는 위치와 내용, 그림 순서, 주의력 등을 관찰하여 분석한다. 정해진 제재를 주는 경우와 주지 않는 경우로 나누어 실시할 수 있다. 집단치료의 장점을 함께 활용하면 효과적이다.

* CFD (합동 가족화)

  검사 및 치료 목적으로 사용되며 가족 전원이 상담과 함께 둥근 테이블에 앉아 누가 어떤 부분을 그렸는가를 분석하기 위해 각자 한 가지 색으로 그림을 그린다.

⑧ LMT (풍경구성법)

처음엔 정신분열증 환자에 모래상자 치료 적용 가능한 예비검사로 사용되었으며 진단 및 치료 과정에 도움을 준다(테두리를 사용하였는데 이것은 환자에게 저항을 줄일 수 있다는 장점이 있다). A4크기의 종이에 강, 산, 밭, 길, 집, 나무, 사람, 꽃, 동물, 돌 등 10가지를 차례로 그리게 한다. 마지막으로 아동 자신이 그리고 싶은 것을 그리게 한 후 하나의 풍경이 되도록 채색하게 한 다음, 그것에 대해서 계절, 시각, 기후, 강물의 흐르는 방향, 사람과 집, 밭 등의 관계에 대해서 이야기한다. 치료 가능성의 평가와 문제점의 추측과 관찰에 유용하다. 진단과 치료에 모두 사용할 수 있으며, 모래상자 놀이치료 전문가들이 즐겨 쓰는 방법이다.

⑨ 자유화법

제재나 방법을 내담자가 스스로 결정하여 그리게 하고, 색채 사용, 선과 형태, 공간 이용과 공간적 형태, 내용(부모, 형제, 자신, 산, 태양 등) 등을 분석한다. 이 같은 분석방법은 아직 신뢰도나 타당도에서 동의를 얻지 못한 부분이 있으므로 제한성에 유의해야 한다.

⑩ 과제화법

인물, 가족, 친구, 집, 나무, 산, 동물, 길 등의 과제를 미리 주고 내담자가 상상화를 그리게 한다. 이상행동에 대한 내면의 욕구와 그 욕구를 저지하는 압력을 잘 알 수 있다. 인물화, 묘화완성법, 나무그림, 집그림, 산과 해의 묘화법, 풍경구성법 등이 여기에 속하며, 산이나 길, 집과 같은 특정의 과제를 부여할 수 있다.

⑪ 상상화 그리기

한 장의 종이에 전혀 주제를 주지 않고 상상화를 그리게 하고, 또 다른 한 장에는 사람, 태양, 집 등 세 가지의 내용이 있는 상상화를 그리게 한다. 즉, 후자는 과제를 제시한 것이다. 형태, 색채, 구도, 동적 요소, 내용 등이 분석 기준이 된다.

⑫ KSD (학교 생활화)

학교의 친구와 선생님을 포함해서 그림을 그리게 하여 내담자의 학교생활을 분석한다. KFD와 함께 받아보면 좋다(이것을 합쳐서 동적 그림체계 : KDS라 한다). 친구화는 학급집단 내의 사회적 위치나 역할, 적응상태를 파악하기 위해서 사용한다. 6~10세 아동의 경우에는 놀고 싶은 친구, 하고 싶은 것 등을 그리게 한다. 직장, 정치생활 등에도 이용한다.

### (2) 치료로서의 미술치료 프로그램

많은 사람들이 미술치료의 영역 중에서도 특히 미술치료의 프로그램이나 기법들에 대해 궁금해 한다. 그리고 그 프로그램을 사용하면 정말 아동이 변화가 있는가를 알고 싶어 한다. 실제로 미술치료에는 다양한 프로그램이 있는 것은 사실이지만 아동의 변화는 '어떤 프로그램을 적용했는가' 이전에 '그 프로그램을 왜 적용했는가' 의 문제이다.

이 세상의 모든 것이 미술의 재료가 될 수 있다. 이것은 미술치료의 프로그램이 셀 수 없이 다양해질 수 있다는 말과 같다. 그래서 미술치료의 기법을 알기 전에 그것이 적용되어야만 하는 목적이 분명해지지 않으면 때에 따라 순발력 있게 프로그램을 제시할 수 없게 된다.

예를 들어, 점토활동은 다양한 신체활동으로부터 모양 만들기, 사람 만들기에 이르는 과정까지 활용되는데, 같은 점토를 가지고도 발달단계에 따라 아동 성향에 따라 다르게 적용되며, 얼마든지 응용하고 변형되어 시행될 수 있다. 치료 방향이 분명히 제시되어 있다면 치료교사는 그 목적 아래에서 가장 적절한 프로그램을 적용할 수 있게 될 것이다.

미술치료 프로그램을 시기별로 나누어 일반적인 몇 가지만 살펴보면 다음과 같다(한국미술치료학회, 1994).

가. 초기

초기에는 관계 형성 단계이기 때문에 치료자와 아동이 친밀감을 형성할 수 있고 치료자와 놀이실에 대한 안정감을 줄 수 있는 프로그램들이 제시되는 것이 좋다. 또 미술에 대한 흥미 유발과 재료에 대한 감각을 키워 주어야 하고, 놀이나 게임을 적용하여 자연스런 신체 접촉이나 스킨십이 일어날 수 있도록 하는 것이 필요하다.

① 테두리 기법 – 내담자에게 화지를 제시할 때 용지에 테두리를 그어서 주는 방법이다. 묘화를 자극하고, 공포나 부담을 줄일 수 있어 자아가 허약한 환자들에게 많이 사용되고 있다. 자를 대고 선을 그리지 않는다. 또 원을 그려 주고 원 안에 그림을 그리거나 채색하게 하여 과잉행동, 주의산만 등을 통제할 수 있다.

② Starter sheet – 그림 그리는 데 저항이 있거나 공포를 줄여서 그림 그리기를 자극하고 촉진하는 데 사용한다. 종이에 치료자가 직접 잡지에서 얼굴 사진을 오려 붙여 주거나 부분 사진을 주기도 한다.

③ 애칭 표현화 – 자신이 갖고 싶은 이름이나 듣고 싶은 이름을 정하고 소개하는 시간을 가진 후에 그 애칭을 그림으로 표현하는 기법이다.

④ 난화 이야기법 – 무의식과 유희 시기, 그리고 상징 직관적인 형상화 시기인 6세 이전에 나타나는 난화 이야기법은 게임을 하며 난화를 그려나간 후 그것을 가지고 이야기를 만드는 것인데 친밀감 형성에도 크게 도움이 된다. 눈을 감고 낙서하듯 난화를 그리다가 형상을 찾아내어 이야기를 만들어 내는 방법도 있다.

⑤ 그림으로 대화하기 – 치료자와 내담자가 한 가지 색을 선택하여 말이 없이 그

림으로만 대화를 주고받는 방법이다. 친밀감 형성과 상대방의 감정을 이해하는 데 도움이 된다.

⑥ 점토활동 – 긴장 이완에 도움이 되고, 음악을 들으며 점토를 자유롭게 뭉치고 두드리며 만들기, 눈감고 촉감의 느낌을 살려 만들기, 릴레이식으로 점토 돌려 가며 만들기, 칵테일파티(둘 이상의 집단에서 각자 만들고 싶은 것을 만들어 종이 위에 구성한 다음, 말없이 조형물을 움직여 가며 자신과 상대방의 감정을 이해하는 일) 등 여러 가지 방법으로 활용된다.

⑦ 풀 그림 – 정서의 안정과 이완 등에 효과가 있다. 거부나 저항이 심한 아동에게나 퇴행이 필요한 성인에게도 유용하다. 작업의 촉진과 스트레스 감소에도 쓰인다.

⑧ 자신의 장점 표현하기 – 자신의 장점을 손 본뜨기나 상자를 이용하여 표현해 보는 것인데 자신에 대한 긍정적인 부분을 발견하고, 집단 미술치료에서는 상호간의 이해에도 도움이 된다.

⑨ 콜라주 기법– 최근에 가장 많이 사용되는 미술치료 기법이다. 거부의 감소, 분노의 탈출, 희망에 대한 상징 등 다양하게 활용할 수 있다. 표현이 쉽고 그리는 것보다 정확한 감정 전달이 우수하나 선택할 수 있는 사진 매체가 많아야 한다. 자기 감정을 나타내기, 가족이나 친구에게 말하고 싶은 것, 선물 주고받고 싶은 것, 타인에 대한 느낌 표현, 문제의 예방 및 대책 방법 등을 쉽게 표현할 수 있다.

⑩ 그림완성법– 기호가 그려져 있는 8개의 정방형을 제시하고 그 기호를 사용해서 그림을 완성하게 하는 방법이다. 유아나, 성인, 정상적인 사람, 정신질환자 등 모두에게 적용할 수 있으며, 환자의 거부감이나 저항, 공포를 제거할 수 있다. 그린 순서를 적고, 무엇을 그렸는가를 해석하게 한다. 이것은 미술치료의 과정이나 초기에 사용할 수 있다.

나. 중기

이 시기는 표출 단계이기 때문에 자아 개념과 표현력을 향상시킬 수 있는 프로그램이 제시되는데, 자신을 인식하고 감정이나 행동을 충분히 발산할 수 있도록 하는 것이 필요하다.

① 자화상 – 충분한 시간을 주고 그릴 수도 있고, 자신의 특징적인 모습을 중심으로 재빨리 그릴 수도 있다.

② 상징 – 나를 상징할 수 있는 것을 그려 보거나 만들고 그것에 대해 대화해 보는 방법이다.

③ 은유화법 – 자신을 나무, 동물, 냄새, 꽃 등 다른 것으로 표현해 보고, 의인화시켜 이야기해 보는 방법이다. 아동들의 경우는 '내가 만일 변신한다면?' 혹은 '다시 태어난다면 무엇으로 변해 있을까?' 등으로 접근할 수도 있다.

④ 내가 아는 나와 다른 사람이 아는 나 – 자신의 외면과 내면을 통찰하여 자신을 새롭게 정립하고 인식하기 위한 프로그램이다. 이 두 가지의 차이가 클수록 내적 통합이 잘 이루어지지 않은 상황이므로 자기상에 대한 정립과 통합을 돕는다.

⑤ 과거 여행 – 자신의 과거를 돌아보면서 가장 행복했던 때와 슬펐던 때를 회상하고 그 감정이나 기억을 그려 보는 프로그램이다.

⑥ 나의 과거, 현재, 미래 – 자신의 모습을 다시 한 번 돌이켜보고 자기 인식 및 개념을 형성한다. 콜라주로 표현하는 방법도 가능하다.

⑦ 광고 – 나 자신을 광고하는 광고지를 만드는 것이다.

⑧ 내가 되고 싶은 얼굴과 버리고 싶은 얼굴 – 가면으로도 표현할 수 있고, 그림으로도 가능한 방법인데, 자기 욕구를 인식하고 내면 안에 수용되지 못하는 부분

을 통합하는 기회로 도와줄 수 있다.

⑨ 인생 곡선 그리기 – 자신이 살아온 인생을 돌아보면서 시기별로 감정이나 만족도를 표현해 보는 방법이다. 그래프도 가능하고 콜라주나 그리기 등으로도 응용할 수 있다.

⑩ 신체 본뜨기 – 큰 화지에 몸의 외곽선을 따라 그리고 그 몸을 꾸며 보는 것인데, 좋아하는 것과 싫어하는 것을 덧붙인다거나 필요한 것을 덧붙이는 식으로 응용될 수 있다.

⑪ 감정차트 만들기 – 도화지에 몇 개의 칸을 구분하고 최근의 감정을 그리거나 색종이로 나타나게 한다. 감정을 표현한 후에는 모든 인간은 불편한 감정을 가지고 있음을 확인시킨다. 또한 칸 없이 한 장의 종이에도 표현할 수 있다. 스펙트럼 형태의 띠로도 나타낼 수 있다.

⑫ 자기 집 평면도 그리기 – 어린 시절(가능하면 유아시절)에 자기가 살았던 집의 평면도를 그려서 가장 무서웠던 곳, 비밀장소, 누구와 함께 살았는가 등을 설명하며 자신의 과거를 회상한다. 자기에게 영향을 미친 사람, 성격의 형성 등을 발견하고 부적응 행동에 대한 재결단을 하여 새로운 각본을 형성하게 된다.

⑬ 상호의존 역할놀이법 – 짝을 지어 서로 역할을 바꾸어 그리도록 한다. 그림을 그리면서 타인의 역할을 함으로써 역할놀이의 효과를 얻는다. 그 후에 경험했던 감정을 서로 얘기하고 교환한다. 부부치료에도 큰 도움이 된다.

### 다. 말기

말기에는 자발적이고 적극적인 표현을 유발시키고 현실 의식을 높일 수 있는 프로그램이 제시된다. 또한 상호작용을 활발하게 하는 활동이 요구된다. 종결기에는 변화를 관찰할 수 있는 기법이나 전시회를 열어 그동안 진행되어 온 과정을 정리해 보는 시간을 가져 보는 것 또한 의미 있을 것이다.

① 내가 나에게 바라는 것, 남이 나에게 바라는 것 – 현실에서의 나를 인식하고 외부세계와의 연결점을 찾아 준다.

② 나의 미래 표현하기, 되고 싶은 나 – 보다 미래지향적으로 긍정적인 삶을 생각해 볼 수 있도록 돕는다.

③ 돌려 그리기 – 내가 그린 그림 위에 다른 사람의 그림이 덧붙여 그려 지도록 하는 게임이다. 초기에도 효과적인 프로그램이고 상호 이해와 사회성에 좋다.

④ 선물 만들기, 편지 쓰기 – 상대방에게 필요한 것들을 그려 주거나 쓰고, 잡지에서 오려 붙여 주고 또는 가족에게 주고 싶은 선물을 만들고 꾸민다.

⑤ 나에게 상장 주기, 트로피 주기 – 프로그램을 종결하면서 자신에게 좋았던 점이나 잘해 준 것에 대해 상장을 만들거나, 트로피를 만들어 주는 것이다. 성취감이나 자아존중감, 자기 정리에 도움이 된다.

# 6장 게임놀이치료

## 1. 게임놀이치료의 정의

게임은 아동에게 즐거움과 신체, 인지, 언어, 사회, 정서발달에 많은 영향을 주는 것으로 알려져 왔다. 또한 게임의 사용은 치료에 도움이 되며 치료를 더 깊게 들어가게 하는 데 도움이 된다고 인식되어져 왔다. 실제로 놀이치료에서도 처음에는 게임을 사용하지 않았다가 엑슬린(Axline, 1947)이 아동에게 익숙한 게임을 사용할 때 수줍음이나 치료 상황에서 좀 더 편안함을 가질 수 있다고 하여 체커게임을 제안하였고, 루미스(Loomis, 1957)는 체커게임을 치료에 사용하면서 게임의 치료적 가치를 처음으로 논의하였다. 1970년대에 들어서면서, 게임을 치료적으로 적극 활용함으로써 관심이 급증하였고, 이 시기에 다양한 책들과 문헌들이 출판됨으로써 아동의 심리치료에 게임이 폭넓게 사용될 수 있게 되었다. 미크(Meek, 1970)와 바이저(Beiser, 1979)는 정신분석적 아동심리치료에서 투사의 도구로서 게임이 가치가 있다고 강조하였고, 바이저는 게임은 게임을 하는 아동들의 성격, 능력, 갖고 있는 문제들 사이의 관계를 투사하게 하는 매개체로서 가치가 있다고 하였다. 1980년대를 거치면서 게임 사용의 경향은 좀 더 전문화되고 세분화되어 이혼가정 아동을 위한 게임, 아동학대를 예방하기 위한 게임, 분노조절 게임과 같이 특별한 치료적 목표를 가진 게임들이 만들어졌다. 현재는 많은 놀이치료자들이 아동의 문제해결 능력과 사회적 관계 개선을 위해서 게임을 활용하고 있다.

실제로 놀이와 게임을 하는 것은 카타르시스를 일으키고, 자아를 발견하고, 재미있는 장점이 있다. 그러나 놀이치료에서 활용하고 있는 '놀이'와 '게임'은 다른 의미로 사용되기도 한다. 놀이는 제한이 없지만 게임은 정해진 규칙과 조직화된 형태들이 있고, 놀이는 특별한 목적이나 동기가 없지만 게임은 경쟁이 있다(Opie, 1976). 또한 게임은 놀이보다는 자아의 기능을 많이 필요로 하며, 혼자서 할 수 있는 놀이와 달리 반드시 2인 이상의 상호작용이 필요하다.

쉐퍼(Schaefer)와 라이드(Reid, 1986)는 다음과 같이 게임을 정의하고 있다. 첫째, 게임은 즐겁고 재미있는 활동이며 사람의 삶에 있어서 자연스러운 것이다. 둘째, 게임은 "만약 ...라면(as if)"이라는 가정의 특성을 가지고 있다. 셋째, 게임에는 규칙이 있기 때문에 정서적 통제와 지시 따르기, 사회적 기술 등을 습득할 수 있는 기회를 제공한다. 넷째, 게임에는 경쟁이라는 요소가 있기에 참여와 동기유발이 촉진된다. 다섯째, 게임은 자아 기능을 더 많이 필요로 한다. 게임을 하는 아동은 좌절을 견디고, 충동의 조절을 하고 행동에 대한 한계를 받아들이고 현실적으로 게임의 규칙을 따를 수 있어야 한다. 여섯째, 게임은 보통 2명 이상의 사람과 상호작용하게 된다. 이를 통해 게임은 사회화 과정에 중요한 역할을 한다.

게임에 적절한 행동들은 6~11세 정도의 아동에게서 볼 수 있는데(Beiser, 1976), 유아들은 감각운동 게임놀이를 주로 하지만, 점차 규칙 있는 게임으로 발달하여 인지, 언어적 능력을 요구하는 게임들을 주로 하게 된다. 이러한 발달상의 변화는 아동의 자율성 형성과도 관계가 있고, 사회화 단계로 가는 과정이다. 이렇듯 게임은 사회화 과정에서 중요한 역할을 하며, 아동은 나이가 들면서 공격적, 경쟁적 요소들을 사회적으로 용인된 방법으로 표현하는 법을 배워 간다. 즉, 게임을 통해 자신과 타인의 다른 점을 배우고 기본적인 의사소통 방식을 연습할 수 있다는 것이다(김광웅, 유미숙, 유재령, 2004). 치료자와 아동이 게임이라는 매개체를 통해 아동이 가지고 있는 문제들, 즉 친구문제, 부모의 이혼, 가족의 죽음 등으로 인한 어려움을 자연스럽게 표현하고 점차 해결하게 된다. 또한 갈등에 직면했을 때 스스로의 대처 방법을 터득하게 되고 사회화를 가능하게 한다.

## 2. 게임놀이치료의 준비

### 1) 게임의 치료적 의미

위니컷(Winnicott, 1971)은 스퀴글게임(Squiggle game)을 통해 아동이 상상의 세계에 쉽게 도달하고 자신의 내면을 표현하도록 하였고, 베틀하임(Bettleheim,

1972)은 포커와 체스를 특별한 목적을 위해 놀이치료에 사용하였다. 가드너(Gardner, 1973)는 아동들의 감추어진 감정과 갈등을 아동과 함께 이야기를 나누면서 해결할 수 있게 스토리텔링 게임을 고안하였는데, 이것을 Talking, Feeling, Doing & Game과 같은 구조화된 게임으로 발달시켰다.

쉐퍼(Schaefer)와 라이드(Reid, 1986)는 게임이 가지고 있는 치료적 의미를 7가지로 설명하였다.

① 게임은 진단 및 평가도구로서 도움이 된다. 게임을 하고 있는 아동의 행동은 아동의 증상에 대한 가치 있는 진단을 내리는 데 유용한 정보를 제공한다.
② 게임은 즐거움과 재미를 주기에 심리적 안정감을 줄 수 있다.
③ 게임은 치료적 동맹관계를 촉진시킬 수 있다. 치료 초기에 심한 저항이 있는 아동의 경우에 게임은 아동이 편안하게 치료 과정에 참여할 수 있도록 도와준다.
④ 게임은 자기표현을 하는 데 많은 도움을 준다. 케펠(Capell, 1968)은 게임이 감정, 사고, 욕구를 편안하게 다룰 수 있다고 하였다.
⑤ 게임은 자아강화를 촉진한다. 게임에서의 경쟁은 아동에게 긴장과 불안을 경험하게 할 수도 있지만, 게임놀이치료에서 치료자의 격려, 지지, 긍정적인 강화를 통해 아동은 힘을 얻고 갈등상황에 직면하고 이를 다루어 보면서 극복하게 된다.
⑥ 게임은 인지발달 향상에 도움이 된다. 게임 과정에서 집중력, 기억, 자신의 행동에 따른 결과를 예상하고 창의적 문제를 해결하는 방법 등을 배우게 된다.
⑦ 게임은 사회화를 촉진시켜 준다. 게임을 통해 또래간의 긍정적인 압력을 경험하게 되고, 위협 없이 권위 있는 사람들의 수용을 경험하기 때문이다. 특히 사회적응 기술이 부족한 아동들은 도움이 된다.

### 2) 게임놀이치료자의 역할

치료자는 게임에서 경쟁자이며 중요한 모델링의 학습대상이다. 그렇기에 치료자도 게임을 즐길 수 있어야 하며 경쟁적이 되지 않도록 유의해야 한다. 게임의 승부에 대한 치료자의 감정표현이나 태도는 중요하며, 아동의 속임수 행동을 다루는 방법을 시범으로 보여주어야 한다. 그러므로 치료자는 게임을 통해 이기거나 질 때 경험하는 좌절, 분노, 기쁨 등의 다양한 감정들을 언어나 행동으로 적절히 표현해야 한다. 이를 통해 아동은 치료자의 감정표현을 보고 자신의 감정을 인식하게 되고 표현하는 방법을 자연스럽게 인식할 수 있는 자기 인식과 통찰력을 배우게 된다.

치료자는 자신의 경쟁에 대한 욕구를 잘 이해하고 있어야 하며, 이기는 것보다는 상호작용에서 느끼는 즐거움에 가치를 두어야 한다.

대화게임의 경우 다음과 같은 과정으로 게임놀이치료가 진행된다(김광웅, 유미숙, 유재령, 2004).

초기과정에서 치료자는 현재 아동의 행동양식, 능력, 갈등과 대처양식 등을 파악한다. 이 때 아동은 자기 인식과 통찰이 잘 이루어지지 않고, 게임카드의 질문을 이해하지 못하거나 미숙한 대답을 할 수 있다. 치료자도 카드 질문에 성실하게 반응해야 한다. 아동의 문제를 잘 아는 치료자의 반응은 아동에게 중요한 지침이 된다. 치료자는 아동이 자기 공개와 표현을 편안하게 하도록 돕기 위해 아동의 관심과 흥미를 동기화시켜야 한다.

중기 과정에서는 아동의 갈등과 정신역동적 상태를 탐색할 수 있는 적절한 카드를 제공하여 아동이 스스로 자신의 문제와 갈등을 논의할 수 있게 한다. 이 과정에서 아동의 주변 이야기가 자연스럽게 드러나지만 저항이나 방어가 심하고, 자아가 약한 아동일수록 깊이 있는 논의를 잘 견디지 못한다. 아동의 통찰이 증가되는 동안 치료자는 적절한 자기개방과 대안행동을 보여줌으로써, 아동이 모방학습을 할 수 있게 돕는다.

말기 과정에서는 아동이 자신의 감정과 행동을 보다 공개적으로 토의하기 시작한다. 대처기술이 보다 다양해지고 발전하며 대안을 적극적으로 활용하면서 실생활에서 새로운 행동방식을 정착시킨다.

### 3) 게임 선택 기준

닉커슨 오래플린(Nickerson O'Laughlin, 1983)은 게임선택의 기준에 대해 3가지로 제시하였다.

① 게임은 배우기 쉽고 친숙해야 한다.

② 게임은 개인이나 집단의 발달과 연령 수준에 적합해야 한다.

③ 게임을 통해 원하는 치료적 효과가 분명히 나타나야 한다.

## 3. 게임놀이치료의 적용

### 1) 게임의 종류

게임놀이치료에 사용되는 게임은 그 목적에 따라 크게 2가지 유형이 있는데, '경쟁게임'과 '대화게임'으로 구분한다.

#### (1) 경쟁게임

경쟁게임은 아동의 감정 상태를 파악할 수 있고 진단적인 정보를 얻게 된다. 그러므로 아동의 심리적 역동을 이해하면서 치료 전략을 세워야 한다. 경쟁게임은 이기고 싶은 욕구, 유능하고 강력해지고 싶은 욕구를 다루어 주고, 욕구지연의 감정을 다루어 준다.

아동은 경쟁게임을 통해 자신이 이겼을 때는 자신감이 생기고, 치료자가 졌을 때 감정 처리하는 것을 보고 자신의 감정 조절을 배운다. 또한 게임을 통하여 아동의 유능감, 자기 의심, 충동통제, 좌절, 인내, 현실검증, 지적 능력, 집중력 등의 자아를 관찰하고 강화시킬 수 있다. 이 때 치료자는 게임을 배우고 놀고 때로는 속임수를 쓰는 등 각 과정마다 적절하게 대상 아동을 존중하고 게임의 승패에 따라 상대방의 감정을 맞춰 주는 것이 중요하다. 어린 아동들에게는 카드나 전쟁놀이가 좋고, 큰 아동들에게는 도미노게임이 좋다. 체스게임은 배우기 어렵고 치료자도 상황을 조절할 시간이 없기에 권하고 싶지 않다. 되도록 게임은 번갈아 가며 이길 수 있는 것이 좋다.

아동들 중에는 이기고 싶어 하는 욕구가 큰 나머지 무슨 수를 써서라도 이기려는 아동이 있다. 이런 아동들은 자기 확신이 부족하거나 부정적인 자아상을 가지고 있는 아동들이다. 이 때 이기고자 하는 욕구는 부모와 형제들에 대한 승부욕의 표현이며, 외디푸스 콤플렉스나 동성의 부모에 대한 적개심의 표출일 수 있다. 그렇기에 속임수에 대해서 칭찬하거나 격려해서는 안 된다. 아동이 속임수를 쓸 때, 가볍게 지적하여 아동으로 하여금 책임감 있는 행동을 하도록 유도하여 게임의 즐거움을 맛볼 수 있도록 해야 한다.

때로는 아동이 게임의 규칙을 바꾸고 싶어 하기도 한다. 이 때 치료자는 바뀐 규칙이 두 사람에게 모두 공정한가 검토해 봐야 한다. 게임을 통해 아동은 속임수 없이 정정당당하게 이기는 경험을 하게 되고 치료자는 칭찬과 격려를 하여 아동이 이기는 기쁨을 느끼도록 도와주어야 한다.

경쟁게임은 말이 없거나 사춘기 이전의 아동들, 경쟁심이 지나친 아동, 산만한 아동, 행동통제가 어려운 아동에게 치료적 가치가 있다. 경쟁게임에는 신체활동게임, 전략게임, 우연게임이 있다.

### 가. 신체활동게임

이 게임은 소근육운동게임과 대근육운동게임으로 나눌 수 있다. 게임이 간단해서 아동에게 규칙을 설명하는 데 용이하며, 신체활동은 에너지의 이완작용을 하게 한다. 특히 과잉행동이나 충동성의 문제를 가진 아동들에게 치료적 효과가 있다. 반면 대근육을 사용해야 할 경우, 공간의 제약을 받게 되는 단점이 있다. 신체활동게임으로는 다트게임, 농구게임, 공놀이, 낚시게임 등이 있다.

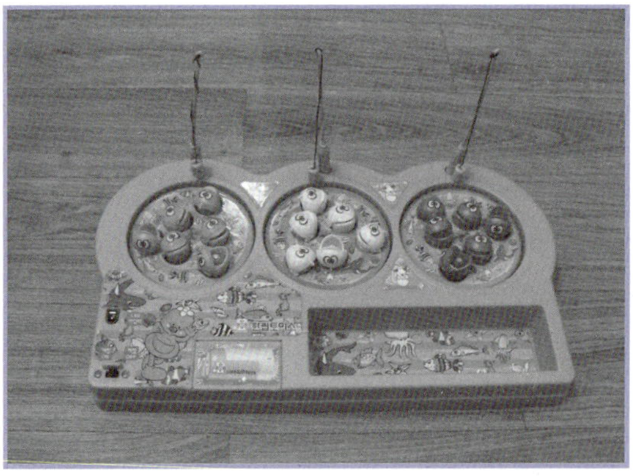

낚시게임

### 나. 전략게임

이 게임은 기본적으로 인지능력이 뒷받침되어 있어야 하는 인지기술을 요구한다. 전략게임을 통해 인지적 강점과 약점을 볼 수 있으며, 신체활동게임을 하지 않고도 공격성을 표현할 수 있다. 반면 게임이 너무 복잡할수록 시간과 에너지를 낭비하기 때문에 정작 사용되어야 할 에너지와 시간이 부족해진다. 전략게임에는 다이아몬드 게임, 바둑, 체스, 장기 등이 있다.

체스게임

### 다. 우연게임

운에 의해 결과가 결정되는 게임으로, 대부분 구성이 간단하여 게임을 시작하는 데 유용하다. 지적 능력, 기술, 경험의 영향력을 중화시킬 수 있어서 아동들이 선택하는 경향이 많다. 반면 전략이나 기술 사용이 적어서 아동들이 쉽게 흥미를 잃게 된다. 우연게임으로는 윷놀이, 주사위놀이, 빙고게임 등이 있다.

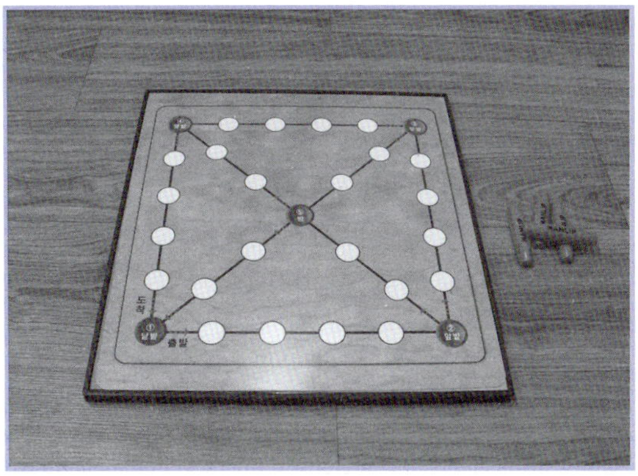

윷놀이

### (2) 대화게임

많은 대화게임들은 비경쟁적이기에 경쟁게임에서 나타나는 속임수 행동 등이 나타나지 않을 수 있다. 게임의 내용 자체에 더 집중할 수 있고, 치료자와 아동이 원할 때까지 게임을 계속할 수 있다. 이 게임은 승부가 목적이 아니라 게임 내용이 중요한 것이므로 경쟁이 강조되지 않는다.

대화게임은 아동의 자아를 투사할 수 있게 되어 치료자는 아동의 현재 문제뿐 아니라 그동안 보이지 않았던 문제에 대해서도 많은 정보를 얻을 수 있다. 그리고 아동의 인지, 정서, 행동영역 중 문제가 되고 있는 영역에 초점을 맞출 수 있다.

대화게임은 5세부터 노년기까지 모든 발달단계에서 사용할 수 있다.

대화게임은 아동에 친숙한 도구들이고 상대적으로 덜 위협적이기 때문에 치료자와 아동에게 라포르를 형성할 수 있는 훌륭한 기회를 제공한다. 치료자는 아동이 게임을 통해 보여주는 아동의 언어적, 감정적 표현을 통해 외부세계에 대한 아동의 지각을 관찰함으로써 아동 행동의 원인을 찾을 수 있다. 대화게임을 통해 직접적으로 표현하기 어려운 아동들의 심리상태를 표현할 수 있다. 예를 들면, 분노, 화, 좌절, 질투, 부러움 같은 감정은 대화게임을 통해 안전하게 표현될 수 있다. 또한 치료자는 아동에게 긍정적인 피드백을 줄 수 있다.

대화게임을 통해 아동은 게임이라는 안전한 환경 속에서 다양한 문제를 해결하게 된다. 이를 통해 사회적 규범이 게임의 규칙과 유사하다는 것을 학습할 수 있는 기회를 제공한다. 게임카드에 적힌 질문에 답을 하면서 아동은 자신의 행동패턴을 통찰하게 된다. 자기-인식 증가는 아동으로 하여금 스스로 행동을 바꾸게 한다. 대화게임은 집단치료에서도 쉽게 사용될 수 있는데, 아동의 자기중심적인 성향을 줄이고, 공감 능력을 증진시키고, 협동하는 행동을 강화하며, 자기 훈련을 발달시키고, 문제해결력을 길러 주고, 사회화기술을 발달시킬 수 있다. 놀이치료에서 다루기 어려운 아동들도 게임의 구조와 다양성 때문에 치료자와 쉽게 관계를 맺을 수 있어 시간이 절약되고 효과적으로 활용될 수 있다.

대화게임은 저항이 심해 자기개방이 힘든 아동, 언어표현력이 부족한 아동, 거부적인 아동들에게 도움이 된다.

가. 비경쟁적 대화게임

치료자와 아동 간의 대화를 통해 심리치료를 실시하는 게임으로 즐거움과 재미가 있는 것은 물론이고, 아동의 현 문제의 내용을 불안과 방어를 감소시키면서 자기표현을 할 수 있도록 허용적인 분위기를 만드는 것이다.

대화게임에는 터치마이하트게임, 언게임, Imagine, Talking, Feeling & Doing game 등이 있다.

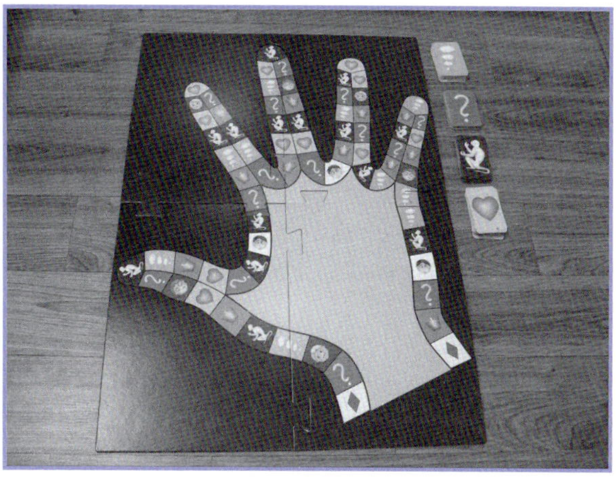

터치마이하트 게임

＊ Story telling 기법 – Talking, Feeling & Doing Game

이 게임은 가드너(Gardner, 1975)가 고안한 게임으로 대화, 감정, 행동을 배우도록 하고 경쟁의 재미도 첨가되어 있다. 특히 이 게임은 너무 저항이 심해서 스스로 자신의 이야기를 자유롭게 말하지 못하는 아동, 말을 듣지 않고 비협조적인 아동들에게 치료적으로 가치가 있는 게임이다. 이 게임은 문제를 객관화하고 아동 자신의 경험과 느낌에서 오는 고통으로부터 정서적으로 벗어나도록 도와준다. 문제풀이 카드를 사용하면서 아동들은 가능한 계획과 해결책을 고안하면서 다른 사람을 돕는 역할을 하게 되는데, 이러한 것은 자신의 생활 장면에서도 적용될 수 있다.

〈 게임 방법 〉

이 게임은 전형적인 보드게임으로 아동들에게 익숙한 형태와 모양으로 되어 있다. 게임은 아동과 치료자가 출발점에 게임 말을 놓으면서 시작된다. 서로 번갈아 주사위를 던지는데, 자신의 말이 네모난 칸이 있는 곡선 길을 따라 움직이고 도착지점에 말이 도달할 때 끝난다. 흰색 칸에 게임 말이 멈추면 대화카드, 노란 칸에 멈추면 감정카드, 빨강 칸에 멈추면 행동카드를 읽고 지시대로 수행한다. 만일 게임 말이 회전표시 칸에 놓이면 회전판을 돌리고 지시대로 하는데, 심리적 의미는 적고 오히려 아동에게 즐거움과 게임 참여를 고양시킨다. 대화, 감정, 행동카드의 질문과 지시사항은 기본적으로 중요한데, 아동이 각기 반응하면 보상 칩을 받는다. 도착지점에 먼저 도착한 사람이 5개 칩을 얻고 게임이 끝나며, 칩의 수를 세어 많은 사람이 승자가 된다. 게임의 핵심은 각 카드에 따른 지시 질문에 있다. 주제들이 암시하는 바에 따라 대화카드는 아동에게 인지 및 지적 범위에 기초하는 지시로 이루어져 있다. 감정카드는 아동의 정서문제에, 행동카드는 신체활동이나 놀이행동을 포함한다.

**대화카드** 인지 및 지적인 능력을 발휘하여 이야기하는 것이다. 아동에게 특정 문제에 관해 자신의 의견을 이야기하도록 격려한다. 치료에서 얻는 많은 이점은 우리 모두가 직면하는 피할 수 없는 삶의 문제를 더 잘 다룰 수 있는 방법을 배워 보다 나은 삶을 영위하도록 돕는다.

**감정카드** 정서와 감정 주제를 다룬다. 아동에게 억압된 감정을 표현하도록 격려한다. 감정을 표현하는 것은 심리적 어려움을 더는 첫 단계라 할 수 있으며, 특정 목표 달성을 위한 효율성을 높인다.

**행동카드** 신체활동 및 특정행동을 직접 해보도록 한다. 가장 저항이 심한 아동도 쉽게 보상 칩을 얻을 수 있는 카드들이다. 재미와 즐거움을 줌으로써 아동의 치료적 동기를 유발시킨다. 행동카드는 아동문제와 직접 관련된 치료적 상호작용의 출발점으로 사용하고 있다.

각 영역 카드는 각기 104장이며, 각 영역의 질문은 위협적인 것에서 아주 양호한 것, 적당한 불안을 일으키는 것까지 있다.

예를 들면, “네가 가장 좋아하는 아이스크림은?” “너희 집 주소는?” “다음 생일에 네가 받고 싶은 선물은?” “네 행운의 숫자는 무엇이니? 왜 그런데?” “이를 닦지 않아서 입 냄새나는 사람 가까이에 섰을 때 네 기분은 어떠니?"

"두 사람이 네 이야기를 하고 있다고 상상해 보자. 그들은 네가 듣고 있다는 걸 모르고 있어. 그들이 말하는 것을 듣고 넌 어떤 생각이 드니?" "한 아이는 아빠에게 말하기 힘든 일이 있었어. 그 아이가 말하기 두려워하는 게 뭘까?" "교실에서 모두가 한 아이를 보고 웃고 있어 무슨 일일까?" "교실에서 한 아이만 빼고 모두가 초대를 받았어. 그 아이는 어떻게 느낄까? 왜 그 아이를 초대하지 않았을까?" "네가 잠들 수 없을 때 마음에 떠오르는 것이 무엇이니?" "만일 집의 벽들이 말할 수 있다면 너의 가족에 대해 뭐라고 할까?"

〈 치료자의 태도 〉

치료자는 아동이 칩을 많이 획득하려는 경쟁에만 몰입하지 않도록 해야 한다. 오히려 속도를 늦추고 각 반응을 치료적 상호교류의 출발점으로 활용하도록 한다. 치료자는 아동의 최고 관심사를 잘 알고 반응할 수 있어야 하며, 각 질문에 사적인 내용을 공개하는 경우라도 정직하게 답해야 한다. 그 당시 치료자의 경험 또는 과거 경험을 얘기하는 것이 좋다. 아동은 치료자의 응답에 관심을 더 보인다. 왜냐하면, 아동들은 부모나 주변의 어른들로부터 어린 시절 이야기 듣는 것을 즐기기 때문이다.

치료자가 응답을 안 하는 경우는 거의 없지만, 아동에게는 원치 않는다면 응답하지 않아도 되는 기회를 준다. 이 경우 아동은 칩을 얻지 못하기 때문에 게임에서 이길 가능성이 줄어든다는 것을 알려 줌으로써 아동 반응에 대한 동기를 유도할 수 있다.

Talking, Feeling & Doing Game

나. 문제해결게임

매우 구조화되어 있고 인지지향적인 게임으로 개인의 특별한 문제(이혼, 역기능적인 가족관계, 사회적응능력이 부족한 아동)들이 상담에 사용된다.

다. 자아강화게임

아동의 자아를 강화시키는 게임으로 경쟁, 도전의 측면을 강조한다. 게임 과정을 통해 자아 과정을 평가, 진단할 수 있다. 이 게임놀이를 통해 아동의 능력, 충동조절 능력, 좌절, 인내심, 현실검증, 지적 능력, 자기 이미지, 집중력 등을 관찰할 수도 있고 치료적으로 활용할 수도 있다. 자아강화게임은 말수가 적은 아동, 행동통제가 안 되는 아동, 수줍음을 많이 타는 아동, 저항이 심한 아동, 지나치게 경쟁하는 아동에게 도움이 된다. 자아강화게임으로는 트러블게임, 햄버거게임들이 있다.

라. 사회화게임

아동이나 청소년의 사회적 행동을 수정하기 위한 목적으로 만들어진 게임이다. 집단상담에서 사용되며 고도로 구조화되어 있다. 사회화게임으로는 이웃사귀기게임 등이 있다.

# 7장 발달놀이치료

## 1. 발달놀이치료의 정의

발달놀이치료(Brody, 1963, 1978; Brody, Fenderson & Stephenson, 1976)는 플로리다 주의 세인트 피터스버그(St. Petersburg)에서 개인 임상을 하고 있는 심리학자인 브로디(Brody)에 의해 개발되었는데, 올란도에 있는 공립학교에서 유치원 전(Pre-K) 아동들을 담당하는 교사들을 대상으로 훈련시키고 자문을 해주고 있다. 발달놀이치료는 신체화 증상으로 입원한 환자들을 대상으로 연구했던 Cicago Institute for Psychoanalysis에 그 기원을 두고 1950년대 후반에 시작되었다.

발달놀이치료는 애착이론(Ainsworth et al, 1978; Bowlby, 1969), 대상관계이론(Winnicott, 1953), 자아심리학이론(Mahler, 1975; Stern, 1974), 에릭슨의 심리사회발달이론, 그리고 접촉(touch)에 관한 연구(Barnard & Brezelton, 1990; Des Lauriers,1962; Harlow,1952; Spitz,1946) 등을 근거로 치료자와 아동관계를 이용해 생의 초기단계에 형성되는 긴밀한 애착관계를 재형성하는 접근이다.

아동이 태어나서 신체적, 심리적으로 성장해 나가는 과정에서 'identity', 'ego', 'I' 또는 'self' 라고 부르는 것들이 발달한다. 즉 궁극적으로 심리적 자아 또는 자기를 발달시켜 나간다. 로리엘스(Lauriers, 1962)에 따르면, 심리적 자아의 성장은 타인의 자아와 관계 맺는 것에 좌우되며, 특히 어린 아동은 어머니와의 관계 맺기에 영향을 받는다(Brody 저, 성영혜, 장미경 역, 1997). 이 때 어머니는 아동의 자율적인 심리적 자아의 성장을 지지하고 격려할 수 있는 사람이어야 한다. 그 중에서도 아동을 향한 어머니의 태도와 감정이 더 큰 영향을 준다. 어머니의 태도와 감정은 아동의 심리적 자아를 조각하는 강력한 요인이며, 어머니 존재의 태도와 감정은 아기를 안고 흔들어 주고, 젖먹이고, 기저귀를 갈아 주고, 눈맞춤을 하는 행위 등을 통해 나타난다. 선택하고 행위하는 데 중심이 되는 심리적 자아(sense of I-ness)의 발달을 위해서는 신체적 자아(bodily self)의 발달이 선행되어야 한다. 자아의 발달은 신체에 대한 인식에서부터 시작되며, 신체에 대한 초기지각을 신체적 자아라고 한다. 이러한 발달은 아동기와 청소년기를 통해 계속되며, 성인기에 접어들면 그 발달은 매우 느려지고 잘 변화하지 않는다(Des Lauriers, 1962). 이러한 발달은 꾸준히 이루어지며, 나는 누구인가, 즉 나의 자아에 대한 인식이 더욱 복잡해진다.

로리에르(Lauriers, 1962)는 어머니와 아동의 즐거운 상호작용 경험은 아동 자신이 실제 분리, 그리고 실제로 경험하는 어머니와는 구별되는 만족감과 충만감을 제공해준다고 하였다.

이러한 아동의 자아발달을 위해 브로디(Brody, 1978)는 발달놀이치료(developmental play therapy)를 개발하였다. 브로디는 로리에르의 영향을 많이 받았는데 로리에르는 Michael Reese Psychosomatic Institute에서 정신분열증아동을 신체적 접촉(touch)을 이용해 치료했다. 그는 신체적 접촉이 치료에 효과적이라고 믿었다. 성인은 자신의 의지, 감정, 소망 등을 인식하지만 신생아는 주관적으로 선택하고 행동하게 하는 그와 같은 감각기능을 갖고 있지 못하다. 그러나 신체에 대한 인식은 출생 시에서부터 시작된다. 초기 자아의 경험은 신체에 대한 인식으로 시작한다. 즉 발달놀이치료는 기본적으로 애착이론(Bowlby, 1969)에 기초한 접근으로서, 최소한 한 명 이상의 성인과 놀이, 신체적 접촉을 통한 친밀하고 개인적인 관계가 기본이 된다. 이 신체인식은 어머니가 해 주는 물리적 접촉, 그리고 놀이와 애정표현을 통해 이루어진다. 처음에 영아는 자신의 몸을 만지고 입맞춰 주고 안아 주는 어머니를 자신의 신체 일부로 인식한다. 이는 성장단계이론과 정신분석이론을 접목시킨 말러(Mahler, 1972, 1975)의 공생적 단계(symbiotic phase)와도 일치한다.

말러에 의하면, 영아는 생후 3개월까지 자신을 어머니의 한 부분으로 지각한다. 그 후가 되면 별개의 실체로서 자신의 신체부분들을 지각하게 되고, 아동의 신체는 아동의 세계로부터 아동을 구분짓는 별개의 경계(boundaries)들을 갖게 된다. 이는 말러의 단계로 보면, 분리-개별화의 단계이다. 따라서 정상적인 아동과 정신병리적 아동의 차이는 새로운 심리적 탄생을 하지 못한 것, 즉 공생적 단계로 퇴행하거나 그 상태에서 성장이 멈춰버린 것이다.

로리에르는 특히 정신분열증 아동들이 다른 사람과 관계 맺을 때 필요한 구조

(structure)나 신체적 자아가 결핍된다고 보았다. 그래서 정신분열증 아동을 심리치료할 때 신체적 자아에 대한 인식을 높여 주어야 하며, 이를 위해 신체적 접촉이라는 방법을 사용하게 되었다. 이런 신체적 접촉을 감각자극적 접촉(sensory stimulating contact)이라고 불렀는데, 아동이 자신의 몸이 누구에 의해 접촉되었는지, 접촉하는 것이 무엇인지, 그리고 자신의 접촉된 신체부위를 깨닫게 하는 구체적인 접촉으로 접촉의 성격을 제한하였다. 이런 감각자극적 접촉은 접촉하는 사람과 접촉 받는 사람 사이에 관계를 형성한다. 그렇다고 모든 접촉이 다 감각자극적 접촉은 아니다. 감각자극적 접촉을 하기 위해선 치료자가 특정아동에게 신체적 자아가 나타나도록 격려하는 특정한 접촉을 해야 한다. 즉 모든 아동들에게 동일한 접촉 방법을 사용하는 것이 아니다. 또한 로리에르는 치료자가 어머니여야 한다고 주장했다. 치료자가 어머니 역할을 해야 한다는 것이 아니라 어머니가 되라는 의미이다. 어머니의 태도와 감정은 관계를 맺어 가는 성인자아의 통합적이고 중심적인 것이어야 한다. 즉 아동을 심리 치료하는 성인은 아동과 완전히 존재해야 한다.

철학자이자 신학자인 마틴 부버(Martin Buber, 1958)는 「I-Thou」라는 그의 저서에서 나(I), 즉 자아가 생겨날 수 있는 길은 타인(Thou)을 만나는 것이라고 보았다. 타인 없는 자아라는 것은 존재할 수 없는 것이다. 이는 아동양육자의 중요성이 얼마나 큰가를 설명해 주는 것으로 대상관계이론의 자아대상과 같은 개념이다. 대상관계이론에서는 대상(object)으로서 자신의 신체와 관계에 대한 개인의 관심을 중요시하는 치료를 자기조절적 치료(self-regulatory therapy)라고 한다(Grostein, 1983c). 그로슈타인(Grostein, 1983)은 자아대상을 대인관계적 자아대상(interpersonal selfobjects), 신체자아(body-self), 기본적 동일시의 배경적 자아대상(background selfobject of primary identification)의 세 가지로 범주화하였다.

자넷 아들러(Janet Adler, 1981)는 동작(movement)을 이용해 아동을 치료하는 기법을 워크숍(authentic movement) 등을 통해 소개했다. 아동이 태어나서 최초로 타인에게 '보여지는 것(being seen)' 의 신체경험을 하며(Merleau-Ponty, 1962), 이 '보여지는 것(being seen)' 의 경험의 질에 따라 아동의 신체자아의 발달이 영향을 받는다고 보았다.

발달놀이치료란 주로 신체적 접촉과 자극을 통하여 아동의 발달을 자극하는 치료방법을 의미한다. 이러한 신체적 접촉과 자극 경험은 발달놀이치료에서 아동이 앞뒤로 흔들어 주거나, 손, 손가락, 얼굴, 발, 발가락 그리고 전체로서의 신체를 포함하는 접촉이다. 여기서 '접촉(touching)'은 접촉하는 사람과 접촉을 받는 사람 간의 의사소통이다. 손을 통해서 접촉자는 자신의 존재의 특질을 전달하며, 접촉 받는 사람에게 접촉자가 그에 대해서 어떻게 느끼고 있는가를 말해 준다. 그 반응으로 접촉 받는 사람은 접촉의 경험을 표현하게 되는데, 표현적인 접촉은 의사전달의 최초의 양식(mode)이며, 인간 개인의 삶에 있어서 최초의 주고받음(give and take)이 되는 것이다. 이러한 경험은 이후의 모든 언어적인 의사소통과 비언어적인 의사소통의 기초가 된다.

발달놀이치료는 대상관계이론과 애착이론, 그리고 접촉(touch)을 개념적 틀과 핵심으로 삼고 있다. 브로디는 학습에 문제가 있는 저학년 아동집단과 경증 정신병 아동집단을 대상으로 신체적 접촉과 구조화된 치료를 실시하고, 신체적 접촉의 사용과 구조화된 세션을 강조한 자신의 방법을 발달놀이치료라고 명명하였다.

발달놀이치료에서는 정서적, 사회적 결핍이나 학습결핍 등 발달장애를 가지고 있거나 발달적 적응문제를 지닌 아동이 아동을 돕도록 훈련된 성인 치료자와 놀이활동을 하면서 서로 깊이 관여, 살핌, 수용하는 친밀한 인관관계를 발달시켜 나간다. 또한, 아동과 부모의 초기 사회적 상호작용 증진을 위한 놀이, 아동을 위한 감각적 자극 접촉과 신체놀이, 유능감과 내적 동기를 유발할 수 있는 놀이가 고안된다. 그러나 이것은 인위적이거나 의도적이어서는 안 되고 아동의 발달수준이나 욕구에 따라 이루어진다.

## 2. 발달놀이치료의 준비

### 1) 발달놀이치료의 원리

브로디가 실제로 발달놀이를 실시하면서 터득한 발달놀이치료의 여섯 가지 원리들이 있는데, 이는 성인과 아동 사이의 상호작용 뒤에서 작용한다(성영혜, 장미경 역, 1997).

#### (1) 접촉받음으로써 자기 자신을 경험한 아동은 자아감(sense of self)을 발달시킨다.

접촉 받는 것에 대한 아동의 경험은 아동으로 하여금 자신을 접촉하는 성인과 관계 맺게 한다. 접촉 받는 아동은 자기 자신을 나(I)로서 인식하게 되고, 아동이 어떤 행위를 하고 감정을 갖게 되는 사람, 즉 접촉해 주는 사람을 너(Thou)로 인식한다.

다시 말하면, 접촉을 느끼는 아동은 접촉하는 사람을 수용(접촉해 주는 사람을 향해 움직임으로써)하거나 거부(접촉해 주는 사람에게 등을 돌림으로써)한다. 그러나 반복적으로 접촉하는 것을 경험할 수 없는 아동은 자신을 접촉해 주는 성인과 관계 맺을 수 없다. 관계 맺는 것은 분리된 자아들의 상호작용을 의미하며, 접촉 받는 것은 접촉 받는 아동의 자아감을 만들어 줄 뿐만 아니라, 아동이 수많은 관계에 발달적 영향을 받게 만든다. 아동은 관계를 통해 성장하기 때문이다.

### (2) 아동이 접촉을 경험하기 위해서는 능력 있는 성인이 아동을 접촉해야 한다.

능력 있는 성인은 접촉을 경험한 사람이다. 접촉 받는 것이 어떻게 느껴지는지를 알고 접촉해 주는 사람이 접촉 받는 느낌을 만들어 내기 위해 무엇을 했는지를 알기 때문에 그 사람이 접촉해 주는 사람이 될 수 있다.

### (3) 접촉해 주는 사람이 되기 위해 먼저 기꺼이 접촉 받는 것을 배워야 한다.

접촉을 허용하는 것은 쉽지 않은데, 이유는 접촉은 어린 시절을 상기시키기 때문이다(어떤 기억은 좋고 어떤 기억은 좋지 못하다). 그러나 접촉 받은 경험은 아동을 접촉하게 만든다.

### (4) 접촉을 느끼기 위해, 아동은 스스로 접촉 받는 것을 허용해야 한다.

학대받은 아동은 성인과의 관계가 매우 고통스러웠기 때문에 접촉을 못하게 할 수도 있다. 그러나 치료자가 민감하고 물러섬 없이 조용히 있다면 이런 아동들도 신체적 자아를 경험하게 될 것이며, 조금씩 아동들은 성인이 자신을 보는 것을 허용하고 마침내 접촉을 허용할 것이다.

### (5) 아동은 접촉을 통해 먼저 남에게 보여지는 것을 느낀다.

우리는 처음으로 부모가 접촉을 해 주었을 때 그 경험을 하게 된다. 접촉은 나이가 들어가면서 관계가 다른 방식으로 바뀌는 것이 아니며, 삶 전체를 통해 정서를 촉진하고 개인들 사이의 상호작용의 질을 구체화한다. 보여지는 방법인 접촉은 다양한 치료 장면에서 치료자의 치료 과정을 통해 구체화되며, 두 사람 사이에—아동과 치료자—발전하는 관계의 각 구면에서 각 아동에게 맞는 접촉을 치료자가 선택한다.

발달놀이치료에서 올바른 접촉은 아동이 접촉을 느낄 수 있게 하며, 자신의 신체 신호를 인정하게 하고, 생생한 만남의 순간에 자신을 접촉해 주는 성인과의 관계를 경험케 한다.

#### (6) 접촉이 필요한 아동에게 관계를 만들어 주기 위해 성인은 발달놀이치료 세션에서 일어나는 활동을 통제한다.

발달놀이치료 세션 동안 성인은 아동이 접촉을 느끼는 경험을 만들어 내는데, 치료적 관계가 이루어지고 진전되도록 할 책임이 아동이 아니라 성인에게 있기 때문에 성인이 책임을 진다. 발달놀이치료 세션을 시작하는 성인은 다음의 4가지 활동을 거치게 되지만, 이것들이 배타적인 것은 아니다.

### 2) 발달놀이치료의 대화

#### (1) 자기와의 접촉

발달놀이치료자가 하는 것은 접촉이다. 아동을 접촉하는 것이 발달놀이의 중심적이고 중요한 방법이다. 아동을 접촉하는 목적은 아동과 성인 사이에 풍부한 대화를 하게 하는 것이다.

발달놀이치료는 성인의 진실한 자아와 아동 사이의 만남이며 접촉하는 성인과 접촉 받는 아동 사이의 만남은 아동의 진실한 자아에 접촉한다. 접촉의 가치는 그것이 진정한 자아의 특징을 전하는 것에 있다. 접촉해 주는 사람의 자아는 접촉 받는 사람의 자아에 영향을 주며, 그것은 자아들 사이의 대화하는 방식이다.

#### (2) 접촉 받은 경험

접촉 받는 느낌은 두고두고 기억될 의미 있는 경험이다. 피부는 결코 잊지 않는다. 접촉을 느끼는 아동의 행동, 태도, 감정은 반드시 변화한다. 접촉은 아동이 보다 이완되고 편안해지는 것으로, 나타나는 또한 보다 힘이 넘치고 생동감이 있게 나타나는 신체 느낌의 경험이다.

접촉 받는 아동은 단순히 행복하다. 아동은 자신이 누구인지에 대한 인식이 고조되며, 새로운 활동을 시작하고 성인과 새로운 방식으로 관계맺음으로써 이러한 인식에 영향을 미친다. 마침내, 접촉 받는 것은 아동에게 지극한 즐거움이 되며 아동은 다시 접촉 받고 싶어한다. 아동이 느끼는 즐거움은 살아 있는 느낌, 자신의 실제성, 성장하는 자아에 대한 느낌의 즐거움이다.

"다른 쪽 발두요."라는 요구는 성인이 다시 아동과 보다 충분히 깊게 접촉할 수 있는 기회를 준다. 왜냐하면 아동은 접촉 받는 것에 대해 매우 개방적이기 때문이다.

### (3) 접촉하는 사람의 경험

접촉을 시작하는 발달놀이치료자는 아동과 다음과 같은 3단계를 경험한다.

#### 가. 1단계—처음에 인사하는 단계로 '아동을 알아가는' 단계

첫 번째 단계는 인사하는 단계로 '아동을 알아가는' 단계이며, 아직 접촉의 대화를 시작하지 않은 상태이나, 접촉을 시작하기 위해 아동의 단서(cues)와 신체에 주의를 기울여야 한다. 인사단계에서부터 발달놀이치료의 특성과 핵심이 전달된다. 치료자는 아동을 바라보면서 신체적 접촉인 악수를 하며 인사를 나눈다. 치료자는 첫 번째 단계에서 아동에게 무엇을 할지에 대한 소개를 하는 대신 아동의 관심을 치료자와의 경험을 통해 아동이 자신의 신체를 경험하는 것에 집중시키는 것으로 시작한다. 이 단계에서 아동은 치료자가 누구이며 자신이 누구인지에 대한 감각을 증진시키며 지금-여기(here and now)의 치료자와 아동의 관계 속에서 형성되는 아동과 치료자간의 접촉, 존재감, 친밀감이 이루어진다.

#### 나. 2단계—아동이 접촉을 허락하고 치료자를 신뢰하는 단계

두 번째 단계는 아동이 치료자에게 접촉 받는 것을 허락하고 원하는 단계로, 치료자에 대한 신뢰감이 생겨난다. 아동이 접촉을 느끼고 있음을 치료자가 알 수 있으며 치료자에 대한 아동의 사랑이 느껴진다. 대상관계이론에서는 이것이 애착단계라고 할 수 있다. 그러나 에너지는 주로 치료자에게서 아동에게로 흐른다. 이 단계에서 치료자는 아동의 부정적인 감정을 담아 주는 컨테이너(container)가 되어야 한다. 그리고 아동이 무엇을 하든 치료자는 계속 아동과 함께 하며, 아동의 신체에 아동의 관심을 계속 집중시킨다. 또한 아동이 항상 치료자의 존재를 알고 치료자에게 반응할 수 있도록 행동해야 한다.

다. 3단계—아동이 치료자를 자신과 분리된 존재로 경험하는 단계

세 번째 단계는, 아동이 치료자를 자신과 분리된 존재로 경험하게 되는 단계이다. 이 때는 아동도 대화 내용에 어느 정도 기여하기 때문에 진정한 접촉의 대화가 이루어져 에너지가 아동에서 치료자에게로도 어느 정도 흐른다. 레빈(Levin, 1987)에 의하면, 접촉 받는 사람이 접촉하는 사람이 되고, 접촉하는 사람이 접촉받는 사람이 되는 그런 단계이다.

발달놀이치료의 효과는 아동을 접촉하고 아동이 접촉을 느끼는 것에 좌우된다. 접촉의 목표는 아동과 성인의 진정한 자아들이 만날 수 있고 대화할 수 있는 관계를 만드는 것이다.

## 3. 발달놀이치료의 적용

### 1) 발달놀이치료의 목표

발달놀이치료의 목표는 아동이 자신의 핵심 자기(core self), 즉 완전하게 자신을 지도하고 통제하도록 안내하는 내적 자기를 발달시키기 위해서 필요한 조건들을 제공하는 것이다. 이 조건은 접촉의 의미가 무엇인지를 분명하게 알고 있는 성인에 의해서 제공되는 접촉이다.

발달놀이치료의 기본적인 목표는 다음의 세 가지이다.

① 아동이 자신의 신체를 경험하도록 돕는다.

이를 위해서 치료자는 아동을 바라보고, 아동과의 신체적 접촉을 시도한다. 이를 통해 아동은 자신의 내부에 있는 에너지를 밖으로 표현하고 소비할 수 있도록 치료자

는 도와야 한다. 아동이 자신을 어떻게 보이고 싶어하고 자신의 신체를 얼마나 좋아하는가를 표현함으로써, 자신의 신체를 통해서 자기가 할 수 있는 것을 알기 위해 실험한다.

② 아동이 스스로를 구조화해 나갈 때 자신이 원하는 것을 말해 주고, 자신이 할 수 있는 것을 드러낼 수 있도록 한다.

그러기 위해서 치료자는 아동을 지지하고 아동의 뒤에서 물러나 더 경청해 주고 받아 주어야 한다. 치료자는 아동의 지시를 따르고 아동이 창조해 내고자 하는 것이 무엇이든 간에 그것과 투쟁하도록 허용해야 한다.

③ 아동이 고통스럽고 힘든 상황들을 경험할 때 스스로 견뎌낼 수 있는 힘을 기르도록 한다.

### 2) 발달놀이치료의 방법

발달놀이치료 세션에서 사용하는 중심적인 방법은 바로 신체적 접촉(physical touch)과 눈맞춤, 소리 등의 비언어적 의사소통이다. 영 · 유아기에 토닥거림, 어루만짐, 눈접촉 등의 신체언어를 통해 보호자의 사랑과 관심을 충분히 받지 못한 아동은 처음에는 그것들을 갈망하지만 차츰 사람들을 기피하고 내담, 무기력해져 절망에 빠지거나, 지적 능력이 저하되거나, 반항행동을 하게 된다.

브로디는 40여 년간 아동을 심리치료하면서 접촉의 치료적 가치를 확인하였다. 즉 신체 접촉이 애착의 기회가 된다고 보았다. 아동을 접촉하는 목적은 아동과 성인 사이에 풍부한 대화를 가능케 하는 것에 있다. 자아의 발달을 방해받아 자신을 표현할 수 있는 핵심자아(core self)가 없거나 신체자아 이전 단계에서 자아의 발달이 멈춰버린 아동들은 언어로 자신을 표현하기도 어려울 뿐만 아니라 자신을 표현해 줄 자아가 없다. 따라서 말은 없어도 신체의 감각을 통해 서로의 존재와 자신을 인식하게 된다(Goleman, 1988).

만남은 바로 자아들의 접촉이며 통합이다. 접촉하는 성인과 접촉 받는 아동의 만남은 바로 아동의 진실한 자아에 접근하는 방법이다(Barnard & Brazelton, 1990).

브로디에 의하면, 접촉하는 방법이 정해져 있는 것은 아니다. 아동의 신체 중에서 사적인 부분(음부 등)을 제외한 모든 부분이 접촉의 대상이 될 수 있지만, 처음에는 아동이 성인의 접촉을 인식하고 받아들이게 할 수 있는 접촉점을 찾아야 한다. 그 접촉점은 아동의 장애와 정도에 따라, 또한 아동마다 다르며 그 순간을 포착하는 것은 치료자의 예민함과 경험에 달려 있다. 그러나 궁극적으로 접촉하게 허용하는 것은 아동이다. 치료자는 아동의 반응에 근거해 아동과 접촉할 수 있는 방법을 선택하게 된다. 즉, 아동을 접촉하고 경청하고 인식함으로써 접촉한다. 아동은 보통 접촉 받은 경험을 말로 하지 않지만 피부는 잊지 않는다(Montagu, 1986). 치료자는 아동의 행동을 보고서 아동이 접촉 받는 것을 느끼는지 알 수 있어야 한다. 접촉을 느끼는 아동은 행동, 태도, 감정 면에서 반드시 변화가 나타난다. 즉, 이완되고 편안해지는 것으로, 보다 힘이 넘치고 생동감이 생기는 것으로, 접촉을 더 원하는 것 등으로 나타난다. 발달놀이치료의 성공은 언어적인 것뿐만 아니라 비언어적으로 자신을 표현할 수 있는 능력의 성장으로 측정된다. 접촉은 주로 성인에 의해 이루어지고 따라서 에너지의 흐름도 성인에게서 아동으로 흐르지만 접촉하는 성인도 독특하고도 주관적인 경험을 하게 된다.

이와 같이 접촉의 목표는 아동과 성인의 진정한 자아들이 만나고 대화할 수 있는 관계를 만드는 것이다.

브로디가 개발한 발달놀이치료 프로그램은 보통 30분간의 아동-치료자의 일대일 발달놀이치료, 아동-치료자들이 한 그룹이 되어 활동하는 시간 30분, 간식시간 10분으로 구성되며 집단활동은 일대일활동이 어느 정도 이루어진 후에 시작된다. 치료자와 아동의 일대일 세션을 통해 기본적인 애착관계 맺기에 성공한 아동은 자기를 치료한 치료자와 함께 집단활동에 참여하게 된다. 즉 치료자와 기본적인 애착관계를 유지하면서 그것을 바탕으로 집단에서 적응하는 과정을 갖게 되는데 브로디는 이를 'Circle Time'이라고 부른다. 각 치료자들이 자신의 아동을 무릎에 앉히고 원모양으로 둘러 앉아 활동하는 시간이다. 이러한 집단활동은 다른 성인이나 또래와 어울릴 수 있는 심리적 자아의 성장을 촉진하며, 위험을 느낄 때는 다시 애착대상인 치료자에게 숨을 수 있는 방법이라고 할 수 있다.

브로디가 발전시킨 발달놀이치료는 아동이 느끼거나, 말하거나, 무엇을 하도록 강요하지 않으며 강제로 간지르지도 않는다. 안고 흔들어 준다면 그것은 아동이 신체자아, 접촉의 즐거움, 살아 있음의 기쁨을 경험케 하기 위해서이다. 대부분의 아동들은 처음에 접촉을 싫어하거나 반응을 보이지 않는데, 그럴 때도 강제로 하지 않고 다른 접촉 방법을 찾거나 멈추고 기다린다.

기본적으로, 발달놀이치료는 정상적이고 행복한 부모-아동 사이에서 이루어지는 자발적이고 자연스런 신체 접촉을 전제로 하기 때문이다.

### 3) 발달놀이치료의 구조

#### (1) 환경

발달놀이치료 세션은 치료자가 아동과 신체적 접촉을 하는 시간이다. 그러므로 발달놀이치료에서 사용하는 물건들은 접촉할 수 있는 몇 가지의 간단한 소품들로 수가 적다. 카펫과 흔들의자는 치료자와 아동 사이의 친밀한 신체적 접촉을 허락하고 촉진한다. 테이블과 의자, 크레용, 연필과 종이는 대부분의 아동들이 쉽게 사용할 수 있는 자기표현을 위한 중립적 미술매체로서 아동에게 자기표현을 허용한다. 로션병은 발달놀이 게임에서 사용된다.

게임은 아동과 치료자 사이의 만남을 야기하며, 대부분의 발달놀이 게임은 아동과

발달놀이치료실의 예

치료자의 신체적 존재만을 필요로 한다. 장난감은 반드시 필요하지 않으며, 카펫만 있어도 할 수 있다. 이것은 아동과 치료자가 신체적으로 가까워지게 하며, 이것은 발달놀이치료가 전문가의 사무실뿐만 아니라 학교나 기타 기관과 가정에서 이루어질 수 있음을 의미한다.

### (2) 안고 흔들기(crading)

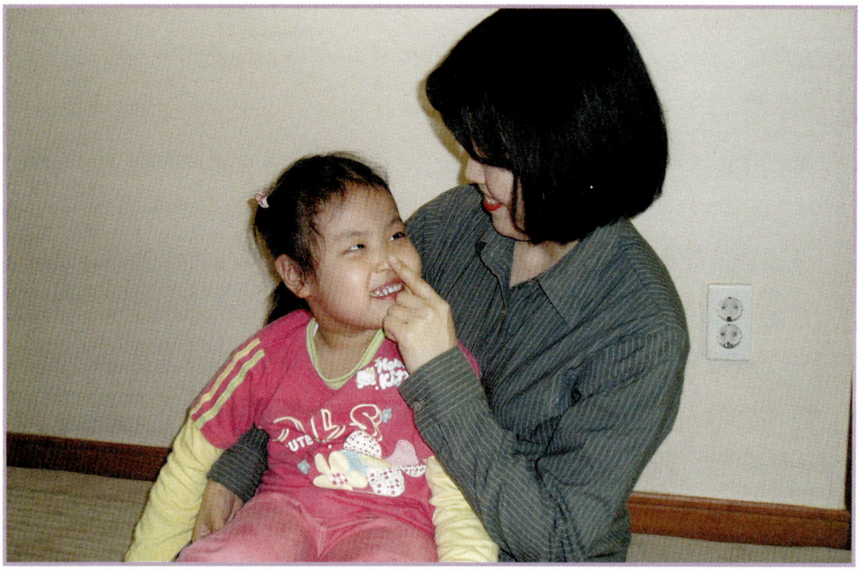

성인이 아동을 안고 신체부위를 말하며 접촉하기

발달놀이치료에서 사용하는 접촉의 종류는 안고 흔들기이다. 안고 흔들어 주기 위해 흔들의자에 앉아 (또는 카펫 위에 앉아) 젖먹이는 자세로 아동을 안는다. 이 자세는 눈접촉이 쉬우며, 매우 부드럽게 말할 수 있다.

안고 흔들기는 아동이 안전함을 느끼게 하고 몸이 이완되고 침착해지는 것을 느끼게 한다. 또한 주변자극에 주의가 분산되는 것을 없애고 정서와 신체감각의 내부세계에 아동이 관심을 집중하게 한다.

아동은 엄마의 신체의 따뜻함과 에너지를 경험한다. 아동은 자신이 무엇이고, 무엇이 자신이 아닌가를 경험하며, 자신의 내부에서 나오는 감정과 기쁨을 경험한다. 이러한 것들은 아동의 것이다.

안고 흔들기는 아동으로 하여금 아동기의 두 가지 과제를 성취하게 한다.

① 자신의 감정과 욕구의 인식 및 소유를 통해 자기가 누구인지 알게 된 것

② 자기를 조절하는 것

모든 아동 — 보통아동과 주의결핍아동, 표출행동을 하는 아동, 그리고 정신병 아동을 포함하여 — 은 신체를 경험하여 전적으로 인간이 될 수 있도록 도와주는 안고 흔들기의 돌봄적 신체 접촉을 필요로 한다.

### (3) 신체부위를 접촉하고 노래하기

아동과 성인이 서로 눈을 맞추고 코 뽀뽀하기

발달놀이치료 세션을 하면서 치료자는 자주 손가락 끝이나 손으로 아동의 신체를 접촉한다. 아동의 손, 팔, 얼굴을 가장 자주 접촉하며, 아동의 발, 다리(신발과 양말을 벗고 있다)를 접촉한다.

치료자는 접촉하는 신체부위의 이름을 말하며, 때로 접촉을 한 후 안아 주기도 하는데, 이는 접촉 시간을 길게 하기 위해서이다.

치료자가 손가락이나 발끝을 움직이고 손가락과 발가락의 움직임에 대해 이야기하는데, 이런 종류의 접촉은 발달놀이치료 방법이다. 접촉은 치료자의 이해, 관심, 때로는 즐거움을 전한다.

### (4) 안아 주기, 뽀뽀하기, 말하기, 노래하기

치료자가 아동에게 뽀뽀해 줄 만한 곳이 있는지 물어보는데, 뽀뽀는 아동이 자신의 신체 중 중요하게 여기는 곳을 인식케 하며 이는 자신을 가치 있는 존재로 인식하게 하는 시작이다.

말도 접촉의 일부인데, 말하는 사람의 목소리 톤은 듣는 이에게 말하는 사람의 말 내용에 대해 무엇을 느끼는지 그리고 듣는 사람에 관해 어떻게 느끼는지 알려 준다.

치료자가 아동의 피부를 상냥하게 만지면서 "야, 네 피부는 아주 부드럽구나.", "너는 멋진 목소리를 가졌구나, 다시 한 번 소리 내 볼래?"라며, 리듬에 따라 느리고 따뜻하게 말을 할 때, 아동은 기쁨을 주고 재미있는 사람으로 자신을 경험한다. 즉, '사람들은 나와 함께 있는 걸 좋아한다.' 로 해석한다.

접촉을 위해 목소리를 특별하게 사용할 때는 아동에게 노래를 불러줄 때이다. 어떤 것도 할 필요 없이, 아동은 노래하는 사람의 목소리 진동을 통해 성인의 존재를 느낀다.

아동을 안고 흔들어 주면서 치료자가 불러 주는 자장가의 리듬, 목소리 진동, 가사의 영향, 신체 접촉, 아동을 사랑스럽게 바라보는 것의 영향이 강력한 효과를 낸다.

### (5) 제한 설정

제한 설정은 어떤 행동이 허용되지 않음을 알려 주는 것, 그리고 치료자를 조정할 수 없다는 것을 아동에게 분명히 하려는 것 두 가지이다.

제한 설정에서 아동은 아동이 성숙하기 위해 제한을 경험할 필요가 있으며, 아동은 이 자연스러운 순리를 깨달아야 한다.

다른 사람이나 많은 신체적인 면과 세상의 일들을 통제할 수 없다는 걸 알아야 한다.

자신의 능력을 알기 위해 무엇이 불가능한지를 알아야 한다.

놀이치료자가 실질적인 제한을 세우면 아동은 제한이 존재한다는 것을 인식할 수 있게 되며, 계속 적절한 반응을 경험하면서 자신에게 있는 새로운 능력과 스스로 제한을 설정할 수 있는 역량을 경험하게 되는데, 이는 아동이 그것을 하는 방법을 아는 다른 사람에 의해 제한 설정을 경험했기 때문이다.

### (6) 아동을 위한 발달놀이 게임

아동이 재미있는 신체 접촉 게임을 통해 나와 너의 관계를 경험하도록 많은 게임이 있다. 이러한 재미있는 신체 접촉 게임을 통해 성인과 아동은 I-YOU 관계를 경험한다.

게임을 통해서든, 아니면 단순한 접촉을 통해서든 아동은 그러한 '만남'의 순간들을 통해 접촉을 느끼면서 자아를 경험한다.

대부분의 순간에 성인이 아동을 접촉한다. 접촉을 통해 '만남'의 순간을 만들어 내는 것이 발달놀이치료의 목표이다.

## 4) 발달놀이치료의 진행 과정

발달놀이치료는 아동에 대한 접촉에 근거를 둔 중재프로그램이면서 동시에 부모와 치료자들을 위한 훈련모델이기도 하다. 발달놀이치료는 3세에서 6세 아동 6명과 성인 6명이 짝을 이루며 전체를 진행하는 리더로 구성된다. 매주 3시간씩 20주 동안 이루어진다. 발달놀이치료 세션은 다음과 같은 2가지로 구성된다.

### (1) 아동-성인이 함께하는 놀이시간(1시간)

성인과 아동이 함께하는 시간으로 일대일 놀이시간이 30분이며, 나머지 30분은 써클 타임이라고 하는 집단 시간이다.

#### 가. 일대일 아동-성인 놀이

첫 번째 단계는 '밀월단계'로서 아동과 성인과의 동반관계의 발달을 강조한다. 짝이 된 두 사람은 친숙해지고 동료로서 서로에게 편안함을 느끼게 된다. 성인은 아동이 주도한 놀이에 반응해 주고 아동의 창의성을 격려해 주도록 한다.

두 번째 단계는 '고통의 단계'로 아동은 상호관계의 제한점 등 관계의 현실을 인식하고 이에 동화해 간다. 예를 들면, 아동은 자신이나 타인에게 신체적인 해를 입히거나 기물을 파괴해서는 안 되며 성인 조력자에게서 완전히 멀어져서도 안 된다. 아동은 절대 벌을 받지 않는다. 아동은 자기가 무슨 행동을 하는지 간에 여전히 성인 조력자의 사랑을 받으며 그에게서 벗어날 수 없음을 이해해야 한다.

세 번째 단계는 '분리와 애정의 단계'로 아동은 성인 조력자를 자신과는 독립된 개체로 인식함으로써 인격적 성장을 하게 된다. 이 단계에 이르면 아동은 더욱 효과적인 의사소통을 할 수 있게 되고, 성인 조력자에 대한 애정을 적극적으로 표현하게 된다.

네 번째 단계는 '종결준비 단계' 로 아동과 성인 조력자 모두 애증의 양면적인 감정을 느끼는 것이 보통이다. 놀이를 통해 같은 짝인 아동과 성인 모두에게 분리감과 상실감을 내재화시켜 가면서 성취감과 타인에 대한 존경심이 싹트며 성공적인 종결을 하게 되는 것이다.

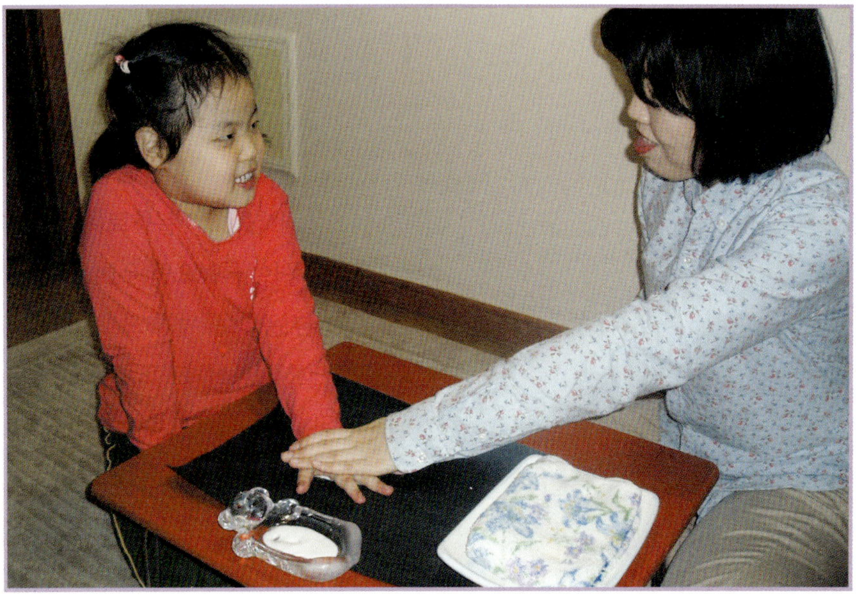

성인과 아동이 함께하는 일대일 놀이시간

나. 집단활동시간의 발달단계

첫 단계는 '접촉 혹은 친밀 단계' 로 따라하기나 전달하기 같은 가벼운 활동으로 시작된다. 전체 집단 구성원과 친해지는 단계이다.

두 번째 단계는 '진취적이고 운동적이며 신체적인 단계' 로 아동 간의 적절한 놀이활동을 강화하고 건설적인 방향으로 에너지를 발산하도록 도와준다. 자신과 타인에 대한 지각이 증가하면서 아동은 자신감과 자아존중감을 발달시키게 되며, 다른 사람과의 관계 내에서 자신을 이해하게 된다.

마지막 단계는 '상상단계' 로 자기 또래와 더불어 사고와 감정을 발달시키고 그것을 창의적으로 표현하도록 북돋아준다. 이 단계에서 아동은 종종 억압된 감정을 표출시켜 정서적인 정화를 경험하게 되고, 자신을 통찰할 수 있는 기회를 갖게 된다.

### (2) 성인을 위한 지도감독 시간(2시간)

아동을 만나기 전에 1시간과 아동이 돌아간 후 1시간으로 총 2시간으로 구성된다.

발달놀이치료에서 성인훈련은 숙련된 아동의 조력자가 되기 위해서는 성인의 경험이 필요하다는 신념에 근거하여 이루어졌다. 경험은 발달놀이 치료의 원리와 방법의 이해에도 필수적인 것이다. 아동을 돌보는 접촉자가 되기 위해 성인들은 스스로 접촉하고 접촉 받음의 효과를 경험해야 한다.

#### 가. 사전 슈퍼비전

발달 놀이집단 프로그램을 시작하기 전에, 2회의 사전 3시간 슈퍼비전 세션이 이루어진다.

사전 슈퍼비전 세션의 목적은 두 가지이다.

첫째, 성인들에게 존재하는 방법을 배우게 한다.

둘째, 명상, 접촉하기와 접촉 받기, 보기와 보여짐을 통해 성인들이 자신들의 존재를 경험할 수 있는 공동체를 만들게 한다.

이러한 경험은 발달놀이 프로그램을 시작할 때 함께할 아동들을 접촉하고 바라보고 이해하는 데에 필요한 경험들이다.

#### 나. 세션 전 슈퍼비전

각 발달놀이 집단 모임을 하기 전에 1시간의 슈퍼비전 세션을 실시한다.

#### 다. 계속적인 슈퍼비전

각 발달놀이 집단 모임의 일대일 시간에 리더가 계속 슈퍼비전을 준다.

#### 라. 세션 후 슈퍼비전

각 발달놀이집단 모임 후에 1시간의 슈퍼비전 세션을 실시한다.

마. 프로그램 후 훈련

아동들과의 발달놀이집단 프로그램이 끝난 후 1회 또는 2회, 3시간의 슈퍼비전 세션을 실시한다.

### 5) 발달놀이치료의 게임의 예

브로디(Brody, 1993)가 소개한 발달놀이치료의 활동의 예는 다음과 같다(성영혜, 장미경 역, 1997).

#### (1) 언덕과 계곡게임(hills and valleys game)

치료자는 아동의 손을 잡고 이렇게 말한다. “네 손에 언덕과 계곡이 있다는 걸 아니?” 치료자의 손가락으로 아동의 엄지손가락 바깥쪽에서 시작하여 손가락 끝쪽으로 올라갔다가 다시 손가락 사이로 내려간다.

두 번째 손가락에 대해서 앞에서 한 것을 반복하면서 이렇게 말한다. “아주 작은 언덕을 올라가고 내려오고 또 큰 언덕을 올라가고 내려간다.” 다섯 손가락을 모두 다 할 때까지 계속한다. 치료자는 천천히 그리고 확실하게 하면서 아동을 간질이지 않도록 손가락 끝에 약간 힘을 준다.

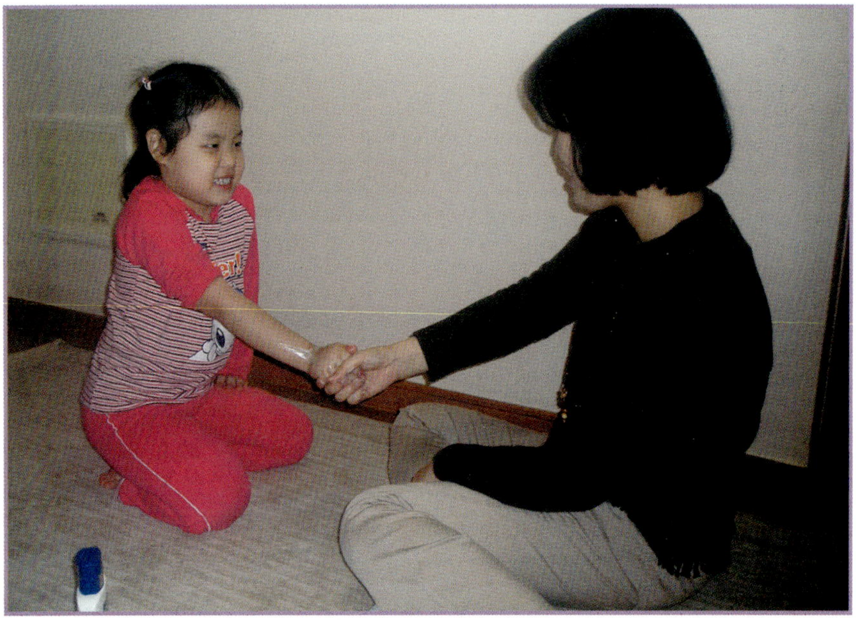

### (2) 미끄러운 손게임(Slippery hand game)

이 게임은 자폐아와 같이 전혀 관계를 맺지 못하는 아동들과 함께 하면 좋다.

손에 바를 로션이 필요하다. 먼저 치료자 손에 로션을 바른다. 그리고 나서 치료자의 손으로 아동을 잡고 아동의 손과 팔에 로션을 바른다. 치료자 손으로 아동의 팔을 에워싼다. 팔을 지나 팔의 꼭대기인 어깨로 올라간다. 그리고나서 아동에게 손을 당겨보라고 말한다. 그러면 아동의 팔은 어깨에서부터 손, 그리고 손가락 끝까지 치료자의 손을 통해 미끄러져 빠져나갈 것이다. 아동이 '당기다'의 말뜻을 잘 이해하지 못하면 아동이 그 뜻을 이해하고 스스로 자신의 팔을 잡아 당겨 볼 때까지 "당겨 봐." 라고 하면서 치료자의 손을 아래로 미끄러져 내려오게 한다.

### (3) 올빼미게임(owl game)

매우 어린 아동이 올빼미게임을 좋아한다.

아동은 그것을 경험하거나 반응하는 것 외에 아무것도 할 필요가 없다.

아동의 머리를 두 손으로 잡고 "눈을 감으세요."라는 말과 함께 성인의 얼굴을 아동쪽으로 움직여 코를 접촉한다. 아동은 보통 킥킥 웃으며 다시 하고 싶어한다.

### (4) 생강빵 쿠키 만들기(gingerbread cookies game)

이 게임은 항상 재미있게 할 수 있는 게임 중 하나이다.

모든 게임 중에서 대부분의 아동들, 특히 매우 어린 아동들에게 가장 효과적이면서 가장 즐길 수 있는 게임이다.

이 게임은 아동들이 훌륭한 쿠키로 만들어지고 있다고 상상하는 동안 아동들이 성인에게 접촉 받는 경험을 할 수 있게 해주고, 아동들의 몸이 성인과 분리되어 있음을 알게 해 주며 또 안기고 접촉 받는 즐거움을 갖게 해준다.

사실 이 게임은 출생의 환상이 되고 오븐 안은 바로 자궁이 된다.

모든 게임이 다 그렇듯이 여러 가지 방법으로 접촉할 수 있다.

먼저 아동에게 말한다. 나는 너를 훌륭한 쿠키로 만들 수 있다.

아동을 치료자 무릎 위에 올려놓고 이렇게 말한다. "너를 섞기 위해 믹서에 넣을 거야." 마치 믹서를 튼 것처럼 아동을 이리저리 흔들면서 믹서소리를 낸다.

그리고 나서 아동을 내려 치료자 앞에 눕힌다. 치료자가 밀방망이인 척하면서 아동을 평평하게 민다. 이 모든 것들을 아주 천천히 그리고 부드럽게 한다.

치료자는 쿠키 자르는 기계가 되어 쿠키 모양을 만든다. 치료자는 아동의 몸, 머리, 목, 어깨, 팔과 다리, 손, 발, 모든 손가락과 발가락을 모두 접촉한다. 아동의 얼굴을 만들고 마지막으로 아동을 들어 치료자 무릎 위에 앉는 것으로 아동이 오븐 안에 들어간 것처럼 한다.

치료자는 오븐 뚜껑을 닫고 지금 익고 있다고 말한다. 치료자는 천천히 아동의 몸을 접촉하면서 안에서 익어가고 있는 소리를 낸다(이것은 아동이 이완되도록 돕는다). 그리고 뚜껑을 열고 쿠키가 다 익었는지 묻는다.

어떤 아동들은 바로 "다 됐어요."라고 말하고, 어떤 아동들은 "아직 안 됐어요."라고 여러 번 말한다(이런 아동들은 그냥 누워 있는 것을 즐기는 것이다).

### (5) 초상화 게임(Portrait game)

이 게임 역시 아동이 자신의 얼굴을 경험해 보는 데 초점을 둔다. 이 게임의 효과와 아름다움은 성인이 아동의 초상화를 그리는 창조성에 있다.

아동에게 "오늘 참 멋져 보인다. 너를 그리고 싶다."라는 말을 하면서 시작한다. 치료자는 아동의 왼손을 가져다가 그림물감을 잡는 시늉을 한다.

아동의 오른손을 팔레트인 양 사용하고, 어울리는 색깔을 만들기 위해 거기에 물감을 혼합한다. 치료자의 손가락과 손을 붓처럼 사용한다. 처음에는 얼굴 전체를 칠한다(접촉을 한다). 기본색을 바르고 나서 각 부분에 칠하기 시작한다. - 아동의 눈썹, 눈, 속눈썹, 코 등을 다소 가볍게 접촉한다. 마무리 하면서 아동의 손을 잡고 "이 손이 거울이니까 네 얼굴을 보렴." "뭐가 보이니?"라고 묻는다. 어떤 아동은 자신이 보인다고 말을 하고 어떤 아동들은 그냥 손만 보인다고 말을 한다. 아동들의 반응은 이들이 아직 전상징적 단계인지, 아니면 상징적 단계로 발달했는지 보여준다.

# 8장 치료놀이

## 1. 치료놀이(Theraplay)의 정의

미국 시카고에서 1967년 헤드스타트 프로그램의 총괄책임을 맡게 된 전버그(Jernberg) 박사가 놀이치료로 나아지지 않았던 자폐아동을 치료놀이로 변화시키면서 치료놀이의 방법과 이론을 임상을 통해 확립하게 되었다.

치료놀이는 전버그(Jernberg, 1979)가 놀이치료 상황에서 아동과 치료자 간의 신체 접촉과 '지금-여기'를 강조한 점(Lauriers, 1969)과, 브로디(Brody, 1963)의 집단치료의 형태로 개발된 '발달놀이치료'에 착안을 하여, 이를 더 구체화하고 단기에 아동의 문제를 변화시킬 수 있도록 한 새로운 접근 방법이다(Jernberg & Booth, 2001).

치료놀이는 건강한 부모-자녀관계에 중점을 두면서 인간발달을 대인관계이론에 기초하고 있다. 특히 애착이론(attachment theory), 대상관계이론(object relations theory), 접촉이론(touch theory), 자아심리학(ego psychology)에 기초하여 관계에 대한 인간의 기본적인 욕구를 다루고 있다(Munns, 2000; Jernberg & Booth, 2001). 치료놀이는 인간행동에 있어 1차적인 동기인 관계를 향한 욕구를 충족하고 회복하는 것을 돕는 것으로 관계 맺는 능력을 향상하는 데 의의를 두어, 생의 초기의 관계로 되돌아가서 그 관계를 더욱 건강하고 보다 안정적으로 형성하려고 한다(Munns, 2000). 그래서 치료놀이 과정에서 치료자는 아동과 부모의 내적 작동모델을 이해하고 이를 보다 건강하고 바람직한 모델로 변화시키는 것을 치료 전략으로 삼는다.

치료놀이의 근본적인 접근은 건강한 부모-자녀관계의 상호작용에 초점을 두어 긍정적인 상호작용을 가능한 최대한도로 재생시켜(Munns, 2000; Jernberg, 2001),

치료자가 놀이를 통해 의미 있는 접촉을 함으로써 아동에게 만족스러운 상호작용 및 즐거움과 신뢰감을 경험하게 하고 긍정적인 자아상을 수립하여 자신감을 강화시킬 수 있도록 하는, 성인이 주도하는 활동 위주의 단기적이고 구조화된 놀이형태이다(Booth & Lindaman, 2005; Jernberg & Booth, 2001).

## 2. 치료놀이 준비

### 1) 치료놀이 특성

#### (1) 접촉을 사용하기

치료놀이는 항상 접촉의 중요성을 강조한다. 마이로우(Myrow, 1997)는 접촉의 중요성을 설명하면서 "보호자가 사랑을 담아 아동을 어루만질 경우, 아동의 자아에 대한 감각이 발달하고 나아가 다른 사람들과 관계 맺을 수 있는 능력이 발달한다."고 하였다. 접촉은 인간의 경험에 있어 기초가 되고, 아동은 접촉을 통해서 휴식과 편안함을 느낄 수 있으며, 그것을 바탕으로 안정된 애착을 키울 수 있다.

#### (2) 성인이 책임지기

치료놀이는 치료자가 아동을 따르기보다는 성인이 전적으로 자신있게 놀이활동을 주도한다. 치료놀이 세션을 어른이 책임져야 하는 이유는 적절히 규정된 한계나 범위를 통해 안전을 보장하고자 하는 데 있다.

#### (3) 관계성을 발전시키기

치료놀이는 인간행동에 1차적으로 동기를 부여하는 것이 바로 관계를 향한 욕구라고 가정한다. 치료놀이는 부모를 치료 세션에 참여시킴으로써 아동을 이해하고 욕구를 알게 되어 결과적으로 현재의 문제를 파악하고, 새롭고 긍정적으로 아이와 관계 맺는 방법을 배울 수 있게 한다.

#### (4) 퇴행욕구를 만족시키기

아동의 퇴행하는 욕구에 반응을 해주는 것은 건강한 상호작용을 위한 정상적인 관계를 다시 시작하는 필수 단계이다. 위니컷(Winnicott)에 따르면 치료 과정의 효과는 일차적으로 언어적 해석에 있는 것이 아니라 아동이 실패한 환경의 바로 그 시점으로 돌아가 초기 발달에서 충족되지 못한 욕구를 충족시켜 주는 것이라고 주장했다. 또한 이렇게 퇴행하려는 경향은 아동이 가진 자기 치유를 위한 능력의 일부라고 설명하였다.

#### (5) 긍정적 시각을 갖기

치료놀이에서는 즐겁고 긍정적인 관계를 통해 아동이 스스로를 새롭게 바라볼 수 있는 시각을 갖도록 한다. 각각의 아동이 지니고 있는 긍정적인 성격을 발견해 주고 아동을 있는 그대로 수용하고 그들의 모든 것을 가치 있게 여긴다. 따라서 아동은 세상에 대한 새로운 시각을 갖게 되며 자신의 자아상과 세계관, 태도도 변화시키게 된다.

#### (6) 놀이를 이용하기

여기에서의 놀이의 의미는 장난감이라는 매개물이 아니라 부모와 아동이 함께하는 초기단계의 놀이를 뜻한다. 즉, 부모가 아동과 함께 즐기는 관계에 참여하도록 하는 지금-여기의 신체적이면서도 구체적인 놀이이다. 이러한 놀이는 아동에게 안정된 애착을 형성하도록 한다.

#### (7) 감정이입(공감)을 발전시키기

치료놀이에서는 부모나 중요한 타인이 아동의 감정뿐 아니라 행동을 이해하고 이에 알맞게 대응하도록 돕는다. 어머니와 아동 간에 이루어지는 감정의 조율은 아동에게 타인의 감정을 인식하게 하고 다른 사람에 대한 감정이입적 능력을 갖게 한다.

치료놀이는 상호작용적 활동을 통하여 이러한 능력을 갖도록 도와 아동들이 상호작용할 때 적절한 반응을 하도록 돕는다.

### 2) 치료놀이의 원리

전버그(Jernberg)는 정상적 가정의 부모-자녀관계에서는 따뜻함과 즐거움이 있다는 사실에 주목하여, 놀이 장면에서 관찰된 내용들을 기본적인 4가지 차원(dimension)으로 분류하고 즐거움을 첨가시켰다. 치료놀이는 장난감이 필요 없으며 대신 아동이 성인과 인간적인 상호작용을 하면서 재미있게 경험할 수 있는 활동에 초점을 두어 치료자 자신과 아동 자신을 치료적 도구로 활용한 것이다. 치료놀이의 원리에는 구조(Structure), 도전(Challenge), 개입(Engagement), 양육(Nurture), 즐거움(Playfulness)으로 구성되며, 매 치료놀이 세션마다 활동으로 활용된다.

### (1) 구조(Structure)

일반적으로 아이들의 일상생활에는 일정한 수유와 수면과 같은 시간들이 있듯이 거기에는 어떤 질서와 리듬이 있다. 아동은 자라나면서 해도 되는 것과 해서는 안 되는 것들에 관한 규칙을 배움으로써 부모나 성인으로부터 예측과 안전에 대한 감각을 갖게 된다. 치료놀이에서 치료자는 활동내용을 계획하고 주도하고 책임을 짐으로써 아동에게 치료시간은 보호받고 안전하다는 느낌을 갖게 해준다. 각 세션에는 명확한 시작과 끝이 있고, 어느 누구에게도 상처를 입혀서는 안 된다는 것과 같은 규칙들이 있다. 또한 구조를 통해서 아동은 세상이 항상 재미만 있는 것이 아니라 규제와 규칙도 있음을 알게 되고, 이를 통해 아동은 아동답게 성장함으로써 자기의 역할을 잘 수행할 수 있는 성인으로 성장할 수 있게 된다. 그러나 구조는 처벌하지 않으며, 재미있는 놀이를 통해 아동의 자존감을 증대시키면서 수용적으로 이루어져야 한다. 아동에게 자신을 통제하는 방법을 가르쳐 주며, 외적인 무질서를 극복하여 내적인 질서를 갖도록 해 준다.

구조는 '나와 함께 있으니까 너는 안전해' 라는 메시지를 주며, 특히 내적 조절 능력이 부족한 충동적인 아동, 과잉행동을 하는 아동, 무엇이든지 자기 마음대로 하려는 폭군 같은 아동에게 적합하다.

### (2) 도전(Challenge)

아이들은 생의 초기에 새로운 것을 배우려 하고, 새로운 음식을 먹고 새로운 장소에 가려고 하면서 미지의 세계에 대한 끊임없는 도전을 한다. 이런 새로운 세계에 대한 호기심은 아동에 대한 만족감과 더불어 자신의 능력에도 도전하게 한다. 치료놀이에서는 아동에게 그 연령에 적절한 위험을 준다. 예를 들어, 걸음마기의 아이가 넘어지고 다치면서도 다시 일어나서 걷고, 밥풀을 온몸에 묻히면서도 숟가락질과 젓가락질을 계속하며, 쌓았다 부수었다 탑 쌓기 놀이를 반복하면서 재미와 충족감을 느끼는 것은 도전의 대표적인 행동이다. 여기서 중요한 점은 도전행동이 그 아동의 능력 범위 안에서 시작되어야 한다는 것이다. 이는 아동으로 하여금 실패의 경험보다는 성공적인 경험을 통해 자존감을 향상시키기 위함이다. 치료놀이에서는 아동에게 그 연령에 적절한 위험을 줌으로써 성취감과 유능감을 가질 수 있도록 할 뿐만 아니라 긴장감을 해소하므로 즐거운 상호작용 속에서 건전한 정신적 기능을 증진시킬 수 있다.

도전이 주는 메시지는 '넌 할 수 있어'와 같은 자신감이다. 도전활동은 울분을 풀어 주어야 할 아동들, 즉 과보호로 인해 소심하고 겁 많고 위축되어 있거나 불안하고 초조한 아동, 공격적 아동들에게 적합하다.

### (3) 개입하기(Engagement)

안정적인 애착을 형성하는 부모들은 아이와 관계를 유지하기 위해 민감하고 다양한 상호작용 반응을 보인다. 부모들은 간지럽히기, 목마 태워주기, 까꿍놀이 하기, 비행기 태워 주기 등의 다양하고 즐거운 방법들로 아동과 상호작용을 이끌어낸다. 이러한 활동을 통하여 아동은 흥분, 재미, 예상치 않았던 기대를 통해 세상은 안전하고 살 만한 곳이라고 느끼게 되는 것이다. 이런 즐겁고 감각적인 놀라운 활동은 건전한 자아를 발전시키기 위해 필요한 초기 활동을 재창조한 것이다. 이러한 개입활동은 치료놀이 초반에 필수적으로 제공된다.

개입은 '나와(부모와) 노는 것이 재미있지? 다른 사람과 노는 것도 재미있어!' 라는 메시지가 들어 있다. 이것은 모든 아동에게 필요하지만, 지나치게 위축되고 경직된 아이들 또는 자폐아와 같이 보호막을 높이 치고 있는 회피적 아동들에게 주로 사용된다.

### (4) 양육하기(Nurture)

부모는 아이에게 먹여 주고, 흔들어 주고 얼굴을 비비기도 하고 쓰다듬고 껴안고 눈을 맞추는 등의 다양한 방법을 통해 아이에 대한 사랑과 돌봄을 표현한다. 양육은 모든 아이들에게 필수 사항이다. 아이가 스스로 가치 있고 사랑스럽고 안전하다는 느낌을 갖는 것은 바로 이 양육을 통해서 이루어진 것이다. 양육이 주어지지 않으면 생존이 위태롭게 된다.

아동은 양육활동을 통해 안도감, 안정감, 편안함을 느끼게 된다. 양육활동을 통해 아동은 스스로 가치 있고, 사랑받고, 안전하다는 느낌을 갖게 되며, 결핍된 돌봄의 포근함과 정서적 충족감을 경험하게 된다. 아동들이 잘 자라기 위해서는 질 높은 양육을 받아야 한다. 그런 이유로 치료놀이에서는 아동에게 매 세션마다 양육을 제공한다. 치료놀이에서 치료자가 아동에게 로션이나 파우더 발라 주기, 먹여 주기, 이불썰매 태우기 등의 양육적인 활동을 제공하는데, 이것은 충족되지 못한 사랑과 의존 욕구를 채워 주고 세상을 보다 따뜻하고 안전한 곳으로 느끼게 해 준다. 양육적인 활동을 통해 아동은 다소 퇴행적이지만 결핍된 애정을 충족 받으므로 자신이 소중하고 사랑스럽다는 긍정적 내적 표상을 형성하게 된다.

양육은 '너는 사랑스럽다. 사랑받고 칭찬받고 싶지? 사랑과 보살핌과 칭찬이 필요할 땐 얼마든지 내게 의지해도 돼!' 라는 메시지가 들어 있으며, 모든 아동에게 필요하지만 특히 공격적이고, 과잉행동적이며, 조숙한 척하는 아동, 어린 시절의 경험 없이 지낸 애어른과 같은 아동에게 유용하다.

#### (5) 즐거움(Playfulness)

아이들은 노는 것을 좋아한다. 치료놀이의 모든 활동들은 게임이나 아이들이 쉽게 참여할 수 있는 재미있는 방법들로 이루어진다.

### 3) 치료놀이 배경 이론

치료놀이는 대표적으로 애착이론(attachment theory), 대상관계이론(object relations theory), 접촉이론(touch theory), 자아심리학(ego psychology)에 기초를 두고 관계에 대한 인간의 기본적 욕구를 다루면서 생의 초기 건강한 부모-자녀관계를 회복하는 데 목적이 있다.

#### (1) 애착이론

애착이론(attachment theory)의 창시자인 볼비(Bowlby)는, 애착이란 가장 가까운 사람과 연결되어 있는 강렬하고 지속적인 정서적 유대관계라고 정의하였다. 애착관계는 생후 1년 동안 양육자와 형성하는 특별한 형태의 사회관계 경험으로서 이후의 아동의 정서 · 사회성 및 성격발달의 기초가 된다. 생의 초기에 아동이 주 양육자와 맺은 관계는 이후에 모든 대인관계 형성의 원형이 되며, 안정애착이 형성된 아동은 타인을 신뢰하게 되고, 자신감 있고, 사람과의 관계를 잘 맺는 사회적으로 유능한 아동으로 성장할 수 있다. 즉, 생의 초기에 부모가 아동의 신호에 민감하고 일관된 반응을 보여주면 아동은 안정된 애착을 형성하여 애착 대상을 세상을 탐색하는 안전기지로 사용한다. 아동은 애착 대상과의 상호작용 경험을 통해 내적 작동모델(internal working model)을 발달시킨다. 내적 작동모델은 아동이 성장하면서 자신과 타인, 세상과의 관계를 맺는 기본적인 틀을 제공할 뿐 아니라 애착 유형의 세대간 전이에 중요한 역할을 제공한다.

볼비의 이론을 발전시킨 에인스워스(Ainsworth)와 그의 동료들은 엄마와 아기가 분리와 재결합하는 '낯선 상황(strange situation)' 실험을 통해 애착의 유형을 '안정애착', '회피애착', '양가적' 유형으로 분류하였고, 그 후 메인(Main)과 솔로몬(Solomon, 1990)에 의해 '불안정 혼돈 애착' 유형이 첨가되었다. 이러한 분류는 영아의 행동적 요소뿐만 아니라 정서적 요소를 이해하고 부모-영아 관계에 대해 생후 첫 3년과 그 이후까지도 이해하는 데 도움을 준다.

이러한 애착 유형은 지속될 뿐만 아니라 항구성을 갖는다. 즉, 이러한 4가지 애착 유형은 유사한 패턴을 보이며 성인의 대인관계 유형으로 자리 잡게 된다.

- 안정애착(Secure Attachment)

친숙하지 않은 성인과 놀지 않으며 놀이와 탐색을 하지 않다가, 엄마가 곧 돌아오면 영아는 엄마와 신체적 접촉을 하며, 이내 안도감을 느끼며 편안히 놀이와 탐색을 한다. 이는 부모들이 아기의 요구에 민감하게 반응하고 아기가 스스로 노는 것을 충분히 허용한 경우이다. 안정애착을 형성한 아이는 주변환경에 지나치게 동화되지 않으며, 자존감이 높으며, 타인에 대해 신뢰도가 높아서 대인관계에서 온정적이며 리더십이 있고 사회적 기술을 더 많이 보인다.

- 성인 유형: 부모 자신의 아동기의 애착관계가 긍정적, 일관적, 자율적인 내적 표상을 가지고 있다.
- 성인 성격: 긍정적, 자율적, 자존감 높고, 타인 신뢰감 높고, 대인관계 온정적이다.

● 불안정 회피애착(Insecure-Avoidant Attachment)

회피적 행동을 보이는 영아는 낯선 상황에서 어머니가 떠나는 것에 대해 별 반응을 보이지 않는다. 오히려 방에 남아 있는 낯선 성인에게 친근감을 보인다. 이러한 영아는 엄마가 방에 다시 들어와도 무시하고 다가가려 하지 않는다. 이는 자신이 거절(rejection) 당할 것이라고 예상하기 때문이다. 따라서 이 유형의 아동은 다른 사람의 사랑과 지지 없이 인생을 살아가고자 하는 성향을 가지며 정서적으로 자아만족하려 할 것이며, '거짓 자아 타입'을 갖는 사람이 되기 쉽다. 이것이 지속되면 이 유형의 아이는 강박관념에 사로잡히는 것부터 비행에 이르기까지 다양한 인격장애의 형태로 나타날 수 있다. 이 유형의 어머니는 아기의 요구에 둔감한 편이며 신체 접촉이 적고 아기를 거부하는 듯한 반응을 보인다.

회피적 영아의 행동은 스트레스가 없어서라기보다는 엄마와의 분리에서 받는 스트레스를 회피하기 위한 방어적 전략으로 해석된다. 즉, 회피적인 영아가 더 자주 억압된 분노심을 입술 깨무는 표현으로 나타냄이 발견되었다. 다시 말해, 안정된 애착의 영아보다 더 엄마에 대한 분노로 엄마를 괴롭혔다.

- 성인 유형: 방어적, 자신의 부모를 이상화하고 아동기의 기억을 잘 할 수 없는 형태이거나 모순적으로 나타낸다. 중요한 타자와 부정적 경험으로 부정적 이미지를 가지고 있으나 자신을 보호하기 위해 자신에 대해서 긍정적인 이미지를 가진다.
- 성인 성격: 자존감이 높고, 대인관계에서는 적대적이고 차가운 경향이 있다.

● 불안정 저항애착(Insecure-Resistant Attachment)

엄마가 있어도 잘 울고 보채지만 떠나면 극심한 불안을 나타낸다. 엄마가 돌아오면 화를 내면서도 다가가서 안겼다가 이내 밀어버리는 양극적인 반응을 보인다. 이 유형의 부모는 아기의 요구에 무감각하고 부모가 감정기복이 심해서 비일관적인 양육을 해서 아이에게 불안감을 줄 수 있다. 즉, 부모의 비일관적인 양육행동은 아이로 하여금 부모에 대해 양가적 행동을 심하게 나타나게 할 수 있다. 불확실성 때문에 이 유형의 아이들은 오히려 엄마에게 집착하려는 경향이 있을 수 있는데, 이는 엄마를 신뢰해서 붙어 있는 것이 아니라 못 믿어서 붙어서 계속 확인해야만 안심이 되기 때문이다. 이런 유형의 아이는 커서 심리적으로 불안정하여 쉽게 당황하고 화를 잘 내고 감정통제가 안 되어서 대인관계에서도 쉽게 충돌이 일어날 수 있다.

이 유형의 부모는 안정애착의 영아나 회피유형의 영아보다 영아의 울음에 대해 상관하지 않았고 반응하지도 않았다. 인터뷰 결과 양가적 영아의 부모들은 그들의 부모에 대해서 수동적 입장을 취하거나 혹은 분노심을 가지고 있음이 나타났다.

- 성인 유형: 의존적이며 일관적이지 못하고 혼란스러운 요소가 많다.
- 성인 성격: 자기와 타인 모두에 대해 부정적 이미지를 갖고, 대인관계도 주장성이 부족하며 내향적이다.

● 불안정 혼돈애착(Insecure-Disorganized Attachment)

불안정 애착이면서 회피, 저항의 어느 한쪽에도 포함시키기 어려우며, 상실, 트라우마, 정신병리의 가족 맥락에서 다루어진 경우가 많다. 이 유형의 아동은 부모에 의해 신체적 학대를 받거나, 변덕스럽고 예상할 수 없는 방식으로 다루어진 경우가 많다. 이러한 아동은 멍하게 있거나 부동자세로 얼어 있거나 상동행동을 보이는 등의 행동 특징을 보인다. 특히 우울증 부모, 유기된 부모, 알코올 중독 부모의 영아에게서 이러한 혼돈애착 유형이 더 많이 나타났다. 중요한 타인과의 부정적 경험에도 불구하고 타인을 여전히 안전감의 토대로 생각하며 지나치게 의존하거나 이상화시키는 경향이 있으며, 자기는 무가치하게 느낀다.

이상과 같이 영아기 애착발달은 성인기의 대인관계 유형으로 확장되면서 애착의 유형이 되물림됨을 알 수 있다. 치료놀이는 부모와 자녀가 안정애착을 재형성하는 과정이다. 치료놀이에서는 아이와 치료자의 관계에 집중하며, 적극적인 신체 접촉을 통해 불안정애착아가 안정애착을 갖도록 도와서 자신과 타인을 신뢰하고, 세상이 신뢰할 수 있고 살 만한 가치가 있는 곳이라는 믿음을 주는 데 목적이 있으므로, 치료자는 아이의 신호에 민감하고 일관적이며 안정을 줄 수 있어야 한다.

### (2) 대상관계이론

대상관계이론에서는 인간이 영유아기 동안 중요 타인과의 상호작용을 통해 맺게 되는 관계가 이후 타인과의 관계 패턴을 형성하게 된다고 본다. 대상관계이론에서는 생애 초기에 형성된 관계 패턴은 이후 모든 인간관계의 패턴으로 재발되는 경향이 있음을 가정하고 있다.

대상관계란 인간관계 또는 대인관계 심리학의 특성을 지니는데, 기존의 정신분석학이 인간을 근본적인 본능적 욕구에 의해 살아가는 존재로 본다면, 대상관계이론은 인간을 근본적으로 대상과의 관계에 의해 살아가는 존재로 본다는 점에서 명백히 다르다. 여기서 '대상'이란 정신적 산소를 제공하는 사람이나 사물, 관념 기억 등을 말하는데, 대개의 경우 무생물보다는 자기와 관계를 맺은 사람을 지칭한다. 즉, 아이는 어머니와 상호작용하면서 점차 대상의 상(image)을 내면화시켜 내적 대상을 갖게 되고, 그것이 다른 사람과의 관계를 결정하는 준거틀로 기능하게 된다. 따라서 부모와 아이가 충분히 좋은 양육과 정서적인 공감을 맺을수록 자아표상과 타인표상의 자료로 긍정적인 상을 제공받게 된다.

위니컷(Winnicott, 1971)은 생의 첫 6개월간을 절대적 의존기로 보았다. 이 시기는 아기가 어머니에게 전적으로 의존하는 상태로, 아기와 어머니는 하나의 몸과 같다. 이 시기의 부모의 역할은 '버텨 주는(안아 주는) 환경(holding environment)'이 중요하다. 이 시기에 어머니와 관계가 만족스럽지 못하면 아이는 안정적인 정서발달을 이룰 수 없을 뿐 아니라, 이후의 대인관계가 불안정하며, 병리적인 양상을 나타낼 수 있다. 자라면서 자신의 욕구를 완전하게 채워 주지 않는 부모를 발견하게 되면서 아기는 자신과 외적 실체(환경)를 분리해 나가게 된다. 즉, '이 정도면 괜찮은 어머니(good-enough mother)'는 '완벽한 어머니(perfect mothering)'를 뜻하는 것이 아니라 적절히 좌절도 제공하면서 존재하는 어머니(existing mother)의 역할을 의미한다.

대상관계이론을 바탕으로 치료놀이 활동은 아이의 생활연령보다는 현재 아이의 정서적인 단계에 맞추어 조정하고 아이의 욕구에 공감적으로 반응하고 격려하며, 자신과 타인에 대한 내적 표상을 부정적인 것에서 보다 긍정적인 것으로 바꾸는 것이 된다(Booth & Lindaman, 2005). 자신이 사랑스럽지 못하다는 자기상을 갖고 있는 사람들(부모의 무관심과 비난 속에 자란 아이)은 다른 사람들에게 확실하게 인정받음으로써 이런 참을 수 없는 느낌에서 벗어나려고 필사적으로 노력한다(Marrone, 2000). 그러므로 서로가 거울이 되어 주고 행동을 되돌려 주고, 메아리쳐 주는 치료놀이 활동을 통해서, 거짓자기로 숨겨져 있는 아이는 다른 사람을 통해서 참자기를 발견하고 참자기 속에서 다른 사람을 발견하면서 공감의 힘을 실감하며 건강성을 회복할 수 있다. 치료놀이 활동은 아이의 자아가 통합되고 성숙해 가며 초기 부모-자녀관계의 기본원리인 양육, 구조, 개입, 도전의 원리를 아이에게 제공함으로써 참자아를 자리 잡게 해준다고 볼 수 있다.

### (3) 접촉이론

볼비(Bowlby)는 애착은 본능이며, 내적 동기를 가진 행동의 근원이며 생존만큼 중요하고, 애착 행위는 스트레스를 경감시켜 주고, 이러한 스트레스 경감은 대개 신체적 접촉에 의해 가장 잘 달성된다고 했다(Booth & Lindaman, 2005). "접촉은 처음에는 생존을 가능하게 하고, 다음으로는 삶을 의미 있게 한다."고 했듯이, 초기 자아의 발달은 신체에 대한 인식으로부터 시작되며, 신체에 대한 초기 지각을 신체적 자아라고 하는데, 이것은 믿을 만한 성인과의 접촉을 통해 이루어진다(Brazelton, 1990). 신체에 대한 긍정적인 인식은 신뢰하는 성인과의 신체 접촉을 통해서 이루어지며, 타인과의 상호작용에 있어 중추적인 의사전달의 통로이다. 즉, 신체적 자아의 발달이 선행되어야 심리적 자아가 발달된다(Leyendecker, Lamb, Fracasso, & Scholmetich, 1997).

브로디(Brody, 1993)는 심리적으로 건강하지 못한 아이들은 자아정체성, 자기확신을 거의 갖고 있지 못함을 지적하였고, 아이의 심리적 건강을 촉진하기 위하여 신체 접촉을 통해 아이 스스로 자아를 발달시킬 수 있도록 도와주어야 하는데, 접촉하기 위해서는 먼저 기꺼이 접촉 받는 것을 경험해야 한다고 주장하였다.

먼스(Munns, 2000)는 공격적, 파괴적인 아이들에게 접촉이 매우 효과적이라고 주장한 바 있다. 문제행동을 가진 아이들은 자기 돌봄, 접촉에 의해 만들어진 핵심자아가 없기 때문에, 이들은 타인을 파괴하는 충동적 행위를 통해 관심을 끈다고 보았다. 그래서 이들을 위해서는 접촉하고 안아 주고, 안고 흔들어 주어 아이로 하여금 긴장을 풀게 하고, 자신의 신체를 느끼게 하며 부모와 자녀 사이의 친밀함을 만들어 내야 한다는 것이다.

또한 제임스(James, 1994)는 마음에 상처를 받은 부적절한 신체 접촉을 경험한 아이들은 긍정적인 신체 접촉에 노출되어 접촉이 안전하고 즐거울 수 있다는 것을 배울 필요가 있다고 주장했다. 이와 같이 많은 학자들은 신체 접촉이 심리·사회적 발달에 관련되어 있고(Brody, 1993; Ford, 1993; James, 1994; Munns, 2000), 아이들이 사람들과 친해지는 기술을 발달시키기 위해서는 긍정적인 접촉을 필요로 한다

(Munns, 2000, 재인용)고 주장한다.

치료놀이의 핵심은 '접촉' 이다. 치료놀이에서 접촉은 자연스러운 눈맞춤, 부드러운 손길, 편안하고 안정된 신체 접촉을 통해 긍정적으로 공유할 수 있는 정서를 경험하게 하여 치료자와 아동, 그리고 부모와 자녀 간에 건강한 관계를 형성할 수 있게 하는 중요한 도구로 쓰인다.

#### (4) 자아심리학

인간은 출생 후 타인과 관계를 맺는 동시에 자신과도 관계를 맺는다(Kohut, 1972). 생애 초기 단계에서 자아는 중요한 타자와의 단순한 관계경험에서 시작되다가 아이가 성장하면서 자아는 점차 복잡하고 다양한 관계 양상을 통해 자아의 구조 속에서 여러 가지 표상들로서 통합된다.

자아심리학에서는 '자아' 의 힘을 강조한다. 자아심리학에서 자아의 역할은 새로운 학습을 통합하고 의사결정을 감독하고 외부세계에 적응하기 위해 조절하는 기능을 한다. 자아의 기능은 현실 검증력, 충동조절, 판단력, 사고력, 통합력, 숙달력, 방어기능 등이 있다. 이러한 자아의 기능에는 생애 초기 부모-자녀관계가 중요한 역할을 한다. 아이는 부모와의 관계 경험을 통하여 건강한 인격을 형성할 수 있게 된다. 그러므로 부모는 아이가 건강한 자아를 가질 수 있도록 적절한 '대상' 이 되어 주어야 한다.

치료놀이는 치료자와 아동의 관계를 중요하게 생각한다. 또한 치료놀이는 놀잇감이나 장난감이 전혀 필요 없이 치료자가 치료적 도구로서 역할을 하여 내담자인 아동에게 중요한 타인으로서 아동의 자아의 힘을 증진시키는 대상이 되어야 한다.

### 4) MIM

#### (1) MIM 개요

마샤 상호작용 방법(Marschak Interaction Methord)은 부모와 자녀 간의 관계 측면을 관찰하고 평가하는 구조화된 기법으로, 예일(Yale) 아동연구센터에서 마리안 마샤(Marianne Marschak, 1960)에 의해 고안되고 마샤의 딸인 전버그(Jernberg, 1979)에 의해 현재의 형태로 발전되었다. 이는 부모와 자녀 간의 상호작용 방식을 관찰하고 현재 부모-자녀관계의 긍정적인 측면과 부정적 측면에 대해 평가할 수 있는 '유대감 평가'를 제공하는 진단도구로, 내담자를 진단하고 치료 과정을 계획하는 기초 자료로 활용되며, 치료 전·후를 비교할 때 치료 효과를 측정하는 지표로도 제공된다.

MIM은 부모-자녀 간의 다양한 관계 양상을 측정하기 위한 양적이고 체계적으로 구조화된 기법으로 주도적 행동, 탐색행동, 스트레스 조절, 애착 증진의 네 가지 차원에 따라 다양한 행동들을 끌어내기 위한 일련의 과제들로 구성되어 있다(Dipasquale, 2000).

MIM은 부모와 자녀 간의 관계를 통찰할 수 있는 치료놀이와 같은 활동을 제시한다. 과제들은 가족 내에서 관계 패턴들(예를 들면, 아동을 어떻게 지도하는지? 누가 통제하는지? 가족 간의 애정표현과 반응은 어떻게 하는지? 즐겁게 노는지, 아닌지?)을 알아낼 수 있는 수단으로 제공되며, 치료자는 이를 사정함으로써 치료계획을 세우는 데 바탕이 된다.

* MIM 실시

부모와 자녀는 선이 그어진 낮은 테이블 옆에 나란히 앉도록 권한다. 테이블 위에는 카드(활동 지시)가 뒤집어져 놓여 있으며, 한 장 한 장의 지시문에 따라 부모와 자녀가 활동을 전개한다. 필요한 활동자료는 책상 옆 바구니에 준비해 놓는다. 영아나 걸음마기 아기는 바닥 위에 매트나 담요를 깔고 앉아 진행할 수 있다. 이 모든 세션은 비디오 녹화를 해야 하며, 부모의 서면 허락을 받아야 한다. 활동카드는 대개 7~10개 정도로 4원리로 구성하되, 초기면접과 가족사와 현재 문제를 근거로 선별된다.

### (2) 과제 선별

MIM 평정척도는 치료놀이의 구조, 도전, 개입, 양육의 네 가지 요소의 상호작용의 질에 대해 측정할 수 있도록 되어 있을 뿐만 아니라 부모의 감정이입 능력, 긴장감소 능력, 즐거움이 다 나타날 수 있어야 한다.

① 구조: 자녀에게 제한을 설정하여 안전하고 예측 가능한 환경을 제공하는지에 대한 부모의 능력을 평가하는 것이다.

과업의 예) 아동이 성인의 그림을 따라 그리기, 블록을 주고 부모와 똑같이 따라하기 등

② 도전: 아동의 연령에 적합한 기대와 자극을 주고, 성취 노력을 지지하고 격려하는지 등에 대한 부모 능력을 평가하는 것이다.

과업의 예) 블록 주고 부모와 똑같이 따라하기, 부모가 아동에게 모르는 것 가르쳐주기 등

③ 개입: 부모가 자녀를 활동에 끌어들이는 능력과 적절하게 독립성을 허용하면서 아동을 활동에 몰입하고 상호작용에 임하게 하도록 하는 부모 능력을 평가하는 것이다.

과업의 예) 친숙한 게임 하기, 서로 모자 씌워 주기 등

④ 양육: 아동을 잘 양육하고 성장욕구도 충족시켜 줄 수 있는지에 대한 부모의 능력을 평가하는 것이다.

과업의 예) 서로 먹여 주기, 네가 아기였을 때…, 로션 발라 주기, 파우더 발라 주기 등

### (3) MIM 평가하기

관찰해야 할 내용은 다음과 같다.

부모가 아이와 어떻게 잘 조율하는지? 아이가 부모에게 어떻게 반응하는지? 과업에서 필요한 것을(개입, 조절, 격려, 위안 등) 부모가 어떻게 제공하는지? 아동은 이 모든 것을 얼마나 잘 받아들이는지? 가족의 문제 패턴 파악, 부모는 양육을 할 때도 아동 중심으로 생각하는지? 아니면 일방적으로 부모 중심으로 활동하는지? 어떤 활동들을 오래하는지? 반면 어떤 활동을 빨리 끝내는지? 또한 부모의 참견 없이 아동 스스로 과제를 수행하도록 하는지? 아동이 필요할 때 격려받고 일을 완성했을 때 칭찬을 받는지? 부모는 아동의 스트레스 원인이 무엇인지 지각하고 잘 대처하는지? 부모는 아동의 발달단계를 지각하고 적절한 대처를 하는지? 아동은 부모 지시를 잘 따르는지? 혹은 권위를 무시하고 자기가 하고 싶은 것을 하는지? 부모는 규칙을 엄중

히 따르도록 엄격하고 완고한지? 아니면 아동이 긴장을 풀고 재미있게 하도록 허용하는지? 부모와 아동 간의 신체 접촉 혹은 눈 맞춤을 하는지? 만약 그렇다면 어떤 시간에 그렇게 하는지?

이와 같이 MIM 실시 중에 나타나는 언어적 표현 또는 비언어적 표현도 모두 다 기록해야 한다. 관찰실(일방경)에서 기록하거나 여의치 않으면 MIM이 끝난 직후 비디오테이프를 보며 정리 · 기록한다. 비언어적 표현은 특히 세심하게 파악되어야 한다. 둘이 서로 마주쳐다보는지, 언제 쳐다보는지, 쳐다볼 때는 미소를 짓는지, 언제 웃는지, 찡그리는지, 이런 모든 행위들이 적절한 시기에 이루어지는지 등에 대해 세심하게 관찰하고 기록하는 것이 중요하다.

### (4) 부모에게 피드백 주기

MIM이 끝나고 나면 부모와 상담시간을 가짐으로써 부모가 자신의 행동과 자녀의 욕구를 이해할 수 있도록 도움을 준다.

- 부모는 어떤 활동이 가장 좋았나요? (그 이유)
- 부모는 어떤 활동이 좋지 않았나요? (그 이유)
- 아동이 가장 좋아하는 활동은 어떤 것이라고 생각합니까? 그 이유는?
- 아동이 가장 좋아하지 않은 활동은 어떤 것이라고 생각합니까? 그 이유는?

치료자는 이와 같은 질문을 통해 부모와 아동이 활동에 대해 갖는 의미를 이해하고 부모가 아동에 대해 민감하게 욕구를 읽을 수 있는지도 파악할 수 있다.

또한 부모에게 피드백을 줄 때 다음의 사항을 유의하는 것이 좋다 .

- 먼저 부모의 긍정적인 행동이나 태도를 지지해 주는 것이 좋다.
- 아동이 부모의 요구에 따라하지 않을 때 부모는 어떤 기분이 들었는지를 물어서 부모의 느낌을 찾아 줄 필요가 있다.
- 아동이 어떤 행동을 할 때 그 이면의 욕구가 무엇이라고 생각하는지를 물어서 아동의 욕구를 읽어 줌으로 아동을 이해하는 데 도움을 주어야 한다.
- '아동이 대체로 이런 행동을 하는지? 어떤 경우에 이런 행동을 하는지?' 등의

질문을 통해서 아동의 행동 패턴을 파악할 수 있도록 질문하여 향후 부모 스스로 자녀의 행동을 이해하는 데 도움을 줄 수 있다.

### 5) 치료놀이 과정

치료놀이는 크게 다섯 단계로 구성되며, 각 단계는 아동의 연령과 문제 유형에 따라 다소 달라질 수 있다. 매 회기별 치료 과정은 시작단계, 본 활동단계, 마무리 단계로 나누어진다.

#### (1) 치료놀이 과정

- 도입 및 탐색단계

도입단계에서 치료자가 먼저 아동에게 다가가고 치료놀이에 대해 적극적이며 재미있게 소개하는 단계이다. 첫 회기에는 "성표야, 안녕!", "나는 이미숙 선생님이란다." "우리는 일주일에 한 번씩 이 방에서 30분씩 만나서 놀 건데, 이 방에서는 누구도 다쳐서는 안 된다."라고 분명하고 단호하게 말함으로써 사례구조화하여 치료자 소개, 치료 시간, 장소, 규칙 등을 알려 주어야 한다. 또한 "앞으로 우리는 신나고 재미나게 놀 거란다."라는 이야기로 앞으로 치료가 재미있는 활동 위주로 이루어짐을 예측하게 한다. 또한 "반짝반짝한 눈을 오늘도 가지고 왔구나!", "여기 상처 난 곳이 있구나!" 등 매 회기마다 탐색활동으로 내담자 아동의 기분이나 상처, 변화된 모습을 점검하는 시간을 가져서 라포르를 형성해 간다. 그래서 아동으로 하여금 치료시간이 재미있고 안전하다는 인식을 갖게 한다. 탐색단계는 아동과 치료자가 활발하게 서로를 알아가는 과정으로, 누구 손이 더 큰지, 누구 머리카락이 더 검은지, 누구 근육이 더 탄탄한지, 누구 발톱이 더 긴지 등의 활동을 한다. 이런 탐색활동 과정에서 아이는 자신을 새롭게 바라보게 되고, 때로는 자신이 반항적인 순간에도 사랑스럽다는 것을 인식하게 되며, 아이는 치료자의 성격, 얼굴 생김, 목소리 등도 파악하게 된다.

- 불확실한 수용단계

불확실한 수용단계에서 아이는 '놀이'를 하는 척하거나 실제로 놀이를 하기도 한다. 하지만 이 모습은 거짓된 참여(pseudo involvement: 참여를 가장한 채 하는 경우, 다시 말하면 확실하게 진정으로 원해서 하는 그런 참여가 아닐 수도 있다)로 그 밑에는 불확실함이나 불안이 깔려 있을 수 있다. 이 기간 동안 치료자는 아동이 보이는 불확실함에 대해 민감해야 한다. 즉, 아동은 치료자에 대한 긍정적인 감정과 더불어 때때로 치료자의 태도에 대해 의심하고 시험하고자 하는 욕구가 동시에 존재한다. 이 때 치료자는 아동의 치료적 순응적 태도가 내면으로부터 진심어린 능동적 변화가 아니라 기존의 자신과 타인의 상호작용 패턴과는 '다름'을 지각한 아동의 피상적인 변화이며(신현정, 2009), 그 이면에는 깊은 갈등이 존재함을 인식해야 한다.

이 단계에서 치료자는 지속적으로 개입하고 일관적이어야 하며, 도전하며 놀라움을 주고, 양육적이면서 재미있어야 하며, 보다 더 진실하고 신뢰감 있는 관계로 나아가야 한다(성영혜, 2009).

● 저항단계

부정적 반응단계에서 아동은 친밀해지고자 하는 노력에 대해 분명하게 저항하게 된다. 즉 아동이 이전에는 수용하던 것처럼 보이던 행동들을 거부하거나 극단적으로 저항하면서 부정적인 양상을 띤다. 때로 청소년의 경우는 말없이 지각을 하거나 결석하는 행동, '시시해요', '오늘은 하기 싫어요' 라는 등 적극적으로 저항하거나 거부적인 태도를 보인다.

이 단계에서 이런 부정적인 반응을 보이는 이유를 살펴보면(Jernberg & Booth, 1999), 먼저 이런 행동은 아동이 치료를 시작하기 이전의 관계에서 받은 상처를 다시 받을 것에 대한 두려움의 표현일 수 있으며, 또한 새로운 관계에 대해 확신을 갖기 위해 시험하는 과정일 수 있다. 이러한 시험을 하는 아동의 내면에는 '치료자가 어디까지를 나를 받아 줄 수 있는지?' 에 대한 테스트의 마음과 더불어 자신의 '밑바닥까지 다 보여줘도 사랑받고 수용받고 싶은 마음' 이 포함되어 있을 수 있다. 즉, '있는 그대로' 인정해 주는지에 대해 확인받고 싶은 마음이 들어 있다. 또한 아동 스스로도 달라진 자기 모습이 진짜인지 확인해 보고 싶은 마음에서 비롯된 행동일 수도 있다. 왜냐하면 아동은 의식적으로는 변화하기를 희망하지만 무의적으로는 달라진 모습 속에서 불편함을 감지하기 때문이다. 저항하는 아동의 마음에서는 여전히 예전의 익숙한 자신에게 더 편안함을 느끼기도 한다. 그 편안함을 유지하기 위해 아동은 치료자에게도 예전의 다른 사람과의 상호작용 패턴을 반복하기를 원한다(신현정, 2009). 이때 치료자는 지속적이고 일관적으로 반응해야 하며 어떤 일이 있어도 치료자는 아동과 함께할 것이고, 혼자일 때보다 같이 있을 때 안전하고 즐거울 것이라는 메시지를 전달해야 한다(성영혜, 2009).

예를 들어, 치료자에게 욕을 하거나 공격적인 행동을 하더라도 아동을 비난하거나 무시하고 떠나버리는 것이 아니라, 그러한 부정적인 행동에도 불구하고 항상 내 곁에서 '버텨 주는 환경(holding environment)' 으로서 역할을 함으로써 아동의 저항 강도는 점차 감소되고 결국 사라지게 된다. 이 때 저항에 대한 감소의 신호로서는 슬쩍슬쩍 쳐다보는 눈길과 피부 접촉을 수용하는 모습, 미소, 토를 달면서도 치료활동에 참여하는 모습 등을 볼 수 있다.

이 저항단계 과정은 아동뿐만 아니라 부모가 이 과정을 지켜보는 것을 힘들어하기 때문에 사전에 아동의 반응이나 행동에 대해 이야기를 해 줌으로 미리 준비할 수 있도록 한다. 그리고 치료 과정을 신뢰하고 치료자와 함께 '버텨 주는(안아 주는) 환경(holding environment)' 으로서의 역할에 참여함으로써 부모 역시 긍정적인 상호작용의 새로운 모습을 확인하고 배우게 되어 향후 자녀를 어떻게 양육해야 하는지 실증적인 경험을 하게 한다.

● 성장과 신뢰단계

치료자의 따뜻하고 확고한 반응에 의해서 아동은 부정적 단계를 극복하고 성장과 신뢰의 단계로 나아가게 된다. 이 단계에서 아동은 타인과 일반적이고 상호 만족스러운 방식으로 상호작용하는 것을 경험하게 된다. 아동은 자신에 대한 확신과 타인과 세상에 대한 신뢰를 발달시키게 된다.

● 종결단계

치료놀이의 마지막 단계는 다른 치료에 비해 시간적으로는 짧지만 분명한 3단계로 이루어져 있다. 준비, 통보, 헤어짐의 세 단계이다.

① 준비: 아이의 증상이 줄어들거나 사라진다는 선생님과 부모의 보고, 또 아이가 자기 자신과 세계에 대해 존중하는 태도에 따라 치료에 도움이 되는 여러 주변 사람들을 치료놀이 세션에 끌어들인다.

② 통보: 가능하다면 치료자는 아이가 이루어 낸 성과 내에서 마무리 단계 계획을 준비한다. 예를 들면, "성표야! 이제는 선생님의 도움 없이 혼자 잘 놀 수 있을 것 같아. 선생님하고는 이제 앞으로 3번만 더 놀 거란다".

③ 헤어짐: 쫑파티 시간이 되면 아이와 헤어짐이 시도된다. 이 파티의 관심사는 아이의 주체성과 능력을 미래지향적으로 재확인하는 것이다.

### (2) 회기별 치료 과정

각 회기별 치료 과정은 매회 다음의 3단계 과정을 거친다.

● 시작단계

① 인사: 인사하는 것은 다른 사람이 자신을 발견한다는 사실에, 아동이 무한한 즐거움을 느끼게 하는 것을 목표로 한다.

② 점검: 점검단계는 아동과 치료자가 치료실에 들어서자마자 바로 일어난다. 점검행위의 목적은, 첫째, 치료자와 아동이 서로 친해지기 위해서, 둘째, 아동이 자신감을 느끼게 하기 위해서, 셋째, 아이에게 성장할 수 있고 성장하고 있다는 것을 전달하기 위해서이다.

● 본활동단계

구조활동, 도전활동, 개입활동, 양육활동이 그때그때 치료자의 계획에 따라 적절히 활용된다.

● 마무리단계

① 헤어짐: 헤어짐의 의식은 오늘의 치료활동을 즐겁게 마무리하고 새롭게 다음에 만나자는 약속이다. 헤어지는 단계의 목적은 아이와 치료자 간에 관계를 끝내버리지 않고 치료단계를 마무리지으면서 아동의 일상생활로 넘어갈 수 있도록 북돋아주기 위해서이다.

② 과도기: 과도기는 인계하기이다. 헤어지는 활동 중의 하나로 치료자는 아동을 부모에게 데려다 준다.

## 6) 집단치료놀이

### (1) 집단치료놀이

집단치료놀이는 다수의 아동에게 치료놀이를 적용하는 것으로, 모든 아동이 치료놀이의 장점을 갖기를 원했던 학교 교사들에 의해서 비롯되었다. 집단치료놀이는 루빈(Rubin)과 트리게이(Tregay, 1989)의 저서 「친구들과 함께: 교실에서의 집단치료놀이 (Play with Them: Theraplay Group in the Classroom)」를 출판하면서 더욱 의미있게 적용되어 왔다. 집단치료놀이는 학교 환경과 다른 환경, 예를 들면 병원, 일일보호센터, 정신병원, 보건소, 그리고 다른 기관들로 발전되었으며, 십대 엄마의 아기들에서부터 나이가 지긋한 연령층까지 사용되어지고 있다. 현재 우리나라에서는 학교 일반교실을 비롯하여 특수학급, 학대받은 아동의 쉼터와 같은 사회복지시설 그리고 어린이집, 유치원 등에서 이루어졌으며 그 효과성이 입증되었다.

이들 집단의 목적은 아동들이 소속감과 수용의 감정을 느끼는 가족환경을 배우는 것이었는데, 이것은 효과적으로 이루어졌다. 따라서 사회복지 기관에서도 집단치료놀이를 통하여 아동과 사회복지사들이 즐겁고 잘 돌보아 주는 공동체에서 함께할 수 있는 안전한 환경을 만들어 주게 되며, 지속적인 또래 그룹과의 관계를 발달시키는 기회를 제공할 수 있다. 또한 아동들을 하나의 가족으로 만들 수 있으며, 건강한 가족이 되었을 때 아동은 다음의 것들을 배울 수 있다(Rubin & Tregay, 1989).

- 다른 아동들과 잘 지낸다.
- 자신과 타인을 옹호한다.
- 서로 관심을 갖는다.
- 자신의 감정에 솔직해진다.
- 공감, 애정어린 보살핌, 발전적인 제안으로 다른 사람을 지지한다.

### (2) 집단치료놀이의 구성

#### ◆ 집단치료놀이 환경

● 장소

집단치료놀이를 하기 위한 최적의 장소로 특정한 물리적인 공간을 선택하는 것이 중요하다. 아이들이 안심하고 의지할 만한 공간을 선택하는 것은 모두가 응집력을 가지기 쉽고 모두를 좀 더 편안하게 만들어 주며 최종의 문제점까지도 제거시켜 줄 것이다. 공간은 집단을 넉넉히 수용할 수 있도록 하되 적당히 작을 필요가 있다. 어느 정도의 폐쇄적인 느낌은 통제가 수월하고 놀이 구성에도 도움을 주며, 산만한 느낌을 줄이고 또한 아늑한 느낌을 더하기 때문이다. 장소가 정해지면 모두를 실내의 지정된 한구석에 원형으로 양탄자나 매트 위에 앉히고 일체의 소도구는 치워 놓는다.

● 도구

치료놀이는 거의 소도구를 필요로 하지 않지만 항상 가까이 두고서 사용해야 할 재료들이 몇몇 있다. 이것들을 작은 상자나 바구니 같은 것 안에 담아 선반이나 창고에 보관하여 매 세션마다 가지고 오는 것이 좋으며, 그룹 안에서는 상자를 치료자의 등 뒤에 놓아 필요할 때마다 꺼내면 된다.

● 세션의 길이

세션의 길이는 집단의 특성에 따라 달라질 수 있다. 여기서 고려하게 되는 집단의 특성에는 집단원의 연령, 주의집중의 기간, 집단의 크기, 심리적 어려움의 강도와 형태를 볼 수 있다. 세션은 보통 30~45분이지만 집단을 모으고 해산하는 데 쓰이는 여분의 시간이 필요하다. 집단이 특별히 불안하거나 진정하는 데 어려움이 있다면 세션을 짧게 할 수도 있다.

### (3) 집단치료놀이 규칙

집단치료놀이는 4개의 치료놀이 요소에서 발전된 단순한 규칙들에 의해 이끌어진다.

#### 가. 상처 주지 않기

이 규칙은 치료놀이의 양육의 요소를 전달한다. 상처 주지 않기의 규칙은 당신의 말, 행동, 감정이 상처를 주거나 상처를 입히는 것은 불쾌하고 바람직하지 않은 일 이라는 것을 전달한다. 아동들이 놀이를 하다가 다칠 수도 있으며 그것이 고의일 수도 있고 우연일 수도 있다. 그러나 항상 아동에 대한 조치는 일관적이어야 한다. 아동들이 상처를 입었을 때 모두 진지하게 받아들이도록 하고, 세심하게 반응하고 상처를 달래 준다. 집단의 구성원들은 상처 입은 아동에게 로션을 발라 주는 행동을 통해 그들의 감정을 수용해 주고 달래 주면서 직·간접적으로 상처 주지 않기의 규칙을 익힌다(성영혜, 2000).

### 나. 다함께 하기

이 규칙은 치료놀이의 구조와 지속적인 상호작용에 해당된다. 어떤 이유로든 집단에서 이탈하는 아동 없이 모두 함께 참여하게 한다. 이것은 함께하는 경험, 차례 지키기, 다른 사람 기다리기, 만족 지연, 간접학습에 집중하는 능력을 발달시킨다. 그러나 집단이 너무 크거나 구성원들의 요구가 너무 많고 겁이 많으며 불신하는 집단에서는 어렵다. 따라서 이 규칙을 따르는 데는 융통성이 있어야 한다. 망설이는 아동에게는 그가 참여할 준비가 되었다는 단서가 보일 때까지 친구들이 노는 것을 지켜보게 할 수도 있다. 이는 그가 다른 아동의 집단경험을 빼앗고 집단을 방해하는 문제아동의 역할을 하는 것을 막아 줄 것이다.

### 다. 재미있게 지내기

이 규칙은 개입, 도전, 재미를 전달한다. 즐겁게 참여하는 집단 구성원들은 나이보다 일찍이 부당하게 부과된 책임감이 없이 치료놀이 활동에 참여할 수 있다. 집단 구성원들은 목표지향적이고 경쟁적인 분위기에서 해방될 수 있다. 아동들은 자신들 스스로 재미있는 활동을 통해 서로서로를 즐겁게 해 줄 수 있다. 이러한 재미, 만족, 순수한 즐거움은 매우 중요하며, 이런 경험을 통해 아동은 여유 있게 발전하게 된다.

### 라. 성인이 책임지기

성인이 책임감을 가지고 집단을 이끌고 세션을 이끌어 나간다는 것에 대해 아동들은 자신들의 세상에 대해 안정감을 갖게 되며, 아동들 스스로가 안전에 대한 의식을 갖게 된다. 또한 아동들은 자신이 요청을 했건 하지 않았건 상관없이 성인이 자신을 위해서 진심으로 살펴준다는 것을 배운다. 책임을 지고 있는 성인은 활동을 소개하며 집단을 안정시키고 확고하게 이끌어 나가야 한다. 아동들은 성인들에게 안도감과 신뢰를 갖게 되며, 집단은 서로서로 연결될 수 있는 기초가 된다.

## 3. 치료놀이 적용

### 1) 구조차원

#### (1) 손탑 쌓기

♥ 활동목표 : 신체적 접촉을 통해 상호간의 친밀감을 증진하고 즐거움을 경험한다. 기다리고 차례를 지키는 과정을 통해 자기 조절 능력을 기른다.

♥ 준 비 물 : 없음

♥ 활동방법 : ① 교사와 아동들이 둥글게 둘러앉는다.

② 교사와 아동이 한 명씩 손을 겹쳐 올려서 탑을 쌓는다.

③ 두 손을 차례대로 포개서 다 올라가면 아래에 있던 손을 차례대로 뽑아서 위로 올려가면서 쌓는 놀이다.

④ 어느 정도 높이 쌓아 올리고 나서 맨 위에 있는 손을 가장 아래로 내려 차례로 손을 내려 쌓는다.

* 이때 교사는 규칙으로 '시작' 하면 아래에서 위로 손탑을 쌓고, '작시' 하면 위에서 아래로 손탑을 쌓는 것으로 규칙을 정해서 응용할 수도 있다.

### (2) 앉아서 풍선 치기

♥ 활동목표 : 충동성을 줄여 주고 협동심을 증진시킨다.

♥ 준 비 물 : 방석, 풍선

♥ 활동방법 : ① 모두 함께 앉아서 손을 잡는다.

② 잡은 손을 놓지 않고 풍선 치기를 한다.

③ 이때 잡은 손과 머리만을 이용하여 풍선을 치도록 한다.

④ 사용할 수 있는 신체 부위(손, 발, 머리 등)를 따로 정해 보고 활동해 본다.

### (3) 색깔 자석에 서기

♥ 활동목표 : 타인의 지시에 주의를 집중시키고 자신의 신체를 조절할 수 있다.

♥ 준 비 물 : 손바닥만 한 여러 가지 색깔 시트지를 붙여 놓은 돗자리

♥ 활동방법 : ① 색깔 돗자리를 깔아 놓는다.

② 두 팀으로 편을 나눈다.

③ 즐거운 노래에 맞추어서 모두 함께 색깔 돗자리 주위를 돈다.

④ 한 팀에서 1명씩 나와서 색깔 신호("빨강 두 개!")하면 그 규칙에 맞추어 색깔을 짚는다.

⑤ 손과 발을 이용하므로 색깔을 4개까지 부를 수 있다.

⑥ 처음엔 한 팀에서 1명씩 나와서 활동하다가 점차 늘려서 나중에는 모두 같이 색깔 돗자리에 올라간다.

### 2) 개입차원

#### (1) 작아지는 배

♥ 활동목표 : 상호간의 신체 접촉을 통해 친밀감과 상호작용을 증진시킬 수 있으며 부정적인 감정을 해소한다.

♥ 준 비 물 : 에어캡

♥ 활동방법 : ① 에어캡(톡톡이) 주위에 둘러앉아 손으로 치료자가 지시하는 방법대로 에어캡을 터트린다(손바닥 전체, 엄지손가락, 발바닥, 엉덩이, 팔꿈치).

② 모두 일어나 발바닥으로 터트려 본다.

③ 에어캡 위에 모두 선다. 에어캡 크기를 점점 줄여 가면서 그 위에 모두 올라가 본다(여러 가지 방법을 사용하여 모두 껴안기를 하거나 업어 주기 등을 한다).

### (2) 세차장 놀이

♥ 활동목표 : 활동에 대한 즐거움을 경험하고 신체적인 접촉을 통해 상호간의 친밀감을 증진시킬 수 있다.

♥ 준 비 물 : 없음

♥ 활동방법 : ① 두 팀으로 나눠 한 팀은 길게 양쪽으로 나란히 세차장 터널이 되게 선다.

② 다른 팀은 한 명씩 자동차를 운전하는 모습을 하고 지나간다.

③ 터널이 된 팀에서 앞부분 사람들은 왁스세차를 하듯 손으로 가볍게 터치하며 문질러 주고, 중간에 있는 사람들은 물 뿌리기를 하듯이 손가락으로 가볍게 터치하고, 맨 뒤에 있는 사람들은 건조하듯이 입으로 바람을 내듯 '후' 하고 다리, 목 등 피부 부분에 바람을 느끼도록 불어 준다.

### (3) 전신 그리기

♥ 활동목표 : 긍정적인 자기 이미지를 형성한다.

♥ 준 비 물 : 모조지전지, 크레파스, 스카치테이프, 물감, 사인펜

♥ 활동방법 : ① 2명씩 한 팀을 이루어 모조지전지 안에 들어가게 누워서 포즈를 취하면 다른 한 명이 전지에 전신 라인을 그려 준다.

② 물감과 로션을 사용해서 손가락, 손바닥으로 얼굴을 꾸며 준다.

③ 전신 그림에 친구들이 돌아가면서 장점 한 가지씩을 적어 준다. (글자 못 쓰는 아이는 치료자가 도와주기)

### 3) 도전차원

#### (1) 신체 도미노

♥ 활동목표 : 긍정적인 신체 접촉을 통해 타인에 대한 인식하고 수용함으로써 즐거움을 경험하게 한다.

♥ 준 비 물 : 없음

♥ 활동방법 : ① 세로줄로 둥글게 앉는다.

② 앞사람을 안마해 주고 뒤돌아서서 다시 안마해 준다.

③ 맨 뒷사람부터 누우면 바로 앞의 사람은 차례대로 뒷사람의 배 위에 기대어 눕는다.

④ 노래를 부르며 배 위의 진동을 느껴 본다.

### (2) 손잡고 엎드려 솜공 불기

♥ 활동목표 : 자연스럽게 눈맞춤과 신체 접촉을 통해 타인을 수용하고 자신의 신체를 조절하고 집중력을 증진시킨다.

♥ 준 비 물 : 솜공

♥ 활동방법 : ① 모두 동그랗게 엎드려서 손을 잡는다.

② 솜공을 한 아동에게 불어 주고, 다시 그 아동은 다른 아동에게 솜공을 불어 준다.

### (3) 손님 초대하기

♥ 활동목표 : 타인을 인식하고 배려하며 존중하는 체험을 통해 자존감을 향상시킨다. 상황파악 능력 및 문제해결력을 향상시킨다.

♥ 준 비 물 : 사람 수보다 하나 더 많게 의자 준비

♥ 활동방법 : ① 의자를 사람 수보다 하나 더 많이 하여 모두 앉는다.

② 빈 의자 양쪽에 앉아 있는 사람은 손을 잡고 빈 의자에 손님을 초대하기 위해 일어나서 초대할 사람에게로 가서 각각 한 손씩 잡고 빈 의자로 데리고 온다.

③ 손님은 자리에 앉고 또 다른 빈 의자의 양쪽 사람이 의자에 앉을 사람을 초대하기 위해서 간다.

### 4) 양육차원

#### (1) 로션 발라 주기

♥ 활동목표 : 신체적인 접촉을 통해 긴장감을 완화시키고 감각적 경험을 통해 상호 간의 친밀감을 증진시킬 수 있다.

♥ 준 비 물 : 로션

♥ 활동방법 : ① 두 명씩 짝을 이루어서 한 명이 다른 한 명의 손에 로션을 발라 준다.

② 손톱, 손가락, 손등에 로션을 바르면서 부드럽게 마사지한다.

③ 로션을 바르면서 서로의 손에 점이나 상처 자국이 없는지 관찰한다.

### (2) 이불 썰매

♥ 활동목표 : 신체 접촉을 통해서 친밀감을 증진시키고 양육에 대한 욕구를 다루어 준다.

♥ 준 비 물 : 담요

♥ 활동방법 : ① 큰 담요 한 장을 바닥에 놓아 두고 순서를 정하여 3~4명의 아동을 담요 위에 눕힌다.

② 나머지 아동은 담요 가장자리를 둘러싸고 치료자의 다양한 지시에(속도, 방향 등 설정) 따라 담요를 천천히 또는 빠르게 끌어당긴다.

③ 담요에 함께 있는 아동들은 서로 담요 밖의 얼음(물) 속에 빠지지 않으려고 서로 부둥켜안는다.

# 9장 가족놀이치료: 부모-자녀놀이치료

## 1. 부모-자녀놀이치료의 정의

### 1) 부모-자녀놀이치료의 개념 및 이론 배경

인간은 태어나면서부터 부모와의 관계를 어떻게 형성하느냐에 따라 앞으로의 인간관계를 맺어 가고 사회의 일원으로서 역할을 배워 간다. 그렇게 때문에 부모들이 자신들에 대해 어떻게 느끼는지, 즉 한 인간으로서 그리고 부모로서 적합한가에 대한 느낌은 자녀들과의 상호작용에 그리고 자녀들의 발달에 상당히 영향을 준다. 이처럼 부모-자녀관계는 아동의 삶에서 가장 중요한 것이다. 그러므로 만약 아동이 부모와 같은 영향력 있는 사람들이 존재하는 가운데 표현, 통찰 그리고 어른들이 온전히 수용되는 경험을 한다면, 부모들이 치료적인 역할을 수행하는 데에서 성취하는 성공의 모든 부분들은 치료자에 의해서 얻어지는 것보다 훨씬 더 강력할 것이다. 따라서 부모와 자녀 간의 놀이치료를 통해 아동의 정서발달을 촉진시키고, 수용적인 부모가 되도록 훈련하고, 경험시키는 것이 필요하며, 이러한 기능의 습득은 일상생활 내에서도 적절하게 반응하여 아동에게 긍정적인 영향을 줄 수 있도록 하는 것이 필요하다.

부모-자녀놀이치료는 넓은 범주의 사회적, 정서적 그리고 행동적 어려움을 경험하는 아동을 위하여 부모를 치료적 대행자로 훈련하는 것으로, 부모-자녀관계 증진 훈련, 부모-자녀놀이치료, 부모놀이치료로 번역되고 있다(김경희, 2002). 그러나 Filial Therapy의 목적이 부모-자녀관계의 어려움을 회복시키는 치료 방법으로 부모-자녀 간의 직접적인 관계 향상을 증진시키는 데 그 목적을 두기 때문에 Filial Therapy를 부모-자녀놀이치료로 번안하여 사용하고 있다.

1960년 초, 부모-자녀놀이치료는 심리치료 방법으로 부모가 자녀를 위한 긍정적인 변화대행자가 될 수 있다는 가정 하에 전문적인 내담자 치료를 부모에게 확대 시켰다. 부모-자녀놀이치료는 원래 감정문제를 가진 아동들을 위한 구조화된 치료 프로그램으로서, 1960년대 초 루이스 거니(Luise Guerney)와 버나드 거니(Bernard Guerney)에 의해 개발되었다. 그들은 전문가가 자녀와 가족을 효과적으로 지원하고 도울 수 있는 치료 방법으로 부모가 아동과 함께 사회적이고 감정적인 문제를 가진 아동의 행동을 다루는 상담 방법을 발달시켰다. 버나드 거니는 그 당시에 아동의 문제가 부모의 병리적 현상에 의해 발생되고 있다는 관점에서 벗어나, 아동의 적응문제들은 자녀들을 어떻게 이해하는가에 대해 학습하지 못한 부모들의 부모 역할에 대한 실패의 산물이며, 자녀에 대해서 어떻게 타당한 비폭력적인 통제를 실시하는가를 모르는 부모들의 실패의 결과라고 생각했다(이은하, 2005). 즉, 아동문제들은 부모들의 병리의 산물이라기보다는 오히려 양육에 대한 지식과 기술의 부족으로 일어난다고 본 것이다.

엑슬린(Axline, 1947, 1965)의 추종자였던 거니는 아동 중심 놀이치료가 매우 효과적이며, 부모들이 지지적일 때는 훨씬 더 효과적이라는 것을 알았다. 그는 부모들에게 놀이치료자의 기술들을 제공하는 것이, 부모들이 그들의 아동들과 보다 긍정적이고 적절한 관계를 맺을 수 있게 하고, 동시에 치료자가 대신 그들에게 효과적인 치료를 제공하는 이상적인 방법이 될 것이라고 기대하였다. 그래서 부모-자녀놀이치료는 아동중심 놀이치료의 개념과 기술을 부모-자녀관계에서 놀이치료자와 아동 사이의 관계와 유사한 방법으로 적용하고 있다. 이 방법은 놀이치료자의 긍정적인 영향력이 부모에게 부여되는 것을 허용하며, 치료적인 라포르를 형성하기 위한 부모-자녀 간 유대의 힘을 충분히 이용할 수 있게 하는 것으로 믿었다. 또한 거니는 부모와 아동 사이의 유대는 종종 관계의 문제가 있을지라도 어떤 형태로든 그러한 관계를 지속시킬 만큼 충분히 강력하다는 것을 깨달았다.

그러므로 거니는 어려움을 가진 아동의 행동을 부모가 함께 다룰 수 있도록 하는데 주안점을 두어, 부모에게 아동중심 놀이치료를 가르칠 수 있을 뿐 아니라, 부모는 이러한 기술을 이용하여 부모-자녀관계를 증진시키며, 더 나아가 부모가 자기 아이의 삶에 치료적인 중재자가 되게 한 것이다(유미숙 외, 2003). 따라서 부모-자녀놀이치료는 거니를 통해 이처럼 부모를 상담의 중요한 역할자로 인식하게 되었다.

## 2. 부모-자녀놀이치료의 준비

### 1) 부모-자녀놀이치료의 원리

부모-자녀놀이치료는 부모들을 12세 이하의 자녀들을 위한 아동중심 놀이치료의 일차적인 제공자로 포함한다. 부모들은 놀이 회기의 전 과정에서 지속적으로 지도감독을 해주는 훈련된 부모치료자들로부터 독립적으로 치료를 배운다. 따라서 부모-자녀놀이치료의 원리는 엑슬린의 아동중심 놀이치료가 토대가 되어, 부모들은 아동중심 놀이치료 과정을 교육받는다. 부모-자녀놀이치료는 엑슬린의 아동중심 놀이치료를 사용하는데, 아동에게 구속하거나 간섭하지 않으면서 아이에게 전면적인 관심을 가지는 허용적인 태도, 아동의 사고와 감정을 공감하며 수용할 수 있는 자세와 기술, 아동의 안전과 적응을 위해 적절한 제한을 사용할 수 있는 기술을 배우게 하므로 부모에 대한 아동의 신뢰감과 확신감을 형성해 준다. 또한 아동의 감정이나 태도, 행동, 발달에 대한 부모의 이해를 증가시킴으로써, 부모-자녀관계를 강화시킬 수 있다는 원리로, 이러한 교육은 로저스(Rogers, 1951)의 내담자 중심 이론에 근거하여, 공감과 수용이라는 내담자 중심 원칙을 강조하여 감정을 움직이도록 지향하고 있다. 때문에 부모-자녀놀이치료의 원리는 아동의 행동을 보는 부모의 관점을 아동의 입장에서 어떻게 받아들이고 이해할 수 있는가를 배우고 터득할 수 있도록 상담기법을 활용한다. 이처럼 부모-자녀놀이치료에서 부모는 놀이 활동을 주도하거나 지시하지 않으므로, 아동으로 하여금 자신의 발달하는 창조성, 풍부한 자원을 충분히 표현하며, 이에 수반되는 책임을 경험하게 한다.

### 2) 부모-자녀놀이치료의 치료 목표

부모-자녀놀이치료는 문제가 있다고 생각되는 아동뿐만 아니라, 아동의 문제를 다루는 부모 되기 경험을 하는 것이므로 가족 모두에게 잠재적으로 이득이 있다는 가정에서 출발한다.

따라서 문제가 있는 아동에게 직접 영향을 주는, 아동을 위한 치료 목표와 아동발달에서 가장 영향력 있는 환경으로 작용하는 부모를 위한 치료 목표로 나누어진다. 이를 통합하면 부모-자녀놀이치료의 일반적인 치료 목표가 된다. 다음의 치료 목표들은 거니(Guerney)와 밴 플리트(Van Fleet)가 제시한 치료목표이다.

### (1) 부모-자녀놀이치료의 치료 목표

밴 플리트는 부모-자녀놀이치료의 구체적인 치료 목표를 다음과 같이 요약하였다.

첫째, 아동이 자신의 감정을 더 잘 인식하고 어떻게 의사소통해야 하는지를 알게 한다.
둘째, 부모에 대한 아동의 신뢰감과 확신감을 확립한다.
셋째, 아동 스스로에 대한 확신감과 스스로 행동을 선택할 수 있게 한다.
넷째, 아동의 감정, 태도, 행동, 전체적인 발달에 대해 부모의 이해를 증가시킨다.
다섯째, 비위협적인 놀이환경에서 부모가 자녀를 다루는 새로운 기술을 습득하도록 돕는다.
여섯째, 부모는 자녀의 행동을 변화시키는 1차 전달자이므로 부모-자녀관계를 강화해 준다

### (2) 아동을 위한 부모-자녀놀이치료의 치료 목표

부모-자녀놀이치료는 다음과 같은 치료 목표를 갖는다(Van Fleet, 1995).

첫째, 아동이 자신의 감정을 충분히, 분명하게 인식하고 표현할 수 있게 한다.
둘째, 아동에게 경청받을 수 있는 기회를 준다.
셋째, 아동이 효과적으로 문제를 해결하고 문제 해결을 위한 극복 기술을 발달시키도록 돕는다.
넷째, 아동의 자기확신감과 자신감을 증가시키도록 한다.
다섯째, 부모에 대한 아동의 신뢰감과 믿음을 증가시킨다.
여섯째, 부적응 행동과 나타난 문제를 감소시키고 제거시킨다.
일곱째, 아동이 1차적으로 학습에 의해 영향 받은 행동들을 발달시키도록 돕는다.
여덟째, 사회적 · 정서적 · 지적 · 행동적 · 정신적인 면에서 건강하고 균형 잡힌 아

동발달을 길러 줄 개방적이고 응집력 있는 가족 분위기를 촉진시킨다.

#### (3) 부모를 위한 부모-자녀놀이치료의 치료 목표

첫째, 아동발달에 관한 일반적인 지식을 부모에게 전달하여 부모의 이해를 증진시킨다. 특히 자기 자녀에 대해 이해를 증진시킨다.

둘째, 아동의 생활에서 놀이와 정서의 중요성을 인식하도록 도와준다.

셋째, 자녀에게 가지고 있는 부모의 갈등 감정을 감소시킨다.

넷째, 아동을 더욱 잘 키울 수 있는 다양한 기술을 개발하도록 도와준다.

다섯째, 좋은 부모가 될 수 있다는 확신감을 증가시켜 준다.

여섯째, 자녀와 대화의 문을 열고, 또 지속적으로 열어 두도록 부모를 도와준다.

일곱째, 부모와 아동이 팀으로서 보다 잘 일할 수 있도록 돕는다.

여덟째, 자녀에 대한 온화함과 신뢰감을 증가시킨다.

아홉째, 자녀 및 양육과 관련된 부모 자신들의 문제를 다룰 수 있도록 위협적이지 않은 집단 분위기를 만든다.

## 3. 부모-자녀놀이치료의 적용

### 1) 부모-자녀놀이치료의 대상

#### (1) 적절한 대상

부모-자녀놀이치료는 아동의 다양한 사회적, 정서적, 행동적인 문제들을 다루는 데 적절하다. 부모-자녀 간의 관계를 돈독히 하고, 효과적인 부모 되기 기술을 부모에게 제공하고, 아동과 잘 지낼 수 있는 부모 되기 기능을 증진시킨다. 하지만 밴 플리트는 부모-자녀놀이치료를 적용할 수 있는 아동을 다음과 같이 보았다.

- **부모가 이혼한 아동** 다른 놀이치료와는 달리 부모-자녀 간에 이루어지는 것이므로 부모의 문제가 먼저 해결되어야 아동의 문제를 다룰 수 있다. 부모-자녀놀이치료를 통해 부모가 아동의 요구에 집중할 수 있을 정도로 그들의 감정을 충분히 다루고, 아동과 부모 간의 관계를 재형성하며, 아동의 감정을 풀어 주는

수단이 되게 한다.

- **학교 부적응아** 학교문제는 사회적, 정서적, 행동적, 혹은 가정문제에서부터 발생할 수 있다. 부모-자녀놀이치료는 정서적 측면에서 이러한 문제를 극복하도록 도와줄 수 있다고 본다.

- **우울증 아동** 아동이 자신의 말을 하지 않으려고 할 때 놀이를 통해 표현할 수 있고, 놀이치료자(부모)는 이것을 관찰할 수 있다. 아동의 우울에 미친 영향을 찾아서 교정할 수 있다.

- **배설문제(유분증, 유뇨증)를 갖고 있는 아동** 이러한 증상은 심리적인 원인으로 생길 수 있다. 생물학적 원인이 없는 아동은 놀이를 통해 아동의 감정을 표현하고 탐색할 수 있는 기회를 제공한다. 부모에게는 지지적인 태도로 반응하게 한다.

### (2) 부적절한 대상

부모가 놀이치료의 전달자가 되기 때문에 부모-자녀놀이치료를 실시할 수 없는 대상의 기준은 우선 부모에게 둔다.

- **부모의 능력 부족** 부모-자녀놀이치료 기술을 지적으로 이해할 수 없는 부모에게는 권유할 수 없다. 부모의 능력에 맞추어 이러한 기대를 조정해야 한다.

- **자신의 문제가 해결되지 않은 부모** 부모 자신의 문제 때문에 자녀의 요구에 초점을 맞추지 못하는 부모는 부모-자녀놀이치료를 실시하기 전에 치료를 받아야 한다. 현재 이혼이나 사별로 불안해하는 부모는 자녀를 도와줄 마음의 여유가 없기 때문에 부모의 문제를 먼저 해결하기 위한 개별치료를 먼저 받아야 한다.

- **아동을 학대한 부모** 부모 중의 한 사람에게 피해를 당한 아동에게는 적절치 않

다. 그러한 아동들은 부모에 대한 외상을 치료하기 위해 개별놀이치료가 필요하다. 건강한 방식으로 상호작용할 준비가 되어 있는 가족들에게 성공적으로 사용된다.

따라서 부모의 문제가 심각하거나 인지 능력이 떨어지는 경우를 제외하고는 부모-자녀놀이치료의 대상에 포함된다(송영혜, 1997).

### 2) 부모-자녀놀이치료의 치료 과정

또한 앞서 말한 것처럼 부모-자녀놀이치료에서는 부모가 변화의 치료대행자로서 역할을 하면서 부모와 아동 사이의 관계를 강화하도록 구성되어 있다. 따라서 강의, 비디오테이프 시청, 역할극을 통해 아동에 대한 부모의 민감성을 강화시키고, 부모는 무비판적이고, 이해적이고, 수용적인 환경을 만들 수 있게 되며, 그러는 동안 아동들은 안전함을 느끼면서 개인적으로 자신들의 다른 면들과 부모와 다르게 관계 맺는 방법을 탐색하게 된다. 이에 따라 부모는 수용하고 중립적인 관계를 형성하는 방법과 자녀를 특별한 놀이 회기 과정의 방향으로 이끌 수 있는 방법을 배우게 될 것이다. 부모가 치료자의 역할을 함으로써 부모의 권위가 생긴 후, 가정에서 놀이세션을 실행하는 일반화의 과정을 통해 부모가 아동의 상담 결과에 긍정적인 영향을 줄 수 있는 능력과 자질을 갖출 수 있도록 그 방법을 살펴보고자 한다.

#### (1) 평가 단계

평가는 치료자가 문제를 파악하는 데 도움을 주며, 적절한 치료 방법을 사용하도록 도움을 준다. 부모-자녀놀이치료에서는 3단계 평가 과정이 수행되며, 이 평가 과정은 필요에 따라 변형도 가능하다. 부모-자녀놀이치료를 제안하기 전에 아동과 가족들에 대해 조심스럽게 평가하여야 한다.

가. 1단계 : 부모 혼자의 면접

첫 단계에서 치료자는 부모들과 면접한다. 놀이치료자는 부모가 방문한 이유를 경청하고, 나타난 문제를 탐색하고, 아동과 가족의 전체적인 발달력과 사회력을 탐색,

정보를 수집한다.

밴 플리트는 실제 부모-자녀놀이치료의 1단계 치료 과정에서 다음과 같은 활동을 권하고 있다.

① 부모놀이치료의 소개 - 놀이치료자와 부모 간의 친밀감을 형성한다.

② 비밀성 언급 - 부모놀이치료와 관련하여 얻은 개인적인 정보를 다른 사람에게 노출할 때에는 동의와 서명을 받을 것이라는 점을 알린다.

③ 연구를 위한 관찰, 테이프 기록의 허락 - 연구를 위해 수집한 자료를 어떻게 사용할 것인지, 또는 사용 목적을 설명한다.

④ 부모의 의뢰사유 경청 - 아동의 발달력과 신체, 사회, 정서, 인지영역에서의 현재 기능에 대해 질문하고, 사회력과 가족력의 확인, 부모의 요구를 치료 목표(원하는 결과)로 재형성한다.

⑤ 다음 단계에 대한 설명 - 부모의 관심을 요약하기, 이용할 수 있는 중재의 선택, 가족놀이 관찰의 형식과 필요성에 대해 설명한다.

⑥ 약속 - 앞으로의 계획에 대해 부모가 동의하고 부모놀이치료를 받기로 한다.

### 나. 2단계 : 가족놀이 관찰

2단계에서는 실질적인 가족놀이의 관찰로 구성된다. 아동과의 면담 후에는, 일방경을 통해서 관찰하거나 혹은 적당한 장소에서 관찰한다. 상호작용 형태를 지켜보고, 목표 아동과 가족의 일반적인 행동과 아동의 특이한 행동을 관찰한다.

밴 플리트와 거니가 제시한 구체적인 사례에 의하면 이 과정은 다음과 같이 요약할 수 있다.

① 아동에게 소개하기 - 친밀감 형성 한다.

② 가족들이 놀이실에서 노는 것을 지켜볼 것이라는 점을 아동에게 설명한다.

③ 주의 깊은 관찰을 한다. 목표 아동을 중심으로 가족들의 상호작용을 살핀다. 이때 생물의학적으로 가능한 사인들(산만성, 언어 곤란, 협응의 문제)의 관찰이 포함된다.

④ 부모가 응답한 질문지를 수납한다.

⑤ 부모가 갖고 있을지도 모르는 당면한 관심에 대해 논의한다.

⑥ 다음 회합의 날짜를 정한다.

다. 3단계 : 부모와의 재만남

놀이치료자는 다시 부모와 만난다. 부모는 집에서의 아동행동과 놀이치료자가 관찰했던 가족놀이 장면들을 비교하고, 놀이치료자가 관찰한 것에 대해 질문을 서로 교환한다. 부모와 아동과의 관계에서 나타난 문제점을 부모에게 인식시키고 치료를 위해 상세한 방법을 추천한다. 부모에게 부모-자녀놀이치료를 권유할 때, 놀이치료자는 부모가 보는 아동의 문제와 관련지어 부모놀이치료로 얻을 수 있는 효과에 대해 이야기한다. 놀이치료자는 부모를 위한 훈련에 초점을 두고, 놀이 세션에 대해 자문을 해 주고, 놀이 세션을 집으로 전이시키고, 부가적인 부모 되기 기능이나 중재를 적용하고, 단계적으로 종료하는 활동으로 구성된다고 설명한다.

놀이치료자는 부모-자녀놀이치료를 실시하기 위해서는 4~6개월 동안은 매주, 또는 2주에 한 번씩 부모-자녀놀이치료가 지속되어야 하고, 치료가 끝난 후 집에서도 지속되어야 한다는 것을 설명하여서 부모에게 요구되는 노력이나 시간의 소요에 대해 준비하게 한다.

### (2) 부모 훈련단계

평가단계가 지나면 부모는 놀이 세션을 진행하는 데 필요한 기술을 배울 준비가 된 것이다.

가. 부모가 갖추어야 할 기초기술

부모-자녀놀이치료는 부모가 치료자 역할을 훈련받아 가정에서까지 확장하여 놀이치료를 실시할 수 있도록 돕는 상담 방법이다. 따라서 치료자가 놀이치료를 실시하는 방법을 부모가 훈련받아야 하는 것이 1차적으로 수행된다. 부모-자녀놀이치료에서 부모를 훈련하는 것은 주요한 과정이며 핵심이다. 부모 훈련단계에서 부모가 배워야 할 4가지 기초적 기술은 구조화, 공감적 경청, 아동중심 상상놀이, 그리고 제한 설정 기술이다.

① 구조화기술

구조화는 놀이치료를 실시하기 위하여 부모가 놀이 세션 상황을 어떻게 전개할 것인가에 대한 틀을 짜는 것이다. 부모들은 놀이실 입실, 화장실 문제, 놀이 세션을 끝내야 할 때 등의 적합한 방법과 놀이실에서 퇴실하는 방법과 관련된 사항을 아동에게 설명하기 위한 방법을 배운다.

- **놀이실 입실** 부모는 놀이실에 들어가기 전에 아동에게 놀이실에 대한 간단한 메시지를 전하는 방법을 배운다. "○○야(아동의 이름), 이곳은 아주 특별한 놀이실이야. 너는 이 놀이실에서 네가 원하는 것은 대부분 할 수 있어. 만약 네가 해서는 안 되는 것이 있다면 너에게 알려 줄 거야."라고 말한다.

- **화장실 문제** 놀이실에 들어가기 전에 화장실에 다녀오도록 권하고 놀이 회기 동안 화장실은 한 번만 갈 수 있다고 알려 준다. 아동이 화장실에서 되돌아왔을 때 부모는 아동에게 "화장실 갔다 왔구나."라고 말하여 놀이 세션의 경계와 시작을 알려 준다.

- **놀이실 퇴실** 부모는 세션이 거의 끝나간다는 것을 아동에게 알려 준다. 세션 끝나기 5분 전에 부모는 "○○야(아동의 이름), 우리는 이 방을 떠나는 데 5분 남았다." 다시 세션 끝나기 1분 전에 아동에게 "○○야, 오늘 여기서 노는 데 1분 남았다." 라고 말한다. 놀이치료 시간이 끝났을 때에 부모는 즐겁고 확고한 어조로 "○○야(아동의 이름), 오늘 놀이 시간은 끝났다. 우리는 지금 놀이실을 나가야 한다."고 말한다.

  - 자녀가 놀이방을 떠나려 하지 않을 경우 부모는 놀이방을 나가고 싶어 하지 않는 아동의 감정을 반영해 주고 난 후, 놀이시간이 끝났다는 것을 확고하게 재진술한다. 그리고 부모가 자리에서 일어나 나오는 행동을 취함으로써 놀이시간이 끝났다는 것을 비언어적으로 동시에 표현한다.

② 공감적 경청

부모-자녀놀이 치료자들은 부모에게 공감적 경청기술을 가르친다. 공감적 경청기술은 아동의 감정과 요구의 수용을 전하는 방법으로 자녀에게 부모의 예민함과 이해를 보여주는 데 도움이 된다. 부모-자녀놀이 치료자는 아동중심 놀이치료를 모델로 하고 있으므로, 부모가 아동의 성장을 격려하고 촉진적인 인간관계를 형성할 수 있는 상담 기법을 가르친다(김경희, 2002).

밴 플리트는 공감적인 경청기술의 장점을 4가지로 제시하고 있다.

- 아동에 대한 부모의 관심을 나타낸다.
- 아동으로 하여금 부모가 갖고 있는 의도나 감정에 대한 오해를 분명히 해 준다.
- 아동의 감정에 명칭을 붙이게 하여 건설적인 방법으로 그들이 정서를 표출하는 능력을 증가시킨다.
- 아동이 부모에게서 인정을 받고 있다고 느낄 때 자신을 수용하게 도와준다.

따라서 부모는 놀이 세션 동안 아동에게 관심을 주는 방법을 배우고 아동이 표현하는 주된 감정을 자신의 단어를 사용하여 재 진술하는 것을 배운다.

③ 아동중심 상상놀이

아동중심 상상놀이의 부모-자녀놀이치료 기술은 아동이 부모에게 놀이하기를 요구하는 다양한 역할을 어떻게 표현하고 있는 것인가를 가르친다.

부모와 자녀의 노는 모습을 기록한 비디오테이프를 분석하는 것은 아동의 상상놀이에서 부모역할을 이해하는 데 도움이 된다. 아동은 놀이의 연출자이다. 부모는 아동의 결정에 따라 아동의 지도하에 배우가 된다. 부모가 이 기술을 습득함에 따라 아동의 부모는 아동이 나타내는 단어에 대해 보다 예민하고, 아동과의 상상놀이에 쉽게 열중한다. 이러한 상상놀이는 아동의 표현놀이의 주제가 무엇인가를 설명하는 것이다. 따라서 상상놀이를 통해 아동에게 현재 갈등과 좌절, 부정적 정서를 일으키는 주제를 알 수 있게 된다.

④ 제한 상황기술 (제한 설정)

밴 플리트는 제한을 사용할 때 다음과 같은 사항을 중시하였다.

- 제한 사항은 경고를 한 후에 제한을 깨트려서 생긴 일에 대해 책임감을 배우도

록 한다.

- 놀이 세션을 하는 동안 부모는 제한을 최소화한다. 이것은 감정을 자유롭게 표현하는 분위기를 만들어 준다.
- 제한을 결정했을 때, 아동의 안전, 타인의 안전, 가치 있는 장난감의 보존을 위해 필요한 제한인가를 고려한다.
- 부모는 가능한 한 일관되게 진술하여 부모가 말하는 것의 의미를 배우도록 한다.

이 이외에도 기본적인 제한으로 "방 안에 있는 시설물을 파괴하지 않는다. 놀이치료자에게 신체적인 공격을 하지 않는다. 상담시간이 끝나면 놀이실을 나간다. 놀이실 밖으로 장난감을 옮기지 않는다. 창문 밖으로 물건을 던지지 않는다." 등이 있다.

### (3) 부모 훈련 과정

부모-자녀놀이치료의 놀이치료자들은 간결한 강의, 실연, 모델링, 역할극, 기술훈련, 구조화된 피드백, 강화를 포함한 다양한 방법을 사용하여 부모에게 기법을 가르친다. 놀이치료자는 놀이 세션의 4가지 기본 기술 – 구조화, 공감적 경청, 아동 중심 상상놀이, 그리고 제한 설정–을 소개하고, 세 단계로 부모를 훈련시킨다.

〈표 9-1〉 제한 설정의 3단계

| | | |
|---|---|---|
| 1단계 | 제한 말하기 | – 아동이 제한을 깨트리면 분명하고 간단하게 특별한 태도로 말함<br>– 목소리는 밝지만 엄격하고 강하게<br>– 이름을 부르고, 금지된 행동을 하려 하는 아동의 욕구를 반영한 후 미리 정한 제한을 말한다.<br>– 이는 놀이를 재구조화한 다음 아동 스스로 놀이를 다시 하도록 돕는 기술이다. |
| 2단계 | 경고 주기 | – 이미 설명한 제한을 어기면, 부모는 아동에게 경고를 줌<br>– 제한을 재진술, 제한을 깨뜨리면 어떤 일이 일어날 것인지 말함<br>– 경고 후 다시 한 번 제한을 재진술하고 놀이를 재구조화하여 말해줌 |
| 3단계 | 결과를 시행하기 | – 세 번째까지 제한을 어기면, 방을 떠나야 한다고 행동의 결과를 강조<br>– 즐겁지만 확고한 어조로 말함<br>– 부모는 필요하다면 아동을 놀이방에서 퇴장시킬 수 있음<br>– 아동은 자신의 반응과 그에 따른 결과, 즉 행동을 배울 수 있음 |

가. 놀이 세션의 실연

놀이치료자가 아동을 데리고 15~20분 길이의 아동 중심 개별 놀이 세션을 실시하고 부모는 이를 관찰한다. 관찰은 대부분 CCTV나 일방경을 통해 이루어지고, 후에 논의할 때를 대비하여 질문을 준비한다. 놀이 세션의 실연 후에 논의를 위해 놀이치료자들은 부모하고만 만난다. 놀이치료자는 부모의 비평과 질문에 대해 함께 이야기하고, 부모의 이야기를 공감적으로 경청하고 놀이 세션에 대한 부모 자신의 반응을 이야기하도록 이끈다.

나. 첫 부모 훈련

부모-자녀놀이치료의 다음 단계는 구조화, 공감적 경청, 아동 중심 상상놀이, 그리고 제한 설정에 관한 부모 훈련이다. 놀이치료자는 놀이 세션 시연 동안, 그들이 사용한 예를 다시 들어가면서 그 기법들을 강조하고 몇 가지의 장난감을 사용하여 놀이를 하면서 부모가 공감적 경청을 연습할 기회를 만든다. 만약 부모가 감정을 표현하지 않는다면, 놀이치료자는 '내가 느낀 것에 대해 당신은 어떻게 느끼시죠?' 라고 감정 표현을 유발시킬 수 있다. 놀이치료자는 부모가 기본을 알고, 감정 반응이 이루어질 수 있을 때까지 이러한 연습을 계속한다.

훈련 과정 동안 부모가 자신의 감정과 관심을 표현할 때마다, 놀이치료자는 부모를 이해하고 수용한다는 것을 전달하기 위해 공감적 경청기술을 적극적으로 사용한다. 놀이치료자는 4개의 기본기술뿐만 아니라, 이때의 부정적 반응이나 놀이세션 동안에 아동이 가질 수 있는 질문을 어떻게 다룰 것인가도 이야기 한다. 놀이치료자는 아동의 행동에 대한 제한을 강조하면서 감정을 수용할 수 있는 방식들을 강조한다. 따라서 부모는 반영적이고 비지시적인 질문을 다루는 것을 배운다(송영혜, 2001).

다. 모의 놀이 세션

훈련 과정의 다음 단계에서 부모는 놀이치료자가 되고 놀이치료자는 아동의 역할을 구성하여 함께 놀이 세션을 개별적으로 연습한다. 각 부모의 처음 놀이 세션은 10~15분 정도 지속되고, 이 때 놀이치료자들은 몇 가지 주의가 필요하다.

첫째, 놀이치료자는 처음 놀이 세션을 주도하는 부모가 압도되는 것을 피하고, 기법을 응용하여 도전할 수 있을 정도로 놀이와 내용을 구성한다. 부모가 처음 시도하는 놀이가 성공을 거둘 수 있도록 구조화한다.

둘째, 놀이치료자는 개개 부모가 놀이 세션의 주요 측면을 모두 연습해 볼 수 있도록 아동 역할을 한다. 이 때 놀이실 입실부터 공격적 놀이를 포함하여 다양한 놀이 형태에 대해 공감적 경청, 아동이 제공하는 상상적인 역할을 하는 것, 적어도 한 번 제한을 깨트리는 것, 5분과 1분의 경고를 주는 것, 그리고 놀이실을 떠나는 것을 연습한다.

셋째, 10~15분 정도 지속되는 첫 번째 모의놀이 세션은 예의바른 아동의 역할을 하고, 두 번째 모의놀이 세션은 이전보다 좀 더 대응하기 어려운 아동의 역할을 한다. 즉, 부모-자녀놀이 치료자는 부모의 기법이 숙련됨에 따라 아동의 곤란한 정도를 높인다. 대부분 두 번의 모의놀이 세션으로 충분하지만, 부모가 혹은 개념을 파악하지 못했다면 이 기간을 연장할 수도 있다.

넷째, 각각의 모의놀이치료 훈련 과정 동안, 그리고 훈련 과정 후 부모에 대한 치료자의 자문과 놀이치료와 관련된 피드백을 하는 것이다. 가상적인 놀이치료 훈련 과정에서 치료자가 즉각적인 피드백을 부모에게 제공하기 위해 아동 역할에서 잠시 치료자의 역할로 돌아올 수 있다. 이것은 기법의 발달을 촉진시키고, 부모가 놀이 세션을 실시하는 것에 대해 갖고 있을지도 모르는 불안을 경감시킬 수 있다.

다섯째, 치료자는 가상적 놀이치료자 훈련과정에 대해 부모가 토론할 수 있는 기회를 주고 공감적 경청을 사용하여 부모 감정을 이해하고 수용하는 태도를 가질 수 있도록 돕는다. 즉, 부모-자녀놀이치료에서 치료자는 상담자, 내담자 역할을 동시에 번갈아 하면서 부모가 놀이치료자 역할을 습득하도록 돕는다.

### (4) 부모의 첫 놀이 세션

훈련단계가 끝나면, 부모-자녀놀이 치료자들은 부모와 아동과의 첫 놀이 세션을 준비시킨다. 부모가 자녀와 함께 하는 첫 놀이 세션은 20분이다. 부모는 놀이치료자의 감독 하에 자녀 하나와 놀이 세션을 구성한다. 놀이치료자는 놀이 세션을 관찰하고, 부모의 행동 이후에 자문을 해준다. 다음은 밴 플리트가 제시한 사례의 관찰을 기록하는 것이다. 괄호 안은 놀이치료자의 반응이다.

### (5) 지도 감독하의 놀이 세션

아동과의 놀이 세션이 능숙해지면, 부모-자녀놀이 치료자는 기술 발달에서 치료의 문제로 초점을 옮긴다. 놀이치료자는 부모의 기술 사용에 대해 의식하고 강화의 피드백을 계속 제공하지만, 아동과 가족의 역동성을 찾는 데 점점 많은 시간을 사용한다.

〈표 9-2〉 부모-자녀가 함께 하는 놀이 세션의 관찰 사례

| 아동 행동 | 부모 행동 |
|---|---|
| 물건들을 살피며 방 안을 돌아다닌다. | "너는 이 장소를 조사하는 중이구나"(좋음) |
| 보보인형(bob bag)을 세게 몇 번 치고 엄마의 반응을 살핀다. | 아무런 말도 하지 않았다.<br>(부모의 감정에 대한 논의: 공감적 경청이 필요함.) |
| 전등을 향해서 총을 쏘았다. | "너는 총 쏘기를 좋아하는구나."(훌륭함) |
| 점점 더 먼 곳에서 총을 쏘았다. | "너는 아직도 총을 쏘는구나."<br>(아마 "네가 더 먼 곳에 전등을 맞출 수 있는지 보려고 하는구나.") |
| "엄마는 나만큼 쏠 수 없어." | 아무런 말도 하지 않았다.<br>(가능한 경청적 반응 논의 :<br>"너는 나를 이겨서 좋아하는구나."<br>혹은 "너는 네 사격 솜씨에 긍지를 가지고 있구나.") |

#### 가. 주제

부모-자녀놀이치료 놀이 세션이 3~4회 진행되면 아동의 놀이에서 주제가 나타나기 시작한다. 일반적으로 1~2세션은 탐색놀이를 한다. 놀이 주제는 대체로 실생활과 관련되고, 분노 표출이 억제된 가정의 아동들은 치료기간 동안, 공격적인 주제를 나타낸다. 이 때 놀이치료자들은 이러한 공격놀이의 증가는 흔하며 일시적이라고 설명할 필요가 있다.

#### 나. 역동적 논점 다루기

아동이 표현하는 놀이의 주제들에서 공통적인 것은 가족 내의 역동적인 주제들이다.

① 아동과 관련된 문제

아동의 놀이 주제에 대해 불안해하는 부모에게 치료자는 아동을 이해하는 방법을

설명하고, 놀이가 아동의 문제해결력을 신장하는 데 도움을 주고 있다고 설명하여 준다. 또한 놀이를 재구성할 수 있도록 도움을 준다.

예를 들면, 어린 소녀가 밥백(보보인형)을 주먹으로 때리는 놀이장면을 보고 걱정하는 부모에게 이러한 공격적 놀이가 이 시점에서 있을 수 있는 것이라고 안심시키고, 집에서 적합한 분노 표현을 더 많이 하도록 하는 방법에 대해 토의하는 시간을 갖는다. 또한 놀이치료자는 부모가 아동의 놀이를 잘못 해석하기 쉽기 때문에, 부모의 걱정에 대해 자유롭게 이야기하도록 격려한다.

② 부모와 관련된 문제

아동의 행동에 대한 부모의 의문은 부모로서의 능력에 관한 걱정이다. 또한 자녀의 놀이의 의미를 이해하려고 하고, 놀이가 무엇을 의미하는지에 대해 궁금해한다. 놀이치료자는 부모의 관심거리에 대해 듣고, 부모의 감정을 반영하여 주며 아동의 놀이와 관련하여 가능한 설명을 부모와 함께 검토하여 안정감을 준다. 또한 부모가 자신의 느낌에 대하여 방어를 줄이도록 한다.

### (6) 가정에서의 놀이 세션

#### 가. 장난감 준비

치료자는 아동이 가지고 있는 장난감과 구분되는 독립된 장난감을 준비하도록 부모에게 권한다. 그리고 그것을 치료시간에 사용하도록 한다. 예를 들면, 자와 마분지 상자는 인형 집의 내부를 대신할 수 있다. 또한 폐품을 활용하여 저렴하게 인형가족을 만들 수 있고, 벼룩시장과 중고 장난감에서 저렴하게 구입할 수도 있다.

#### 나. 가정에서의 놀이 세션

놀이 세션을 가정으로 이동시키는 계획은 부모-자녀놀이치료의 초기에 시작된다. 훈련기간 동안 놀이치료자는 가정놀이 세션을 위해 준비해야 할 장난감 목록을 부모에게 준다. 부모가 놀이 세션이 이루어질 장소 결정, 놀이 세션의 계획표 만들기, 놀이 세션의 중단을 방지하며, 놀이 세션을 위해 필요한 시간의 약속, 아동 놀이에서 변화를 주의해서 지켜보는 등의 계획을 세운다. 놀이치료자는 부모에게 매주 아동과 각

각 30분 놀이 세션을 계획하게 한다.

가정환경에서는 놀이 세션의 진행이 방해받기 쉬우므로 당면할 수 있는 방해의 유형을 예상하고, 어떻게 그것을 처리할 것인지를 결정한다.

부모는 놀이 세션 동안에 자녀보다 더 중요한 것은 없다는 것을 자녀에게 전할 필요가 있고, 이러한 감정은 놀이 세션이 계획된 대로 계속되어진다는 것으로 전달한다. 마지막으로 놀이 세션에서 변화 가능한 행동에 주목한다.

### (7) 부모놀이치료의 종결 단계

부모-자녀놀이 치료자는 가정에서 놀이 세션에 대해 토의하고 일상생활로의 기술의 일반화를 촉진하기 위해서 정기적으로 부모와 만난다. 치료가 목표대로 향상되면 종결을 계획한다.

#### 가. 종결의 결정

부모-자녀놀이 치료자는 교육과 능력 모델에 기초를 두며, 놀이치료자는 아동 가족의 불필요한 의존이 길러지는 것을 경계한다. 그들은 치료 종결을 나타내는 요인들에 주목한다.

첫째, 만약 부모-자녀놀이치료와 가족 문제가 잘 맞지 않거나, 가족이 부모-자녀놀이치료 놀이 세션을 수행할 수 없다면 일찍 종결한다.

둘째, 놀이치료자는 당면한 문제가 해결되었을 때 종결을 계획한다. 치료 목표를 세우고 시작하였다면 그 목표에 도달되는 시점을 결정하기 쉽다.

셋째, 부모-자녀놀이치료가 종결단계에 도달되었다는 또 다른 사인은 아동에게서 나타난다. 아동의 흥미 감소는 놀이 주제의 내용이 놀이 세션의 치료적 가치가 없어졌다는 신호가 될 수 있다.

넷째, 눈에 띄게 나아졌고 부모도 부모-자녀놀이치료에 대해 이해하고 부모 되기 기술의 적용이 계발되었다고 생각되면, 치료는 단계적으로 끝낸다.

#### 나. 종결의 과정

종결 계획은 놀이치료자와 부모가 진보된 면을 평가하고, 남아 있는 문제가 무엇인지를 찾으면서 시작된다. 놀이치료자는 실제 놀이 세션을 관찰해서 각 부모의 기술

과 놀이 세션의 질, 아동과 부모 간의 상호작용, 임상적으로 중요한 행동이나 놀이 주제의 출현 유무를 파악한다. 종결이 결정되면 놀이치료자의 감독 없이 놀이 세션을 사용할 수 있도록 준비시키고, 만약 아동이 놀이 세션에 흥미를 잃어버린다면 부모는 놀이 세션 대신에 적어도 매주 30분 동안 아동과 특별한 시간을 갖도록 한다.

# 03부

# 놀이치료의 실제

# 10장 발달적 어려움을 가진 아동에 대한 놀이치료 사례

## 1. 사례 개요

### 1) 아동 인적 사항

준희는 남자아이로 현재 9세이다.

### 2) 가족관계

- 부(49세): 자영업, 다정다감하지는 않지만 일 중심적이며 가정에도 충실하려고 노력하는 편이다.
- 모(41세): 주부, 타인과의 관계에서 조심성이 깊고 새로운 일이나 미래에 대한 불안도가 조금 높은 편이다.
- 누나(15세): 중학교 재학중

### 3) 주 호소 내용

초등학교 2학년인 준희는 2~3세경 다녔던 소아과 병원과 어린이집에서 "눈맞춤이 안 되고, 혼자 놀고, 의욕이 없다."며 큰 병원에 가보기를 권해서 만 4세쯤 대학병원에서 언어발달 지체로 진단을 받았다. 그 후 언어치료를 1년 반 가량 받았고, 2007년 초등학교에 입학하였다. 하지만 전반적인 발달이 늦어 장애진단을 받기 위해 다시 대학병원에서 검사를 받고  놀이치료를 받기 위해 내원하였다. 어머니가 의뢰한 주호소는 준희가 불안할 때 나타나는 특유행동(손짓, 음성)을 조금 감소시키고, 어느 곳에서든 인형을 챙기는 행동이나 또래 친구들을 때리는 행동에 대한 치료를 위해 도움을 받고 싶다는 것이었다.

### 4) 아동에 대한 이해

#### (1) 부모면담을 통한 아동의 이해

어머니는 준희를 임신했을 당시 경제적인 문제로 스트레스를 많이 받는 상태였다. 경제적인 형편상 어머니도 일을 시작했기 때문에 준희는 태어난 뒤에 바로 지방에 계신 이모에게 1년 정도 맡겨졌다. 지방에 사는 이모는 당시 나이가 50대로 이모부와 대학생인 아들 두 명과 함께 살고 계셨다. 이 때 한 달에 한두 번 주말에 만나러 갔고 돌이 지난 후 집에 데리고 왔다. 하지만 집으로 데리고 왔어도 어머니가 일을 하고 있는 형편이라 밥 정도만 챙겨 주고 늘 가게를 살펴야 해서 제대로 된 양육을 하지 못했다. 3살 때 놀이방에 처음 보냈을 때 처음엔 "싫어, 안 가."라는 말을 많이 했지만 그래도 보냈고, 같은 놀이방에 6개월 정도 다녔는데 이 당시 놀이방 보육자가 3번 바뀌었다. 그리고 다시 어린이집에 보냈다. 당시 다니던 병원에서나 어린이집에서 "준희가 눈맞춤이 안 되고, 혼자 놀고, 의욕이 없이 거의 누워 지낸다."는 말을 하며 큰 병원을 권유했다. 당시 어머니 생각으로는 순한 아이이고 운동발달도 정상적이라 큰 문제라고 여기지 않았고, 생활고로 인해 아이를 유심히 돌아볼 여유도 없어 조금 더 지켜보다가, 5세가 되었을 때 큰 병원에 가서 언어발달 지체라는 진단을 받았다. 돌 이후 이모 댁에서 아동을 집에 데려온 이후 만 4세경까지는 아침부터 자기 전까지 계속 TV를 틀어 주고 식사를 챙겨 주는 정도로 돌봐왔고, 어머니의 가게 일이 바쁜 관계로 그 외에 다른 교육 등은 챙겨 주지 못했다. 결국 6세때 특수학교에 보내면서 문제행동이 많이 나타나고 언어뿐 아니라 인지, 정서 등의 부분에서도 다름이 보여 어머니는 이 때부터 불안함을 많이 느꼈다. 이후 현재까지 언어치료, 인지, 미술치료 등을 병행하며 치료에 매진하고 있다. 초등학교도 특수학교에 보내고 싶지 않아서 집에서 거리가 있는 외곽도시의 학생 수가 적은 학교를 찾아 현재 일반학급으로 보내고 있다.

#### (2) 행동관찰을 통한 아동의 이해

어머니와 함께 내원한 준희는 또래와 비슷한 체격으로, 위생 상태는 양호했으나 눈맞춤은 잘 되지 않았다. 치료자를 처음 만났을 때 '으흐'와 같은 알 수 없는 소리나 TV 광고에서 나오는 말들을 단조로운 음성으로 가끔 흉내 내기도 했다. 상담실을 혼자 돌아다니기도 하고, 어머니가 계속 이름을 부르며 잡고 아동에게 설명을 했다. 준희는 상담실 벽에 걸린 달력에 집착하여 달력을 넘기면서 유심히 보고, 치료자의 소리나 주변 자극에 별로 반응하지 않았다. 달력을 볼 때 손으로 뺨, 귀 등을 만지는 특유행동을 반복했고, "00일 000요일" 등과 같이 달력을 보며 혼자 말하기도 했다.

### 5) 심리검사 결과

#### (1) 실시한 검사

- 아동검사: 아동용 Wechsler 지능검사, BGT, DAP, VMI, SMT,
  아동기 자폐증 평정척도, 문장완성검사, KPRC,
- 부모의 인성검사: MMPI, 문장완성검사, 양육태도 질문지, 가족기능평가

#### (2) 검사 결과

● 지능과 인지

| 상식 | 공통 | 산수 | 어휘 | 이해 | 숫자 | 빠진곳 찾기 | 차례 맞추기 | 토막 짜기 | 모양 맞추기 | 기호 쓰기 |
|---|---|---|---|---|---|---|---|---|---|---|
| 3 | 5 | 8 | 1 | 3 | 1 | 1 | 4 | 1 | 8 | 6 |

아동의 전체 지능은 53(언어성 지능: 51이하, 동작성 지능: 51)으로 '중등도 정신지체' 수준에 해당된다. 언어성 지능과 동작성 지능 간에 유의미한 차이가 나타나지는 않았으나, 아동의 응답 내용을 질적으로 분석해 볼 때 비언어적인 능력에 비해 언어적 능력이 상당히 더 저하되어 있는 것으로 보인다.

● 사회성숙도

어머니 면담을 통해 평가한 아동의 사회적응 능력을 살펴보면, 사회연령은 약 5세 수준으로, 사회성 지수는 63으로 '교육가능한 지체' 수준에 해당된다.

● 아동기 자폐증 척도

어머니와의 면담을 통해 평가한 아동기 자폐증 평정척도(CARS) 결과, 전체점수 37로 '중증 자폐' 수준에 해당되었다.

● 부모의 정서영역

| 부모 MMPI | | | | | | | | | | | | | |
|---|---|---|---|---|---|---|---|---|---|---|---|---|---|
| | L | F | K | 건강염려증 | 우울증 | 히스테리 | 반사회성 | 남성성여성성 | 편집증 | 강박증 | 정신분열증 | 경조증 | 내향성 |
| 모 | 44 | 51 | 52 | 46 | 60 | 56 | 58 | 32 | 60 | 67 | 49 | 41 | 54 |
| 부 | 48 | 41 | 71 | 51 | 55 | 54 | 55 | 36 | 48 | 49 | 40 | 41 | 34 |

| 양육태도 설문지 | | | | | |
|---|---|---|---|---|---|
| 온정/애정 | 공격성/적대감 | 무시/무관심 | 모호한 거부 | 거부차원합계 | 강압적 양육행동 |
| 70 | 38 | 32(다소높음) | 23 | 93 | 14 |

| 부모 자녀 관계 | | | | |
|---|---|---|---|---|
| Parenting Sense of Competence | | Parenting Stress Index | | |
| 부모역할효능감 | 부모의 좌절 및 불안감 | 자녀의 기질 | 자녀와의 관계 | 학습기대 |
| 38 | 32(다소높음) | 23 | 93 | 14 |

### (3) 심리평가 종합 및 제언

전체 지능은 53으로 '중증도 정신지체' 수준에 해당된다. 사회성숙도 검사 결과 사회성지수 63으로 '교육 가능한 지체' 수준에 속하는데, 이는 아동의 운동기능이 잘 발달하여 씻기, 옷 입기 등의 자조기능이 가능한 것과 관련된 것으로, 실제 적응능력은 중간 정도의 정신지체(Moderate Mental Retadation)수준으로 평가된다.

비언어적인 추상자극에 대한 조직화 능력에 대한 잠재력은 '평균' 수준까지 가능할 것으로 보이나, 언어 및 사회성 발달 부분은 만 2세 정도 수준으로 심하게 지체되어 있다. 이러한 인지적 특성에 더불어 아동이 보이는 정상적인 감각에 대한 과잉반응, 상동행동, 환경변화에 적응하기 어려워하는 것으로 보아 Pervasive Development Disorder(광범위성 발달장애) 진단이 가능할 것 같다.

앞으로 언어치료, 사회성 훈련, 인지치료 등 아동의 발달 수준에 적합한 특수교육을 통해 적응 능력을 최대한 키워가는 것이 무엇보다 중요할 것으로 생각되고, 아동의 발달 상황을 정기적으로 점검해 보는 것이 필요할 것으로 생각된다.

상담자가 놀이평가와 부모면담 및 심리검사를 통해 생각한 준희의 문제는 정신지체를 동반한 발달장애이지만, 초기 애착 결속과 방임 형태의 양육으로 인해 기질적으로 잠재된 발달적 미숙함이 후에 발현된 경우라고 판단된다. 물론 기질적인 소인을 무시할 수 없지만, 많은 자극과 관계 형성에 대한 기초를 세워야 하는 시기에 많은 것이 결핍, 결속된 아동에게 정서적인 불안 및 위축 등의 행동으로 인한 발달적 지연이 지체의 결과까지 빚어졌다고 판단된다. 때문에 불안하고 낯선 환경에서 나타나는 상동증적인 행동과 인형에 대한 애착 그리고 또래관계의 문제를 호소한 아동은 무엇보다 결속된 애착관계를 회복하고 치료자와 치료적 관계를 맺어 내재된 불안이나 미숙한 사회적 상호작용을 회복할 수 있도록 도와야 한다고 생각했다.

### 6) 치료 목표

(1) 치료자와 신뢰로운 관계를 형성하여 정서적 안정감을 얻고 사회적 상호작용의 필요와 즐거움을 인식한다.
(2) 치료자와 치료적 놀이를 통해 정서적 불안과 압박감을 이완하고 자아 강도를 키운다.
(3) 부모는 아동의 현재 발달 수준에 대한 이해를 도우며 정서적 안정감을 도모하는 놀이와 양육 방법을 발달시켜 갈 수 있도록 돕는다.

## 2. 치료 과정

### 1) 초기단계(1~12회기)

#### 1회기

준희는 거부감 없이 치료실에 들어와 치료자를 한 번 쳐다보고는 천천히 놀잇감을 둘러보다가 기차 바구니를 꺼내서 기찻길을 만들기 시작함. 치료자가 이름을 부르며 인사를 하고 기차를 선택했는지, 또 아동이 기찻길을 연결할 때나 터널을 붙이거나 다리를 연결시킬 때 옆에서 행동을 언어로 푸는 말을 했지만, 대꾸나 치료자를 쳐다보는 행동 없이 기찻길 연결에 오랜 시간을 보냈다. 높은 산과 교차로를 연결하고 싶어하지만 대응되는 블록을 못 찾자 단순한 원으로 기찻길을 완성했다. 그리고는 아기인형의 눈, 코, 입을 유심히 바라보다가 종료했다. 치료자 또한 준희가 기찻길을 연결할 때 대응되는 것을 찾아 주거나 힌트를 주는 행동을 하지 않고 아동의 의도만 따라가 주고 기다렸다. 처음 상담실을 내원했을 당시처럼 주변을 산만하게 돌아다니거나 달력을 찾는 행동은 없었다. 무엇보다 상담실을 나가려고 하는 행동이 없고 놀잇감에 집중을 하고, 치료자와 언어적, 사회적 상호작용은 전혀 없었지만 스스로 선택한 놀이를 마치려는 과업 능력을 보고 앞으로의 놀이를 긍정적으로 기대했다.

### 2~4회기

준희는 아기인형을 가지고 일으켜 세웠다가 넘어뜨리는 놀이에 몰입했다. 특히 인형이 넘어지면서 머리를 바닥에 부딪히며 꽝 소리가 날 때 "넘어져."라고 말하면서 치료자를 쳐다보고 인형 머리를 물어뜯으려는 행동을 하기도 하고, 계속 "넘어졌어. 부딪혔어."를 반복하면서 치료자의 표정을 살피는 행동을 했다. 치료자는 여전히 아동의 행동을 읽어 주다가 중간에 아기에 대한 질문을 할 땐 "두 살, 예뻐." 등으로 상호적인 언어적 반응을 받았다. 이 외에도 아기가 우는 소리, 울지마 ~ 하면서 달래는 놀이 다시 어르고 뽀뽀하며 양육하는 행동 등을 반복했다. 아동의 아기인형에 몰입하는 놀이는 마치 내적인 트라우마를 가진 것처럼 여겨졌다. 스스로 정서적 이완을 하고 있다고 판단되었기 때문에 치료자는 아동이 넘어졌다고 말하며 치료자의 반응을 살필 때 그대로 반영만 해주었다. 3회기에서는 특히 인형에 몰입하다가 기찻길 연결 놀이로 전환했는데, 기차길 연결에서 지난번에 활용하지 못했던 산과 교차로 등을 연결하며 스스로 25분 동안 기찻길을 두 개의 원으로 연결해서 완성하였다. 그러나 다 만들고 나서는 기차를 움직이다가 "위험해, 가면 안 돼!"라고 말하면서 산이나 교차로 등의 기찻길이 바뀌는 곳에서는 가다가 멈추곤 했다.

### 5~6회기

치료자와 좀 더 친밀한 관계 맺기 놀이를 했다. 한 가지 놀잇감을 선택하지 않고 모래상자, 지하철 등을 살피고 있어서 치료자가 야구 방망이를 만질 때 함께 야구놀이를 해볼까? 하고 제안하였다. 아동이 거부하지 않아서 글러브와 야구 방망이를 하나씩 들고 치고 받기 놀이를 했다. 공을 맞추면 신기하게 쳐다보고, 치료자가 공을 놓치거나 아동이 공을 놓쳤을 땐 큰 소리를 웃기도 했다. 치료자에게 공을 다시 던져 줄 땐 공을 던지지 못하고 걸어서 가져다 준다. 그래서 치료자는 던져 달라고 요구했지만 던지는 것이 익숙하지 않은 듯 잊어버리고 주워다가 가져다주려고 했다. 야구놀이를 통해 눈맞춤이나 상대방의 신호를 소리, 몸짓으로 듣고 보는 행동 등을 하면서 아동의 상호작용 능력을 좀 더 이해할 수 있었고, 즐거움으로 경험했기 때문에 어머니께 집에서도 이와 같은 놀이를 통해 정서적 이완 및 즐거움을 경험할 수 있도록 권고했다.

### 7~11회기

기차놀이가 주로 이루어졌다. 지난번에 확장한 기찻길을 좀 더 빨리 완성하고는 위험하다고 소리치던 곳에 가보기 시작했다. 이 때 치료자도 중간에 정지 표지판을 세우고 철도원 아저씨를 들고 옆으로 개입하자 호응하면서 치료자가 주는 신호에 따라 기차를 움직이며 함께 놀이하는 것을 시작했다.

### 12회기

기찻길 놀이를 할 때 확장된 것은 한 손으로 기차를 움직이고 한 손으로는 헬리콥터를 가져와서 공중에서 헬리콥터가 움직이는 모형을 연출했다. 기차놀이가 계속 확장되고 있는 것에 놀라웠고, 조망능력이 생겼다고 판단되었다. 또한 치료자가 표지판이나 터널에 뚱뚱한 아저씨가 걸려 넘어지는 모습으로 개입할 때도 "뚱뚱한 아저씨"라는 말을 반복하며 즐거워하였다. 나중엔 치료자를 보고 "엄마"라고 불렀다가 다시 "선생님"이라고 수정하고는 "선생님은 파란색 토마스"라고 말하며 치료자는 파란색 토마스 기차 자신은 빨간색 토마스 기차를 하겠다고 하면서 먼저 관계 맺는 타인에게 자신의 의사를 표현하고 요구하는 상호작용의 기초를 시작했다. 그리고는 함께 기차놀이를 했다.

**〈모상담〉** 초기단계에서 부모상담을 통해 들은 이야기는, 2 ~ 3회기에 인형놀이에 한 참 몰입한 후 준희가 어디 갈 때나 챙기던 호랑이인형에 대한 애착을 덜 보이기 시작했다는 사실이다. 그리고 당시 학교에서는 친구 눈을 자주 때리는 행동이 다시 심해졌는데, 이에 대한 부모의 반응 또한 불안이나 통제로만 대하기보다 상황 판단과 엄마와 준희의 관계성에 먼저 초점을 두시도록 도왔다. 6회기쯤엔 공항 놀잇감을 가지고 엄마와 아기인형이 엘리베이터 타는 행동을 오랫동안 반복했는데 이후 엘리베이터 탈 때 하는 상동행동과 불안증세 등이 많이 없어졌다고 놀라워하셨다. 어머니는 준희에 대한 죄책감이 많고 준희의 상태를 알게 된 이후부터는 일을 접고 치료에 매진하고 계시며 발달적 이해를 위해 노력하고 계셨다. 그 이후에 인형에 대한 집착이 나타났기 때문에 중간 대상물을 선택한 것은 애착에 대한 관계성이 형성된 좋은 현상이므로 준희의 행동을 너무 불안하게 보고 문제화하기보다 안정감에 기초한 관계성에 중점을 두시도록 지지하는 시간이었다.

### 2) 중기단계(13~39회기)

초기단계에서 내적인 트라우마 작업을 스스로 시도하고 치료자로부터 지지를 받기 시작하자 중기단계의 초반에는 혼자 하겠다는 말을 자주 했다. 볼링 핀을 꺼내서 설탕, 소금, 구슬통이라고 말하면서 혼자 상상하며 반복적인 놀이를 하다가 볼링 게임으로 전환해서 치료자와 놀이를 하였는데, 치료자가 볼링의 룰을 제안하고 놀이를 지속하려고 하자 "혼자 해, 혼자 해!" 라고 말하면서 혼자 하고 싶은 욕구를 드러냈다. 준희는 주유소놀이를 할 때도 치료자가 기다리다가 중간에 개입해서 놀이에 참여하려고 할 때 준희는 그것에 몇 번 언어적 반응을 하고는 "혼자 해"라는 말을 자주 했다. 이 때 치료자는 준희가 혼자 하고 싶다는 욕구를 표현했기 때문에 혼자 하는 것을 지켜보며 언어적 반영만 했다.

#### 16~25회기

이 시기에는 주로 가족인형을 선택했는데, 25회기까지 가족인형놀이가 의미있게 확장되었다. 할머니, 할아버지, 아빠, 엄마, 누나, 남동생이 있는 손인형을 꺼내서 하나씩 나열하며 언어를 확장하거나 관계성을 볼 수 있는 정서적 반응들을 보였다. 엄마인형은 특별히 애착을 갖고 안고 보듬거나 "머리가 김처럼 생겼어." 등으로 말하면서 즐거워했다. 그 외에도 다른 인형들의 비슷한 것들은 연상해서 실물과 관련

지어서 말을 하고, 특히 할머니는 계속 무섭다고 말하며 때리거나 넘어뜨리거나 하는 행동을 보였다. 이에 대한 반응을 부모님과 나누었지만 현재의 할머니가 준희와 좋지 않은 관계이거나 하지는 않다고 하였다. 하지만 밖에서도 지나가는 할머니를 보고 무섭다고 하거나 괜히 경직되는 경향이 있다고 말씀하셨다. 이 또한 준희의 초기 영아기 시기의 관계에서 비롯된 외상을 의심해 볼 수밖에 없다고 판단된다. 초기 1년간 양육하신 이모의 양육 패턴은 자세히는 알 수 없지만 어머니의 보고에 따르면 과잉보호적 패턴으로 알고 있다고 하셨다. 과잉보호패턴은 때론 심한 통제와 훈육을 불러일으키기 때문에 아동의 이러한 행동은 추측만 할 뿐이다. 다만 놀이 상황에서 준희가 가진 작은 정서적 트라우마를 안정적인 환경 안에서 정화시키도록 돕기 위해 치료자는 준희의 놀이행동에 의미 있는 반영을 주고 확장해 나가는 모습을 면밀히 지켜보았다.

초반에 가족인형으로 여러 가지 연상되는 말이나 자신이 연결짓고 있는 말로 "할아버지, 재채기 해." "엄마, 바지 입어요." 등을 말했다. 그리고는 회기가 거듭될 때 "할머니가 아빠 때려요." 하면서 할머니를 중심으로 싸움이 생기는 패턴을 연출하기도 했다. 그리고 20회기에서는 하나씩 인형을 안아 주고 다시 아빠인형이 아기를 안고, 엄마가 아기를 안고 따뜻하게 보살피는 하는 모습도 나타냈다. 엄마한테 남아인형이 맞는 행동을 보이기도 하고, 모두 눕혀 놓고 동전을 손바닥에 올려 주며 피자를 한 조각씩 나눠주거나 각자 좋아하는 물건을 손에 올려 주며 가게놀이를 혼자 하기도 했다.

가족인형으로 놀이를 할 때 집에서도 인형놀이를 많이 하기 시작했는데, 과거에는 꼭 한 가지 인형만 가지고 다니며 집착하던 것을 이제는 다양한 인형들을 꺼내서 침대 옆에서 재우기도 하고 사진을 찍어 준다고 하며 자신이 사진을 찍어 주기도 하고 놀이가 많이 변했다고 한다. 이러한 과정에서 자신이 고집하던 틀이 깨어지면 짜증내거나 불안해하는 행동들이 조금씩 줄어들기도 했는데, 예를 들면 엄마가 잠옷 바지를 항상 입다가 잠옷 치마를 입었더니 바지 입으라며 싫어했다. 하지만 바지를 빨아서 입을 수 없다는 식으로 말했을 때 싫지만 견디는 눈치였다. 과거에는 자신이 싫어하는 TV 프로그램, 싫어하는 소리, 싫어하는 사람(화장이 짙은 여자)을 대면할 때 무척 불안해하고 소리도 지르곤 했으나 최근에는 이런 행동에 대해 참는 모습이 보인다. 지하철을 타도 심하게 불안해하지 않는다.

20회기쯤엔 학교 개학이 다가오자 집에서도 놀이실에서도 달력 보는 시간이 많아졌다. 학교 갈 것에 대한 두려움 때문에 계속 달력을 보며 개학 날짜를 말하고 "학교 가요. 학교 가요."라고 말한다고 한다. 치료실에서도 가족인형놀이와 칠판에 달력쓰기에 몰입을 했는데, 칠판에 달력을 쓰면서 혼자 몰입하는 시간이 많았다. 이 때 치료자는 옆에서 "금요일, 28일이구나, 토요일 다음은 일요일." 하면서 준희가 만드는 달력에 그대로 동일한 시선으로 가끔 읽어 주며 따라갔다. 스스로 한 달 정도를 다 완성하고는 "그만!"이라고 말하면서 다른 놀이로 전환한다. 때론 달력놀이가 길어질 땐 치료자가 "한 번만."이라고 말해보기도 했다. 그러면 한 달을 다 완성하고는 달력놀이를 마무리짓고 전환했다.

준희가 조금씩 자아 강도가 세지면서 집에서도 혼자 하겠다는 것들이 많아졌다. 놀이에서도 혼자 하겠다는 말을 많이 하기 때문에, 이 때 치료자는 치료자의 의견 제안으로 개입하여 준희 스스로 상황을 판단할 수 있도록 도와야겠다는 판단 하에 "한 번 만"이라는 제한적 언어를 사용했다. 결과에 대해선 아동의 선택에 달려 있지만 아동 스스로 조절할 힘이 생겨났기 때문에 불안 정서에 심하게 몰입하게 될 때 전환시킬 수 있는 통로가 필요하다고 여겨진다.

가족인형놀이를 확장하는 과정에서 치료자에게 다가와 "배꼽 만져요."라고 말하며 치료자의 배를 만지기도 했다. 이것을 치료자는 배 간질이기 놀이로 전환하여 서로 배 간질이기로 즐거움을 경험하는 놀이와 치료놀이적 접근인 로션으로 터치하는 놀이로 확장했다.

### 30~37회기

이 시기에는 시계에 몰입하는 놀이를 했다. 큰 집 속에 들어가서 벽에 있는 작은 시계 바늘을 돌리면서 아침에 일어나는 시간, 아침 먹는 시간, 학교 가는 시간 등에 대해 말했다. "6시 59분에 잠자요. 7시에 일어나요." 라고 단조로운 음성으로 말하면서 TV프로그램 시간에 대해서도 알고 있는 것을 줄줄이 이야기했다. 집에서는 이제 인형놀이를 거의 안 하고 엄마한테 직접 참여하여 음식준비 등을 자신이 도와주려고 한다고 한다. 전혀 안 하던 블록놀이를 하거나 엄마가 그동안 도와주던 사소한 생활 습관 등에서도 스스로 하겠다고 해서 가끔 당황하기도 한다는 말씀을 하셨다.

치료실에서 놀이 중간에 치료자에게 "화장실 갔다올게요."라고 말하면서 나가는 모습 등이 생활에 대한 질서가 많이 생겼다는 판단이 들었다. 시계놀이를 몇 회기 반복하면서 언어나 사고가 많이 확장되고 있는 것이 느껴졌다. 따라서 중반기에는 혼자 뛰고 말하고 이야기할 때 질문하지 않고 잘 듣고 기다려 주다가 가끔 치료자가 질문을 사용하면서 의도적인 대화를 몇 번 했다. 왜냐하면 사고 확장이 왕성하게 일어나고 있다는 판단에서 준희가 선택하는 놀이 안에 잠시 스스로 머무는 시간이 필요하다는 판단에서였다. 이 시기 준희는 집에서 스스로 먹을 것도 찾아 먹고 과거 자신의 이야기를 가끔 하기 시작했다고 한다. 작년 0월 0일에 000선생님이 자신의 발을 때렸다고 하며 왜 때렸는지에 대한 이야기를 하기 시작해서 어머니는 많이 놀랐고, 지났던 과거 이야기를 많이 하면서 준희를 더 많이 이해하게 되었다고 한다. 정화작업이 많이 진행되었다고 생각했다. 학교에서는 갑자기 자기 욕구를 관철시키기 위해 소리 지르며 울거나 친구를 때리는 행동이 간헐적으로 나타나기 시작했으나 이에 대한 부모의 대처패턴이 불안이나 걱정보다 아동의 행동에 대한 정확한 이해로 옳지 않은 것에 대한 적절한 훈계로 대처하게 되었다. 친구를 때리는 행동에 대해서도 함께 체크리스트를 만들어서 좋아하는 것을 하지 못하게 하는 것으로 처벌을 주기 시작했다고 하셨다.

#### 38회기

갑자기 작은 집 인형놀이를 하다가 순간 과거의 외상적 경험에 대한 억울함이 올라왔는지 "내거 먹지 마. 먹지 마~"하고 소리를 지르며 15분간 악을 쓰고 울기도 했다. 치료자는 조금 당황했지만 놀이 속에서 나타난 정화작업의 일부분이라고 판단되었다.

### 3) 종결단계(40~45회기)

종결단계는 준희가 숫자에 몰입하는 시기였다. 이것은 놀이 전개상 나타난 것이라기보다 아동의 관심 분야가 계속 옮겨가고 있고 사고가 확장되고 있기 때문에 이로 인해 나타난 놀이 패턴이다. 칠판에 천, 만 단위의 숫자 쓰기 놀이에 많이 몰입을 했으나 중요한 것은 이것을 또다시 상호작용 없이 심한 몰입단계라고 판단하면 관계성 또한 깨어질 수 있다. 준희가 숫자놀이에 몰입할 땐 함께 옆에서 숫자의 즐거움을 함께 공유하고, 그 외의 놀이로 전환해서 선택할 때 그것을 활용한 준희의 사회적 상호작용과 정서적 안정감을 살펴볼 수 있었다. 세탁놀이나 치과진료놀이를 하면서 스스로 적절한 사회적 언어를 많이 사용했고, 43회기에서는 축구게임을 3번 치료자와 번갈아 가면서 규칙 있는 게임으로 이해하고 실행할 수 있었다. 중기에 선택한 축구게임에서는 혼자 하겠다고 계속 가져가서 살펴보다가 그만두곤 했으나, 이번엔 스매시 축구 게임에 대한 규칙을 치료자가 얘기하자 공을 넣는 방향이나 점수 올리는 것을 조금 헷갈려 하기도 하지만 이기고 짐에 대한 이해를 통해 게임을 실행했다. 이제 학교에서 또래들에게 잡기놀이를 시도할 정도로 함께 노는 것을 시도하고, 엄마와 한 약속을 지키지 못해서 컴퓨터를 못할 때도 과거엔 약속에 대한 이해를 하지 못해 기다리지 못하고 울었으나 이젠 못 지킨 약속에 대해 참고 수용한다고 했다. 이미 인형에 대한 애착 행동은 다양한 인형놀이를 통해 확장, 정화, 자기인식 등으로 전환되었고, 불안할 때 나타나던 행동은 특정한 상황(엘리베이터, 지하철, 달력 볼 때 등등)에서 많이 줄어들었기 때문에 주 호소에 대한 해결은 진행되었다. 다만 또래관계와의 문제에 있어서 현재는 타인에 대한 관심이 때리는 것으로 나타날 때가 종종 있으나, 이 또한 대처 패턴에 대한 대안 부족으로 발생하는 문제라 판단하여 앞으로 이 부분은 부모의 도움과 현재 열린 사회적 관계성으로 계속 확장 경험하며 이루어가야 할 부분이라고 조언했다.

# 11장 정서적 어려움을 가진 아동에 대한 놀이치료 사례

## 1. 사례 개요

### 1) 아동 인적 사항

준혁이는 접수 당시 만 6세 2개월 된 아동으로 보통키에 약간 통통한 체구, 쑥스럽게 웃는 모습이 많은 귀여운 아이였다.

### 2) 주 호소 내용

(1) 대변을 지속적으로 가리지 못한다.
(대변이 마려우면 식탁이나 어두운 방에 들어가서 있다가 바지에 조금씩 묻히거나 싸며, 화장실에 대변을 본 적이 거의 없다.)
(2) 짜증이 심하고 또래관계가 안 된다.
(3) 동생을 괴롭히고 입을 실룩거리는 틱 증상이 있다.
(4) 부모와 사이가 좋지 못하다.

### 3) 발달 및 생육사

계획된 임신이었고 자연분만으로 출생했다. 임신 시 남편과 주말부부였고, 갑상선기능항진증과 산전후 우울증도 있었다. 모유는 양이 적어 바로 분유를 먹었다.

12개월 때 걸었고, 대소변 가리기에서 소변은 잘 가렸는데 대변은 잘 못가렸다. 대소변 훈련 시 재래식 화장실이라서 신문지에 대변을 보게 했었다. 언어발달과 인지발달은 적절했고 현재도 큰 무리 없다. 사회성과 정서적인 면에서는 내성적이어서 사람들 앞에서 위축된 모습을 보이기도 하지만 공격적인 면도 많이 있다. 또래관계에서는 나이 많은 아동과 어울리고 대변문제 때문에 친구들에게 놀림을 당한다. 형제와의 관계에서는 동생과 자주 다툰다. 현재 유치원을 같이 다니는데 동생을 챙기는 것 때문에 스트레스를 받는 듯하다.

0~3세 : 태어나자마자 외할머니가 양육을 했고, 일을 하느라 출생 시부터 1년간은 주말에만 아이를 보러 친정에 갔었다고 한다. 1년 후부터는 같이 살았지만(외할머니가 집에 와서 양육함) 일 때문에 같이 지내는 시간은 많이 없었으며, 같이 지내도 별로 돌봐주지 못했다. 아동이 엄마가 집에 있었으면 좋겠다고 자주 얘기하였고 아버지가 돈을 벌었으면 좋겠다는 말을 많이 했으며, 동생만 예뻐한다는 얘기를 자주 하였다.

#### 4) 가족관계 : 외조모, 부, 모, 남동생(만 5세)

#### 5) 심리검사 결과

(HTP, BGT, KEDI-WISC, KFD, CAT, 로르샤흐검사 실시)

(1) BGT 결과 : 도형 모사를 살펴보면 시각-운동 협응 능력이 비교적 정상적으로 발달되고 있는 것으로 보이나 지우개 사용이 많은 점을 볼 때 내적인 불안이나 긴장감이 시사되고 있다. 즉각 회상 시행에서는 9개의 도형 중 2개를 회상하여 시각적 단기 기억이 다소 비효율적으로 발휘되고 있는 것으로 보인다.

(2) KEDI-WISC 지능검사 결과 : 언어성 IQ는 124, 동작성 IQ는 110, 전체 IQ는 102로 평균수준으로 나타났으며, 잠재지능은 110내외로 평균 상 수준으로 추정된다. (상식=11 공통성=9 산수=9 어휘=9 이해=12 숫자=10 빠진 곳 찾기=8 차례 맞추기=12 토막짜기=11 모양 맞추기=8 기호쓰기=13)

구체적인 가이드라인(guideline)이 있는 경우에는 전체적으로 사태를 인식하고 파악하는 데 어려움이 없겠으나, 현재 정서적 문제로 인해 모호하고 명백한 가이드라인이 부족한 상황에서는 쉽게 긴장되고 불안감이 증가되면서 중요한 핵심 단서를 변별해 내지 못하고 오히려 불필요한 주변의 세부 단서들에 주의를 돌리기 쉽겠으며, 또한 부분적인 단서나 정보들을 논리적으로 분석하고 종합적으로 해석할 수 있는 능력의 발휘가 부진하여 때때로 사태를 정확하게 파악하지 못하고 오해하는 일이 있을 것으로 생각된다.

(3) **정서 및 성격적 측면** : 부모와의 관계에서 심리적인 거리감을 많이 느끼고 있는 것으로 보이는데, 아버지에 대해서는 다소 위압적으로 여기며 정서적 친근감을 느끼지 못하고 있는 것으로 생각된다. 특히 어머니와의 관계를 살펴보면, KFD에서 어머니를 자신과 가장 먼 거리에 위치시켰으며 모가 아동에 대해 주로 통제와 강압적인 양육적 태도를 취해 왔을 가능성이 있어 보인다. 이로 인해 내적으로 불안과 표현되지 못한 분노감이 누적되어 있는 것으로 보이는데 아동이 보이는 유분증은 이러한 면과 관련이 있을 것으로 생각된다. 또한 투사적 검사의 내용을 살펴보면 동생이 어머니의 사랑을 독차지하고 있다고 여기며, 자신은 어머니의 관심을 받지 못하고 있으며 어머니는 자기편이 아니라고 생각하는 면이 많아 보인다. HTP에서 친구에 관한 주제가 많은데 친구들과 친하게 잘 지내고 싶은 욕구는 많아 보이나 유분증과 관련하여 실제 또래 관계에서 어려움을 경험하고 있는 것으로 보이며, 이 때문에 속상하고 좌절감을 많이 경험하고 있는 것으로 생각된다.

### 6) 문제의 원인

내담아동을 임신하는 과정에서 모(母)는 갑상선 기능항진증과 우울증을 겪으며 심리적으로 매우 불안한 상태에 놓여 있었던 것으로 여겨진다. 출산 후 경제적인 여건상 지속적인 직장생활과 동시에 동생의 임신으로 아동을 외할머니 집으로 보내어 주말에 한 번 내지 한 달에 두 번 정도로 찾아가는 등 아동에 대한 애정과 양육에 관심이 없던 것으로 보여진다. 이로 인해 준혁이는 부모와의 긴밀한 상호작용을 경험하지 못하고 자신에 대한 부정적인 이미지를 형성하면서 정서적 결핍감과 욕구 좌절을 반복적으로 경험했던 것으로 여겨진다. 이러한 모의 무관심한 양육행동은 어린 시절 가정을 등한시하고 경제적으로 무능했던 친정아버지와 열심히 돈을 버는 친정어머니와의 관계 속에서 적절한 양육 경험을 체험하지 못하여 엄마로서의 역할을 제대로 수행하지 못한 것으로 여겨진다. 이렇듯 모의 어린 시절의 경험과 갑상선 기능항진증의 영향으로 모는 감정 조절을 적절히 하지 못하고 아동의 대변 실수에 대해 수용적인 태도보다는 신경질적으로 아이를 대하거나 체벌로 감정을 표현하였고, 부 또한 아동의 대변 실수에 대해 용납하기보다는 몽둥이나 손으로 심하게 때리는 등으로 표현해 준혁이는 심리적으로 매우 불안하고 적개심이 많이 내재된 것으로 보여진다. 이로 인해 준혁이는 대변이 마려우면 식탁이나 어두운 방으로 들어가 대변을 제대로 가리지 못하거나 동생을 괴롭히는 행동을 보이는 등 수동공격적인 태도를 보이고 있으며, 이러한 행동은 부모로 하여금 더욱 강압적이고 체벌적인 양육 태도를 고수하게 만들어 틱(tic) 행동까지 보이게 되는 등 점점 증상이 악화되어 가고 있는 듯하다. 이러한 부모의 부정적인 피드백을 통해 준혁이는 더욱 위축되고 이러한 위축은 향후 제한된 대인관계를 보일 수 있는 2차적인 문제도 나타낼 수 있겠다.

### 7) 치료 목표

(1) 치료자와의 관계 경험을 통해 안정된 애착관계와 신뢰감을 형성하도록 하고, 부모로부터 내재된 적개심을 해소하며 이를 언어로 표현하고 행동함으로써 불안을 감소시켜 유분증을 해결할 수 있는 힘을 갖도록 돕는다.
(2) 수용적인 경험을 통해 자기 내부의 잠재력을 발견하게 하여 긍정적인 자기 이미지를 형성하도록 돕는다.
(3) 부모상담을 통해 아동에 대한 적절한 이해를 도모하고 모의 부적절한 양육 태도를 개선하도록 하여 부모와의 신뢰로운 애착관계가 형성될 수 있도록 돕는다.

## 2. 치료 과정

### 1) 초기단계(1~5회기)

**초기 1~5회기 : 치료자와의 신뢰로운 관계 형성**

처음에는 언어 표현을 제대로 하지 못하고 대변놀이를 통해 긴장과 불안정한 모습을 반복적으로 나타냈으나 차츰 치료자와의 안정된 관계를 형성하자 언어 표현을 명확하게 하고 집세트 꾸미기와 음식놀이를 통해 자신의 욕구와 불안감을 조금씩 해소하는 것으로 보여진다.

대기시 긴장, 경직, 두리번거리기를 반복했다. 모래상자에 가서 사자 2마리를 넣고 엉덩이에 똥을 놓으면서 치료자를 보고 웃는다. 호랑이를 꺼내어 사자와 마주보게 하고 호랑이, 사자 새끼들을 마주보게 하고 싸우는 모습을 만든다.

받아쓰기 시험 100점 맞아서 엄마, 아빠가 기차 사줬다고 자랑하면서 기분 좋다고 표현한다. 플레이 도우(play-doh)를 꺼내어 뿌지직하면서 변기 위에 대변 흉내를 내면서 크게 웃고 좋아한다.

집세트로 집을 꾸미다가 집 안에 있는 물건 전체를 다 빼놓고 새로 꾸미기에 열중한다. 또한 소꿉세트로 음식을 만들고 냉장고에 넣거나 먹는 흉내를 낸다. 레고로 자동차와 배를 만들고 차를 만들다가 부속품이 없으면 배를 만들고 배를 만들다 잘 안되면 자동차 만들었다. 하나를 집중해서 만들지 못하였다.

**〈모상담〉** 아이가 지금까지 화장실에 가서 제대로 대변을 본 적이 없고 바지에만 했다. 그동안 대변 때문에 온가족이 스트레스를 많이 받아서 이것만 잘 되면 소원이 없겠다. 그동안 좋아지겠지 하고 기다렸는데… 너무 늦게 온 것 같아 속상하다. 아이가 대변을 옷에 싸면 어떻게 대처해야 하는지 모르겠다. 요즘은 안 때리고 아이를 이해하려고 하는데 한번 욱하면 나도 모르게 손을 댄다. 요즘 자주 안기고 스킨십을 자주 한다. 며칠 전에는 준혁이가 외할머니에게 엄마가 변한 것 같다고 하면서 날 사랑하는 것 같다는 말을 했다고 한다.

이번주는 너무 기뻤다. 똥을 싸겠다고 얘기하고 화장실에 가서 변을 봤다. 몇 번 바지에 실수는 했지만 그런 말을 했다는 것이 너무 좋았다. 온 가족이 상을 줘야 된다고 기뻐했다.

### 2) 중기단계(6~21회기)

**중기 ① 6~14회기 : 친밀감 대 불안정한 모습**

치료자에게 말을 많이 하고 게임도 적극적으로 배우려고 하는 등 친밀감이 생겨났으며, 모와의 잦은 스키십을 요구하는 밀착된 애정 표현을 하기 시작하면서 유분증이 다소 줄어들었으나 모의 적절하지 못한 양육태도로 불안정한 모습을 반복적으로 보이기도 하였다.

#### 6~7회기

들어오자마자 샌드백을 발로 차면서 입을 실룩거리기를 여러 번 했다. 다이아몬드 게임을 꺼내 구멍에 말을 끼우다가 웃으면서 힘들다는 표현을 많이 했다. 동물농장피아노를 꺼내어 누르면서 재미있다는 표현을 많이 하였고 웃으면서 즐거워했다. 동물농장 레고에서는 노래를 부르면서 역할놀이를 했는데, 아동이 농장아저씨, 치료자는 동네사람을 했다. 아저씨가 농장에 가서 동물(양, 돼지, 소)을 한 마리씩 가져와서 트럭에 실어 놓고 동네사람을 1명 태우며 "나왔다. 나 일 다했다." "음료수 줘." "일해야 되니 넌 내려라." 등의 말을 했다. 그리고는 아기인형과 침대를 가져와서 자장가를 불러 주면서 아기를 잘 돌보는 놀이를 했다. 아기인형에게 젖병을 물려 주고 똥은 아저씨를 불러서 치우게 했다.

**〈모상담〉** 이사가느라 스트레스를 받아 화를 많이 냈다. 그랬더니 다시 대변을 잘 못 가렸다. 그리고는 엄마에게 말 안 한다고 그랬다. 남편도 대변을 못 가린다고 아이를 때렸다. 대변을 바지에 싸고서는 "똥 싼 것 때문에 화났지?"라고 물어보았다. 그리고 "엄마는 화내고 아빠는 때리고… 우리를 잘 키울 수 없냐"고 물어서 당황했다.

남편이 안 도와줘서 스트레스를 아이에게 풀었다. 그랬더니 준혁이가 동생에게 "엄마는 나쁜 엄마."라고 얘기했다. 그리고는 게임에 푹 빠져 있었다(모자관계가 적절하지 않음을 설명하고 모 개인상담 권유).

### 8~9회기

대기 시 사탕을 꺼내어 "저번에 가져왔는데 안 줬어요."라고 하면서 치료자에게 주었다. 치료실에 들어오자마자 핸드폰을 눌러 보다가 "아저씨 놀이해요."라고 하면서 레고를 꺼낸다. 트럭 뒤에 기차를 연결하여 소와 아저씨를 태우고 손으로 밀고 다니기 놀이를 한다. 조금 하다가 "나 이거 안 할래."라고 하면서 큰 자동차와 유치원버스를 밀고 다녔다. 큰 자동차 뒤에 모래를 넣고 그릇으로 "포크레인이야." 하면서 흙을 퍼서 큰 차 뒤에 넣었다. 갑자기 "미사일 뺑!" 하면서 미사일을 모래에 넣고 플레이도우(play-doh)를 꺼내어 기차, 물고기, 비행기 등 모양 찍기를 했다. 다시 자동차를 가로로 10개를 세우고 "위험할 때 출발하려구 서 있어요." "불나거나 사람이 다칠 때." 한 대씩 나오게 했다.

"공룡놀이 해야지." 공룡을 꺼내고 개미, 파리 꺼내어 싸웠다. "선생님 뱀해요." 뱀을 개미 2마리가 죽이고 전갈이 나타나 뱀을 잡았다. "선생님은 나쁜 뱀해요." 비행기로 뱀을 치고, 뱀을 차로 밟고 "더 세게 밟을 거다… 하하하." "아직 시간 안 됐죠?" 호랑이가 뱀 친구라고 하면서 친한 척하다가 갑자기 배신을 하고 뱀을 죽였다. 호랑이 아빠가 아기 호랑이에게 뱀 꼬리를 주며 "고마워요, 아빠." 호랑이 가족이 나왔다. "형에게도 줘야지." 엄마 호랑이가 아빠 호랑이에게 형에게 뱀 꼬리를 주라고 계속 얘기하고는 엄마 호랑이 엉덩이에 똥을 놓고 화장실에 갔다고 하였다. 화장실에 벌레가 있다고 하면서 부모에게 죽여 달라고 아이들이 요청하였고, 치료자가 부모 역할을 하면서 벌레를 죽여 줬다. 전반적으로 목소리도 커지고 말도 자연스럽게 많이 하였다.

**〈모상담〉** 비데를 설치하기로 했다. 요즘 동생하고 누가 좋은지를 비교한다. 아빠에 대한 감정은 예전보다 좋아졌고 애기 소리를 많이 낸다. 이번주는 힘들게 안 하고 말도 잘 듣고 동생을 잘해줬다. 그런데 모에게 관심을 끌려고 동생에게 잘해주는 느낌이 든다.

### 10~11회기

카메라 동화를 보면서 동화 얘기를 해 주면서 "선생님! 새가 날아가고 아저씨가 줄을 당겨요… 그리고…" 조금 얘기하다가 "다른 거 할래요." 유치원 버스를 끌고 와서 아동이 운전사, 치료자가 아이들 역할을 했다. 유치원 차를 집세트 앞에 놓고 아이들을 내려주고는 "아빠가 왔어."라고 하면서 자동차 탔다. "저 자동차 놀이를 할래요." 자동차를 밀어서 멀리 나가기 대결을 했다. 갑자기 룰렛을 보면서 신기해하더니 "재미없어요." 다시 롤러코스터를 했다가 다시 볼링을 했다. 처음에 스트라이크가 나오자 "나 볼링 잘하죠?" 그 다음부터 잘 안되자 농구로 놀이를 전환했다. 전반적으로 하나의 놀이에 집중하지 못하고 산만한 느낌이었지만 입 실룩임은 많이 줄었다.

축구게임을 하다가 tap-tap nagelspiel을 꺼내어 기차와 해를 만들었는데, 30분 정도 집중해서 했다. 치료자에게 옆에서 못을 달라고 요구하고 늦게 주면 망치로 바닥을 치면서 웃었다. 기차를 연결해서 밀고 다니며 "지금 기차가 시골 가요." "친구 만나러." "시골 친구." 쿠션을 가지고 집 모양을 만들고 친구 집이라고 말하고는 나중에는 부수고 나왔다.

**〈모상담〉** 일요일에 가족들과 공원에 인라인 스케이트와 자전거를 타러 갔다. 너무 좋아하면서 또 왔으면 좋겠다고 노래를 불렀다… 요즘 엄마를 많이 찾고, 직장에 안 갔으면 좋겠다고 하며, 할머니가 안 놀아 준다고 울었다. 엄마가 잘해준다고 좋아하면서 예전에 못 해줬던 것들을 다 기억하고 말을 했다. 나와의 약속을 귀신같이 기억하고 안 지키면 나쁜 엄마라고 한다.

〈부모 상담〉

- 목표 : 부모에게 아이 상태를 재인식시키고 체벌과 소리치는 것이 아이에게 어떠한 영향을 주는지 명확히 설명하기. (특히 부에게는 모와 함께 집안일을 도와줄 수 있도록 지지해주기)
  아이의 상태를 설명하고 양육 방법을 알려 주기. 특히 부에게 모를 많이 지지하고 이해해 주며 아이가 대변 실수 시 때리거나 혼내지 말 것을 당부하고 6개월 동안 노력해 보자고 하였음. 잘해줬다가 잘 못해주는 모습은 아이의 증세를 악화시키는 행동임을 설명하고 모의 다혈질적인 성격을 적절히 표현하고 조절할 수 있도록 모상담을 지속하자고 하였다.

### 12~14회기

"저 세수하고 왔어요." 하면서 관심을 받고 싶어 했다. 전화기를 누르면서 "뭐하고 놀까요?" 동물농장 피아노를 치다가 로션 가져와서 치료자가 로션을 발라 주니 좋아하면서 웃는다. 그리고는 다리에 난 상처를 보여주면서 "씽씽카 타다 다쳤어요." 치료자는 호 해주고 밴드를 붙여 줬다.

"저 아빠랑 동생, 엄마랑 똥돼지 먹으러 갔었어요."라고 얘기하면서 가족들과 함께 가니 좋았다고 한다.

동물농장 레고를 꺼내어 집 내부를 만들고 그 안에 식탁을 만들어 4명이 식탁에 앉아 밥을 먹는다. "엄마, 아빠, 동생, 나예요. 같이 밥 먹고 있어요." 웃으면서 다시 더 견고하게 만들었다.

준혁이가 체스게임을 선택해서 치료자가 게임 방법 설명해 주자 "너무 재미있다."라고 얘기하고 게임 방법을 금방 숙지하여 3판을 연속으로 하자고 제의했다. 말들이 어떻게 움직이는지 물어보면서 적극적인 모습을 보였고, 치료실을 나오면서 "엄마에게 맛있는 것 사달랠 거예요"라면서 좋아했다.

**〈모상담〉** 상담을 받고 간 후 남편이 많이 달라졌다. 아이에게 잘해주려 하고 나를 많이 도와주었다. 요즘 업어달라는 말을 해서 30분 정도 업어 주었다. 그랬더니 "나 죽었으면 좋겠지?" 라고 물어봐서 너무 놀라 어쩔 줄 몰랐다. 변비를 제거하기 위해 알로에 물, 다시마, 허브 식품을 먹였더니 변을 많이 보았다. 강아지에게 애정을 표현하고 밥도 주고 예뻐한다.

**중기 ② 15~21회기 : 자신의 얘기와 의사 표현을 분명하게 하기**

놀잇감을 다양하게 확장시켜 나가며 특히 집세트 놀이를 통해 가정을 새롭게 변화하고자 하는 욕구를 나타내기. 자신에 대한 얘기와 의사 표현, 부모에 대한 적개심을 언어로 적절히 표현하고 감정 표현이 많아짐.

### 15~16회기

로션을 보면서 "이건 여기 왜 있어요?"라고 물었다. 준혁이가 로션 바르기를 원해서 치료자가 발라주자 간지러워하면서 좋아했다. 카메라 동화를 보면서 치료자에게 설명했다. “지금 공주가 잡혀가고 있어요. 그리고 괴물이 나타나자 공주가 놀랐어요. 그래서… ” 집세트 놀이 시 변기를 꺼내어 그 위에 똥을 올려놓고 아이인형을 가져와 그 위에 앉혔다. 웃으면서 “똥을 쌌는데 바지에 묻었어. 그래서 엄마에게 혼나는 거야. 그런데 엄마가 문을 열고 씻겨 주고 있어. 창피한데… 이거 말하면 안 돼요? 저 바지에 똥을 쌌거든요, 그래서 엄마, 할머니에게 혼났어요.” “별로 안 마려웠는데 갑자기 마렵잖아요”

기찻길을 만들면서 “선생님 같이 해요.” 동그랗게 기찻길을 만들고 그 위에 터널을 놓고 누워서 기차가 움직이는 모습을 한참 보다가 “체스 해요. 얼마나 재미있는데요?” 치료자가 가르쳐 준 대로 물어보면서 열심히 체스놀이를 했다. “저 엄마, 아빠, 동생이랑 63빌딩 갔다 왔어요. 재미있었어요.”

**〈모상담〉** 요즘 비데에서 오래 앉아 있으면서 물 마사지를 받아서 대변을 본다. 어제는 나에게 유치원에서 대변 마렵다는 말이 잘 안 나온다고 얘기하고 “왜 대변 마렵다는 말이 잘 안 나오냐”고 했다. 그러더니 연습을 하면 된다고 하면서 연습하겠다고 얘기를 했다. 유치원 선생님이 준혁이가 얼굴도 밝아지고 학습이 좋아졌으며 자신감도 많이 생겼다고 했다.

### 17~18회기

대기시 다른 아동과 탑블레이드 놀이를 하면서 치료시간을 기다렸다. 들어오자 마자 “선생님, 저 오늘 화장실에서 똥 싸고 왔어요.” 전반적으로 목소리가 크고 즐거워했다. 나무공을 가지고 서로 주고받는 놀이를 했다. 집 세트에 가서는 “누가 집을 엉망으로 만들어놨네.” 하면서 집을 꼼꼼히 정리했다. 가운데에 식탁을 놓고 할머니, 할아버지를 마주 앉아 있게, 하고 화장실 만들어 놓고 2개 침대 위에 부와 모를 눕혀 놓고 아동을 가운데 놓았다. 대기 시 다른 아동과 탑블레이드 경기를 하면서 동생 포함 3명이 돌아다니면서 큰 소리로 얘기하고 놀았다.

아기인형을 때리고 던지면서 괴롭히는 등 공격적인 모습이 보였다. 인형이 울자 청진기로 진찰하고 다시 인형을 괴롭혔다가 주사 놓고 진찰하고 약을 주었다.

**〈모상담〉** 남편이 아이에게 윽박지르고 있어 부부싸움을 했다. 준혁이는 기분이 좋으면 말한 뒤 대변을 보고 안 그러면 바지에 싼다. 잘 울고 요즘 엄마가 자기를 좋아한다고 얘기하고 매를 들면 무서워하기도 한다. 동생을 종일반에 넣고 준혁이는 외할머니와 같이 있게 하려고 한다. 유치원에서 준혁이도 종일반에 보내라고 하는데 할머니와 있게 하는 것이 도움이 더 될 것 같다.

**〈할머니 보고〉**

며칠 전에는 "아빠가 나에게 잘한다."라고 얘기했다. 예전에는 대변을 바지에 많이 쌌는데 이제는 조금 묻히고 화장실에 간다. 그리고 비데에서 물마사지를 하면서 변을 본다.

### 19~20회기

광복절로 한 주 쉼.

치료실에 들어오자 마자 "저 똥 가지고 칭찬받았어요. 바지에 안 묻히고 화장실에 쌌다구요." 사람 얼굴을 만드는데 행복한 얼굴을 가리키면서 행복한 얼굴을 만들었다. tap-tap nagelseiel로 여러 모양을 만들었다.

집세트에 가서 새로 정리하면서 "아빠하고 엄마는 침대에서 자고 아이는 TV보고 있어." 갑자기 똥을 가져와서 모의 얼굴에 올려놓고 아이들이 모를 때리는 흉내를 냈다. 부는 모에게 방구를 뀌고 트럭으로 모를 짓눌렀다.

**〈모상담〉** 요즘 직장에서 사람이 바뀌는 바람에 스트레스를 많이 받았다. 그래서 아이에게 화풀이를 많이 했다. 아이가 많이 좋아졌는데 요즘 내가 스트레스를 많이 받아 화를 냈다. 예전에는 집에만 있었는데 밖에서 친구들과 노는 시간이 많아졌다. 나에게 안기고 스킨십을 좋아한다.

### 21회기

10분 지각. "유치원에서 늦게 왔어요. 놀다가 넘어져서 씻고 있는데 할머니가 어디 있는지 몰라서… 저를 한참 찾았는데 내가 다른 길로 가서…" 왜 늦게 왔는지 설명을 했다. 소꿉놀이를 하면서 냉장고, 전자레인지를 꺼내고 "여기에 맛있는 것 만들어 넣어야지. 아! 플레이도우로 먹을 것을 만들어야겠다."하면서 호떡을 만들고 그리고는

"맛있게 먹어요. 호떡." 전자레인지에 넣으면서 먹는 흉내를 내었다.

**〈모상담〉** 이번주는 친구들과 자전거를 타는데 바지에 똥을 싸고 왔다. 스트레스를 갑자기 받아서 화를 많이 냈다. 잘하다가도 이렇게 바지에 싸고 오면 화가 더 난다. 동생과는 요즘 잘 부딪히지 않는다.

### 3) 말기단계(22~37회기)

**말기 22~37회기 : 가족에 대한 긍정적인 감정과 자신감 회복, 즐거운 감정을 표현하기**

가족에 대한 긍정적인 감정을 표현하고 자신감을 나타내기 시작하였다. 즐거운 감정을 자주 표현하고 목소리도 커지고 웃는 시간들이 많아졌다.

#### 22~24회기

들어오자 마자 "오늘 할머니하고 끝말잇기하고 가위바위보 했어요. 우리 할머니가 너무 좋아요." 체스 게임 시 제대로 게임 규칙을 지키며 하지는 못하지만 치료자가 옆에서 가르쳐 주면 수용도 잘하고 즐거워했다.

**〈모상담〉** 아이가 할머니가 잘해주니 좋았나보다. 할머니가 좋다는 말을 하다가도 화나면 할머니 집에 가라고 한다.

#### 25~28회기

로봇을 꺼내어 싸우는 놀이를 했다. 아동은 큰 로봇을 선택하고 치료자에게는 작은 로봇 5개를 주었다. "누구든지 날 이기지 못해." "하하하… 선생님, 저 석종이형한테 싸움에서 졌는데요. 이제는 내가 이겨요." "제가 안 놀아 준다고 하니까 형이 잘해준다고 그러는 거 있죠?" "저 친구 많아요. 친한 친구 이름 대볼까요? 변**, 김**, 양**, 강** 이에요."

**〈모상담〉** 요즘 친구랑 자주 논다. 친구들이 부르면 "숙제하고 나서 와."라고 큰 소리친다. 대장노릇을 하면서 "너 집에 가, 너 더 놀다 가."라는 말을 했다. 자신감도 생기고 유치원 생활을 모에게 보여주고 싶어 한다.

### 29~30회기

축구와 볼링, 전쟁놀이를 주로 하였다.

**〈할머니 보고〉**

모의 태도가 많이 변한 것 같다. 아이들에게 잘해 주려 하고 소리도 덜 지르려고 한다.

### 31~32회기

목소리가 커짐.

"선생님 오늘 유치원에서 동생이 친구한테 맞고 있어서 제가 혼내줬어요. 다람쥐반 아이들이 기린반 형들한테는 못 덤비거든요."

칼싸움놀이, 총싸움놀이를 하는 데 몰입되어 정신없이 싸웠다.

**〈할머니 보고〉**

동생과도 사이좋게 지내고 요즘은 야단맞을 일이 없다. 내가 누워 있으면 베개를 가져와 머리에 놓고 TV를 본다. 부가 아침을 먹는데 컵에 물을 갖다주더라. 1월에 이사를 간다.

### 33~34회기

슈퍼마켓 놀이를 하면서 준혁이가 주인을 하고 치료자가 손님을 했다. "어서 오세요." "아침 일찍 시장에서 물건을 많이 사왔어요."(이 배는 얼마예요?) "1개에 1,000원인데, 손님은 단골손님이어서 900원에 드릴게요." "자주 오면 더 잘해 드리죠."

**〈모상담〉** 성질은 이제 덜 부리는 것 같다. 3월이면 초등학교에 입학해서 당분간 유치원을 쉬고 있다. 그런데 동생하고 싸우지도 않고 잘 지냈다. 틱 행동도 보이지 않고 대변도 가끔 실수하지만 그래도 잘하는 것 같다.

### 35~37회기

"아빠 교육 가서 3일 뒤에 온대요. 보고 싶어요", "아빠가 무서운데 안 보니까 보고 싶어요", "우리집 이사 갔는데 진짜 좋아요. 화장실도 좋고 집도 새 집이에요. 아파트요." 이사 간 집을 도화지에 그리고 치료자에게 보여줬다. 볼풀장에 들어가 엄마에게 전화하면서 "엄마, 만두 먹고 싶어요." "오늘 7시에 끝나죠? 끝나면 만두 사가지고 오세요." "동생하고 사이좋게 놀고 있을게요." 콧노래를 부르면서 웃었다.

**〈모상담〉** 부에게 안기고 애정 표현을 하였다. 모에게 관심을 받고 싶어 하는 것 같다. 어제는 유치원 끝나고 할머니랑 길이 엇갈렸던 것 같다. 집에 와 문이 잠겨 있으니 당황하지 않고 옆집 아줌마에게 "집에 문이 잠겨 엄마에게 전화 한 통 하겠다."라고 말하고 침착하게 동생 데리고 잘 대처했다. 이렇게 의젓하게 대처하는 모습을 보고 많이 뿌듯했다.

# 12장 행동적 어려움을 가진 아동에 대한 모래놀이치료 사례

## 1. 사례 개요

### 1) 아동 인적 사항

지현이는 초등학교 3학년 재학중인 여자아이로 검고 까무잡잡한 피부에 눈이 크고 머리가 덥수룩해 보였고, 표정이 다소 두려워하는 듯하였으며, 엄마에게는 존대어를 사용하고 처음 본 치료자에게는 어린애 같은 말투로 하이톤으로 이야기하였다.

### 2) 주 호소 내용

(1) 주의산만하고 집중력 부족
(2) 먹는 것에 대한 집착
(3) 도벽

### 3) 발달 및 생육사

지현이의 부모는 각각 배우자 사별로 재혼하였으며, 지현이를 임신했던 당시 계획임신이었고, 지현이의 친모에게는 첫아이였으며 원하는 성별이었다고 하였다.

지현이는 신체, 언어, 인지, 정서 및 행동적인 측면에서 특별한 보고가 없었다.

성격적인 측면에서는 고집이 세고 자기중심적이나 정이 많고 붙임성 좋은 아이였으며 감정기복은 심한 편이었다고 한다. 지현이의 친모는 지현이가 6세에 사망하였으나 그 이전에도 공부중으로 지현이를 돌보는 사람이 자주 바뀌었고, 재혼 후 가정에서도 지현이를 돌보는 사람이 자주 바뀌었다고 하였다.

### 4) 가족 관계

(1) 부: 고집이 세고 말을 잘 안하는 것이 단점이나 다정한 성격.
(2) 모: 평소 상냥하나 아이가 잘못했을 때는 냉정하다.
(3) 언니: 조용하고 동생한테 친절하며 뜻을 다 받아 주는 편.

### 5) 심리검사 결과

(K-CBCL, BGT, HTP, KFD, K-WISC-Ⅲ, SCT, ADS)

- 인지

| | 언어성(104) | | | | | | 동작성(97) | | | | | |
|---|---|---|---|---|---|---|---|---|---|---|---|---|
| 소검사 | 상식 | 공통성 | 산수 | 어휘 | 이해 | 숫자 | 빠진곳 찾기 | 기호 쓰기 | 차례 맞추기 | 토막 짜기 | 모양 맞추기 | 동형 찾기 |
| 환산점수 | 14 | 11 | 5 | 10 | 13 | 12 | 10 | 6 | 12 | 10 | 10 | 14 |

- BGT: 시지각-운동협응 정상범주이나 부주의한 면 시사됨.
- ADS: 시각, 청각자극 모두에서 부주의, 반응시간, 표준편차가 비정상범위이므로 과제 수행 시 주의집중 기복이 심하여 반응의 일관성이 부족하므로 주의집중력 문제 시사됨.
- 정서: 불안, 우울감, 관심받고 사랑받고 싶은 욕구를 강하게 가지고 있으면서도 그것이 충족되지 않을 것이라는 부정적 기대를 가지고 있어 무력감 보임.

- 요약:

K-WISC Ⅲ 결과, 아동의 전체 지능은 101로 상위 50%에 드는 보통 수준의 지적 능력을 갖고 있다. 언어성 지능은 104, 동작성 지능은 97로 두 검사 모두 보통 수준으로 대부분의 영역이 연령 혹은 연령 이상으로 잘 발달하였음에도 주의력과 관련된 어려움과 정서적 어려움으로 인해 자신의 능력을 효율적으로 활용하기 어려울 것으

로 예상된다. 아동은 주의가 주변 자극에 의해 쉽게 분산되고 과제에 따라 다르게 반응하며 정신적 에너지를 집중하는 것에 어려움을 겪고 있다. 이러한 특성은 아동의 정서적 어려움과 상당히 관련 있는 것으로 판단된다.

### 6) 문제의 원인

지현이는 출생 시부터 지금까지 양육자가 자주 바뀌고 양육 환경이 불안정하여 안정적으로 '나' 를 경험할 수 있는 기회가 없었던 것으로 보여진다. 여기에 친모의 죽음은 불안정한 자기존재에 상실감을 더욱 가중시켰을 것으로 예상된다. 더구나 현재 모가 감정적 교류에 민감하지 못하고 모 스스로도 불안감을 가지고 있어 지현이에게 정서적 접촉을 이루기는 어려웠을 것으로 판단된다. 이로 인하여 지현이의 드러나는 행동이 부주의하고 산만한 양상, 의욕 없음, 눈치 보는 행동으로 나타나는 것이 아닌가 추측된다.

### 7) 치료 목표

(1) 치료자와의 친밀하고 신뢰로운 관계를 맺음으로써 안정된 애착관계를 발달시키고 정서적 욕구를 충족한다.
(2) 비지시적 놀이를 통해 아동 안에 내재된 무의식적 욕구와 갈등을 표출하도록 한다.
(3) 위의 과정을 통해 자율적이고 주도적인 자아를 경험하게 한다.
(4) 모상담을 통해 아동의 욕구를 이해하게 하고, 아동에 대한 관점의 변화를 돕는다.

## 2. 치료 과정

### 1) 초기단계(1~4회기)

1회기

입실하자마자 지현이와 치료자가 몸이 닿으면서 정전기가 일어나 웃으며 시작, 시작하자 마자 불(피규어)을 찾고 토끼를 풀 위에 놓고 지붕을 덮고 지현이가 "귀엽긴 귀여운데 먹을 걸 너무 많이 밝혀요."라고 하였다. 토끼를 우리 안에 넣고 우리 안에 있는지 확인하면서, 자기 이름을 어떻게 알았느냐 등 치료자에게 질문하고 이런 곳에 와 봤다고 하였다.

〈모래상자 선택〉 잠수부를 선택하여 옷 벗겼다가 다시 입히고, 물(따뜻한 물)을 부을 수 있는지 묻고 모래 만져도 되는지 묻고 만지며 높은 산꼭대기를 만들었다.

이어서 물고기잡이라며 잠수부 둘을 상자 안에 놓고 꾸몄다.

이후 보물찾기라며 컵, 생선, 접시 등을 모래에 묻고 "이따가 선생님이 찾는 거예요."(치료자:그래) 라고 하였다. 끝나면서 왜 45분만 하는지 묻고, 다시 모래상자에 언덕을 각자 만들어 사람을 고르고, 그 반대편에서 서로 눈싸움을 하자고 하였다. 그리고 맞지 않기 위해 방어막을 만들었다. 일주일에 한 번씩 꼭 하는 건지 다시 묻고, 방어막을 만들면서 생긴 움막 같은 곳을 눈동굴이라 하면서 "따뜻해"라고 하였다. 아동은 한 마디 하면서, 행동하면서 계속 치료자를 슬쩍 보고 하는 등의 눈치 보는 행동이 많고, 아기 목소리로 이야기하였다.

## 2회기

지현이는 입실하자 마자 모래상자 앞에서 바로 피규어 골라 만들기 시작하였다.

아이를 그네에 태우는데 떨어지자 아기목소리로 "아--, 으으--" 하였다. 바로 거칠게 모래를 놀잇감으로 푸고 음식물을 던져 상자 안에 흐트려 놓고서 "너무 많이 집어넣었나?"하며 치료자를 흘끗 보았다. 무기함에는 총 1개만 있어도 된다고 하고 싸우려고 음식을 많이 먹었다고 하였다. 그리고 나서 음식들을 치우며 요리한다고 하였다. 이어 다 먹었다고 하며 치웠다. "전쟁 가야죠… 이제…"(치료자: 전쟁이 언제인데?) "내일… 폭탄은 숨겨 놓고(모래에 묻음)." (치료자: 엄마는 뭐하고 있어?) "어디 가요. 다치면 안 되니까… 전쟁이다!! (폭탄 쏘며 공격적으로 놀이) 폭탄! 빗나갔다. 빗나갔다. 명중! 명중! (대포 안에 칼을 넣고 쏘며) 명중 아니다…!" (치료자: 얘네들은 지금 무엇 때문에 전쟁이 난 거야?) "몰라요… 생각이 안 나요…" 하였다.

〈축구게임〉 몇 점 한도로 정해서 먼저 그 점수를 얻은 사람이 승리하는 것으로 하였다. 치료자가 승리하자 지현이는 안 되면 게임판을 막 흔들고 밀어버렸다.

〈슈퍼놀이〉 지현이가 슈퍼 주인 역할을 하였다.

〈음식요리〉 냄비에 음식을 넘치게 채워 (치료자: 여기 이 정도로 음식이 필요해?) "네… 쏟아지네… 수박찌갠데 메론맛이에요." 소시지에 케첩 묻혀서 치료자에게 주었다.

아동은 여전히 눈치를 많이 보았고, 아기목소리를 내며 치료자에게 반응하였다.

### 3회기

작은 인형집을 보며 "이게 뭐예요?" 하며 보고, 열어보라고 하자 열어서 보았다. 아기목소리로 이야기하며 진열장에 피규어를 마구 다루고 상자에 던졌다. 이에 치료자는 오늘따라 기분도 안 좋고 마음에 드는 피규어가 없는가보다 라고 반응하였다.

상자 밖에서 마법사와 소녀/ 아이 둘을 대결시키며 싸움. 아이쪽이 졌으나 자동차 선물을 받았고 자동차를 타고 가다가 떨어져 다치고 치료 받아 하루 만에 낫고 천사 날개와 봉을 받았다고 하였다.

### 4회기

하늘나라에서 땅 신문을 보는데 신문에 대회가 열린다고 나왔다고 하며 치료자에게 산타와 아이를 고르라고 하고, 놀다가 갑자기 자기 여기서 노는 게 집중력 보려고 하는거죠? 라고 하였다. 치료자는 "00는 집중력 때문에 온 것 같구나."라고 하고 처음에 왔을 때 설명했던 대로 마음이 힘들 때 놀이하면서 풀려고 오는 곳이라고 반응하였다.

다시 눈사람 만들기대회가 열린다며 모래상자… 물(따뜻한 물 필요 없다며 괜찮다고 함) 붓고 다시 눈동굴만들기 대회라고 하였다. 치료자와 함께 대회에 출전하여 지현이가 이겼다. 지현이는 치료자 팀에게 선물로 구급차를 주었는데, 그 구급차를 타고 가다가 갑자기 차문이 열려서 튀어나와서 뼈가 다 부러졌다고 이야기를 만들었다. 양손, 양발, 머리까지 다 다쳤다고 하였다. "할아버지는 너무해. 잡아 주지도 않고…" 라고 하면서 천사가 와서 머리를 멀쩡하게 하고 천사 왕관으로 다 낫게 됨. 발만 빼고… 갑자기 뛰어내려서…. 천사날개의 도움으로 발이 나았다가 날개가 지쳐서 무덤

속으로 갔다가 징검다리를 통해 하늘로 가는데 하늘나라에 가기 싫어서 땅이 좋아서 다시 아이들한테 날개와 봉, 가운을 주고 감. 다 낫고 친구들한테 자랑하고 끝. "난 자유다!"라고 하였다.

아동의 눈치 보는 횟수가 현저히 줄어들었다.

### 2) 중기단계(5~15회기)

#### 5회기

지현이는 비눗방울놀이를 하고 칸막이상자를 이용하여 꾸몄다.

이어 "바다에서 조난 당한 사람들 만들거야." (치료자: 배에 먹을 게 잔뜩 있네) "여기 음식만으로도 평생 동안 버텨야 돼요." (사람들을 태우며) "엄마, 아빠, 아이들(남, 녀), 아기가 있어요. 아빠는 멍청해. 술 한 잔 할까? 뻥(엄마가 발로 참). 이층침대에 남매가 서로 올라가겠다고 싸워요. (여자아이가 위) 거기서 떨어지면 너의 죽음이다." (시계 보며) "벌써 시간 저렇게 됐어."(치료자: 35분 남았는데…) "여자아이는 일어나고 오빠는 난리 뽀개고 자고 있고… 엄만 새벽이라 밥하러… 물 길어와야 하는데… 먹을거리 많이… 아이들이 배고플 테니까… 콰당! 줄이 끊겨서 오빠만 침대에… 근데 엄마가 구해 주러 갑니다. 걸리게 포크를 던져. 근데 안 걸려. 니가 잘못했잖아… 엄마가 잘못했어… (치료자: 서로 자기 탓이 아니라고 하네…) "오빠는 자기 혼자 떠나. 음식 가지고 떠나. 엄마가 돌아올 생각도 하지 마라. 돌아오면 두들겨 패줄 테니까… 어느새 곡식이 다 떨어졌어… 접시에 포크로 편지를 써서 보내. 여자애는 엄마 음식 다 맛없다고 하고 아기만 끝까지 먹어. 쾅! 침대가 갈라져(2층이 분리되었다는 뜻)." 배에 엄마, 아빠, 아이 다 타서 집으로 가는데 무인도에 도착하는 장면을 만들었다.

**〈모상담〉** 물건이나 먹는 것에 집착하는 게 여전하다고 호소하였다. 그러나 도벽과 거짓말은 없다고 하였다.

#### 6회기

〈볼링게임〉 게임으로 시작을 하였다. 치료자가 승리하자 지현이는 속상한 표현을 하였다. 초기의 감정대로 게임기를 다루는 것에서 한층 발전된 모습이었다.

이어 모래상자를 꺼내어 치료자에게 엄마, 아빠, 아들, 딸을 피규어 중에서 골라달라고 하였다. 옛날 여왕은 착했는데 욕심 많은 여왕이라고 하면서 그래서 아주 특별한 것을 줘야 한다고 하였다.

천국이 등장하고 전쟁이 시작된다는 알림이 들린다고 하였다. 천국편은 약하고, 지옥편은 강한데, 지옥편이 훈련을 똑똑히 받았기 때문이라고 하였다. 치료자에게 지옥편을 하라고 하였다. 그리고 강해야 된다고 하였다. 아빠가 총을 가져다가 총으로 쏴서 지옥편을 죽였다. 아빠는 딸에게 총 얘기를 하고 딸은 신기한 물건이라고 이야기한다고 하였다. 아빠는 가족들에게 가서 소원 3가지를 들어 준다고 하였다. 딸은 바다에서도 걸을 수 있는 말을, 아들에게는 말과 마차를 주었다.

"말들은 바다를 달리기 힘들지만 할 수는 있어요…"

가족은 오다가 엄마, 아빠는 죽고… 여자아이가 오빠를 구하러 간다. 오빠가 "고마워." 여자아이는 "이제 우리 둘만의 힘으로 살아가야 하니까 요리, 돈 벌줄 알아야 해… 엄마에게 배웠어."라고 한다.

**〈모상담〉** 특별한 일은 없었고. 지현이가 말 잘 듣고 특별히 달리 변한 건 없는데, 아빠가 없으니 엄마 말을 더 잘 듣는다고 하였다. 언니가 방학하면서 둘이 깔깔 웃고 하는 소리가 많이 들리고 잘 놀아 준다고 하였다.

### 7회기

치료자에게 엄마, 아빠, 아이 두 명, 전사 두 명을 골라달라고 하였다. 그 중 치료자가 골라 준 엄마는 제자리에 두고 '못된 엄마' 한다며 마녀피규어를 골랐다.

훌륭한 말은 아기와 여아의 것이라고 하며 그 말은 바다 위도 걸을 수 있는 말이라고 하였다.

"엄마는 아기만 사랑하고 심술쟁이 엄마… 어떤 엄마(다른 엄마를 의미)는 남자, 여자아이 낳고 하늘나라로 돌아갔어… 병으로… 아기를 낳았으니까… 다시 결혼했어… 애네들은(남아, 여아) 아빠만 사랑해. 옛날엔 애네 둘도 사랑했는데." (치료자: 이 아기 엄마가?) "네… 근데 아기 낳고나서부터 아기만 사랑해. 맛있는 거 안 주고 아기한테만 줘… 아기가 무럭무럭 자라났어… 아기는 야자수 그늘(언덕 위의 야자수)에서 (엄마 치마 속으로 들어감)… 엄마가 가려줬어… 비 온다고… (비 뿌리고 아기 없앰)… 아빠는 잠만 자… 아빠는 계속 맛있는 고기를 애들한테 줘… 남자애는 커서 청년이 됐는데 뭐든지 만드는 재주가 있어… 과학자… 여자애는 커서 숙녀가 돼서 사냥꾼이 됐어… 엄마는 아기 곁에만 계속 있어… 힘이 엄청 세… 아기가 순간 이동을 해서 남자아이가 먹으려던 것을 낚아채. 그래서 남자애가 폭탄을 만들어… 동생을 없앤다고 해… (폭탄을 동생 옆에 둠) 근데 아기가 순간 이동을 해서 죽지 않아. 엄마가 그렇게 교육을 시켰어. 이젠 아기가 더 힘이 세." (치료자: 어떻게 그렇게 됐어?) "특별한 아이니까… 3일 동안 애들은 아무것도 못 먹었는데 먹을 것을 다 엄마가 가져가. 그래서 남자아이가 음식을 만들고… 아기가 다 먹어버려. 막 먹으려고 하는데 모래에 머리를 박아. 음식에 폭탄이 들어있어."

"4일째… 언니(여자아이)는 배가 불러… 사냥을 해서 고기를 먹어서… 더 컸어… 엄마, 아빠는 죽고… 언니, 오빠는 할아버지, 할머니가 되고… 새엄마는 여왕이 돼… 이제야 셋 모두를 다 사랑하게 됐어. 진짜 사랑하고 있어." (치료자: 어떻게 그 새엄마가 이렇게 바뀔 수 있었어?) "지나가던 가족을 보고 느꼈어. (새엄마 역할하면서) '애들아, 가자' … "

### 8회기

뱀(코브라)과 사자 대결… 승리 후 잡아먹고 그만하고 싶다고 하였다. 남은 시간은 보물찾기 하자며 모래 속에 피규어를 파묻고 같이 찾자고 하여 찾고 끝났다.

## 9회기

〈모래상자〉엄마, 아이1, 아이2를 등장시키며 동물들로 요리를 하는 놀이를 진행하였다.

지현이: 엄마는 훌륭한 요리사예요. (요리 중. 9마리로 요리) 우선 한 마리만 요리해서 먹고… 아이, 엄마것 똑같이 차려서 먹어요. 아이들은 고기 먹고 싶다고 투정을 부려. 왜 하필 양배추냐고… 여기는 꼭 농사지어서 먹어야 해요. 꼭 잡아서 먹어야 해요.

오늘밤 저녁… 짠짠! 샐러드… 아이들은 야채 먹어서 질렸는데 맨날 야채만 줘. 아이들이 원하는 고기를 만들려면 새가 5마리 필요해. 아니면 박쥐 1마리나 독수리 1마리… 거북이는 바다에서 제일 영양소가 제일 많은 동물… 고소해… 거북이를 미끼로 잡았어. (아이피규어 역할로) '새라면 이게 최고야' … 아이가 새를 잡았어. (치료자: 거북이 미끼가 효과가 있었네…) (치료자: 누가 잡았는데?) 동생이. 이제 언니도 새를 잡아야 돼. 그런데 덫은 동생이 만들어. (우리를 이용함) 독수리가 날아오고 덫에 걸려 잡혀. (치료자: 이제 먹고 싶었던 고기요리가 되겠네…) 엄마가 나가 있으라고 해. 비밀의 요리… 다 나가라고… (치료자에게도 보지 말라고 함. 치료자: 기대되는 걸)

엄마만의 특별한 요리… (치료자: 엄마가 독수리로 마술 부려서 요리해?) 아니요. 엄마만의 특별한 솜씨예요. (더 큰 식탁을 찾아 치료자가 줌) 진수성찬… 더 맛있는 고기를 먹으려면 순록 1마리, 곰 1마리, 펭귄 1마리… 박쥐… 두더지… (피규어장에 있는 온갖 동물들을 다 명명함) 그리고 나서 부엉이 깃털로 더 큰 집이 됐다며 집모양으로 부엉이 날개를 동굴처럼 만들었다. 바람이 불어도 날아가지 않게 접착제로 꼭 붙여놓는다고 하였다. 나중에는 바람이 불어 집이 마을로 날아가고 기르던 공룡을 팔아 아주 편안한 통나무집을 사고 엄청난 부자가 된다고 하였다.

### 10~11회기

연이어 가족을 꾸미고 주로 딸이 똑똑해서 잘 산다는 이야기를 꾸몄다.

(딸 묘사: 힘이 솟고 백조가 별명. 바다 위에도 뛸 수 있다.)

황금깃털을 받는 내용의 이야기를 꾸몄다.

### 12회기

치료자는 지현이와 포옹을 한 후 입실하였다.

오랜 전쟁에서 얘네들(가족 5명이 됨) 말고는 살아남은 사람이 없어서 사람들이 얘네만 공격하려 한다며 막내는 가방 매고 가야 하는데 이유는 뭐든지 넣을 수 있는 가방이라고 하였다.

나중에는 막내가 진화하고 배낭은 진화하면 없어진다고 하였다. 그런데 진화한 아이의 고민이 있다며 소를 먹을 것인가 말 것인가… 즉, 배고픈 것을 참고 세상을 구할지, 참지 않고 구할지… 아직도 고민중이라고 하였다. 지현이는 나가면서 매일 토요일(놀이치료 오는 날)이었으면 좋겠다고 하였다.

**〈모상담〉** 특별한 일 없었고 담임과 통화했는데 지현이가 표정 밝아지고 많이 나아졌다고 하였다. 친구관계에서 어린아이 역할 하는데 예전엔 자기 고집 부리고 그랬는데 지금은 애기짓 하면서 논다고 하였다. 모는 치료자에게 놀이치료 상담 받으면서 아이의 마음을 알 수 있어서 좋다고 이야기하였고 치료자는 모에게 표정이 밝아졌다는 것을 피드백하였다.

### 13회기

지현이는 입실 후 치료자에게 기대고, 이젠 주로 놀았던 것은 모래상자로 안 논다고 하였다.

그러면서 지난 회기의 내용을 이어서 하면서, 진화한 아이가 아직도 고민 중이라고 하였다. 그리고는 먹기로 결정했다고 하였다.

아이 진화이야기가 계속되고, 또 다른 인물로 정글소녀를 등장시켰다. 이 소녀는 엄마가 낳았는데 기어가다 길을 잃어서 늑대가 발견하여 데려가서 거기서 자라서 동물들과 친해지고 말을 더 배우면서 동물이 옷도 만들어 주고 동물과 대화할 수 있다고 하였다.

**〈모상담〉** 특별한 일은 없고 돌보는 아주머니가 지현이 좋아졌다고 하면서 떼쓰는 것 없다고 하였다. 지현이 일기장 검사하다 보게 되었는데 "나는 행복하다. 좋은 엄마, 아빠를 갖고 있기 때문이다…."라고 적혀 있었다며 가족이 일기에 등장하긴 처음이라고 하였다.

### 14회기

치료자 손잡고 끌면서 치료실로 갔다. 치료자에게 피부 접촉을 하였다.

모래상자에 가난한 집이라고 꾸미며 교통사고가 나서 엄마, 아빠를 잃고 아이들은 안전벨트가 단단해서 살았다며 놀이를 진행하였다. 여긴 아기, 여자애, 남자애, 소가 사는데, 언니는 청소, 오빠와 소는 사냥하며 산다고 하였다.

동물을 잡아오나 계속 이런 식으로 살면 에너지가 없어지고 살지도 못하기 때문에 쇼를 해야 한다고 소를 이용하여 동물쇼를 하였다. 쇼로 돈을 벌어 금유모차, 아주 예쁜 침대, 책꽂이, 시계, 소파, 화장대, 의자, 벽난로, 찬장을 사서 애들이 아주 기쁘게 생각한다고 하였다.

점점 여자애는 소녀가 되고, 남자애도 크고 아기도 큰다고 하였다.

**〈모상담〉** 지현이가 돌보는 아주머니를 뒤에서 안으면서 "내가 영혼이 변한 것 같아."라고 했다고 하였다. 지현이에게 2~3주 전부터 가끔씩 모가 뽀뽀해 주고 "이뻐라…" 라고 해준다고 하였다.

### 15회기

부잣집이 등장하였다. 그런데 돈을 너무 많이 써서 곧 돈이 떨어지고 어느 날 거지가 되어 버린다고 하였다. 역시 동물쇼를 하여 돈을 벌고 어느 날 적들이 나타나는데 어른 대 어린이의 싸움이라고 하였다. 그런데 어린이가 엄청난 뇌를 가지고 있고 천재여서 이기고 더 부자가 되면서 끝난다고 하였다.

〈모상담〉 특별한 일 없었고, 지현 아빠에게 인정받아 기분이 좋다고 하였다.

### 3) 종결단계(16~20회기)

#### 16회기

센터 올 때 가지고 온 다마고찌를 들고 놀이실에 들어왔다. 제한을 하자 지현이는 "두고 올 수 없어요. 애기 낳았기 때문에 돌봐줘야 해요. 어제 임신해서 오늘 낳았어요."하여 지현이에게는 의미가 있는 것으로 여겨져 가지고 들어오되 올려놓고 하기로 하였다.

다시 가난한 집을 등장시켰다가 가족들이 조난당하는 장면을 이야기하고 다시 여러 동물들이 그 가족을 도와주는 장면을 꾸미며 놀이를 진행하였다.

그리고 진화되어 큰딸은 시집갈 때가 되어 빨리 시집가라고 하는데 딸은 아기 낳기도 시집가기도 싫다고 한다고 하였다. 그러나 느긋하게 시집갈 때가 아니라고 계속 결혼하라고 해서 결혼 안 한다고 얘기했지만 중매로 결혼식을 한다고 하였다.

#### 17~20회기

17회기부터는 치료자와 초기에 했던 눈동굴 게임을 잠시 하고 줄곧 게임을 즐겼다. 아동이 좋아지면서 잠시 퇴행을 하는 것으로 느껴졌고, 다시 게임을 즐길 때에는 초기와는 달리 자기표현을 잘 했으며 기다릴 줄 알고 승부에 연연하지 않은 모습을 보였다.

정리해 보면, 지현이는 초기단계에서 눈치를 살피는 행동이 많았으며, 처음부터 모래피규어를 가지고 꾸미며 이야기를 만들어 가는 것에 적극적이었고, 본인의 문제를 보여주는 것인 양 먹는 것에 집착하는 대상을 등장시키고 음식과 관련된 내용으로 꾸며졌다.

중기단계에서 지현이는 가족(특히 모)을 등장시켜 그로부터 분리되는 과정을 나타내는 내용으로 놀이를 전개해 나갔으며, 전쟁이나 대결구도와 관련된 주제가 나오고 마술적 힘을 가진 주인공 여아가 등장하고 점차 성장해 가는 내용으로 꾸몄다. 여기서 성장시킨 여아는 지현이를 상징하는 것으로 보여졌다.

종결단계에서 중기의 여아의 성장을 담은 진화, 새로운 집의 등장, 가난한 집에서 부잣집으로의 변화를 거쳐 비로소 결혼식이 등장하면서 새로운 self와 관련된 주제들로 진행되었고, 그 이후부터 게임을 즐겼음을 알 수 있다. 게임에 대한 태도에 있어서도 초기에는 게임 위주는 아니었으나 승부에 집착하고 규칙을 어기는 모습이 보였지만 후기로 갈수록 승부에 집착하지 않고 게임 자체를 즐기는 쪽으로 변화하였음을 알 수 있었다.

일상생활에서도 지현이는 처음의 눈치 보는 행동은 줄고 차츰 초기에 치료자를 시험했던 것처럼(피규어를 마구 다루고 쳐다봄) 부와 모 사이에서 모를 시험해 보는 행동을 하며 모의 반응을 살펴보았으나, 점차 자기 자신을 상징적으로 드러내는 놀이를 통해 정서적 욕구를 채워 나가며 도벽행동이 사라지고 모에게는 친밀한 행동 표현을 많이 하게 되었고, 학교 생활에서도 또래관계와 표정에서 긍정적인 변화를 보였다.

# 13장 또래관계에 어려움을 가진 아동에 대한 치료놀이 사례

## 1. 사례 개요

### 1) 아동 인적 사항

정훈이는 만 5세 남자아이이다.

### 2) 주 호소 내용

공격적 행동으로 인한 또래관계의 어려움

### 3) 발달 및 생육사

엄마는 정훈이를 임신할 때 입덧이 너무 심해서 순산하지 못할 것이라고 생각해, 불안이 심했다고 했다. 집에서 정훈이가 잘못해서 엄마가 혼내면 오히려 정훈이가 언성을 더 높이고 성질을 부려서 엄마, 아빠가 포기하게 된다고 했다. 또한 정훈이가 식탐이 많고, 지나치게 깨끗한 것을 좋아하여 엄마에게 "방 청소해라"고 시켜서 스트레스를 받는다고 했다. 정훈이가 제일 좋아하는 사람은 외할머니라고 했다. 부모는 정훈이의 성격 특성을 잘 울고, 겁이 많으며, 샘과 욕심 많고, 고집이 세고, 짜증과 화를 잘 내고, 부모에게 말대꾸가 심하다고 보고하였다. 치료 전 교사보고에 의하면, 정훈이는 유치원에서 하루 종일 방바닥을 보며 떨어진 것을 줍기도 하고, 자기는 선생님의 지시를 따르지 않으면서 다른 친구들이 규칙을 어기는 것을 못 보고 가서 때린다고 보고하였다.

### 4) 가족 관계

아빠, 엄마, 정훈, 형

### 5) 문제의 원인

문제의 근원은 정훈이의 엄마가 임신할 때부터 늦둥이라서 순산하지 못할까 봐 불안이 심했고, 생의 초기에 엄마는 정훈이가 늦둥이로 버릇없이 될까 봐 너무 엄격한 훈육을 하였으며, 조금만 더럽히거나 집안을 어지럽게 하면 금방 옷을 갈아 입히고 청소를 하였다. 이를 지켜본 정훈이는 엄마에게 있는 그대로 수용받지 못했고, 늘 지적을 많이 당해서 분노가 가득 차 있었다. 이런 원래의 결핍에 더해서 정훈이의 행동을 감시감독하며 늘 평가만 하는 형은 무능한 아이를 대하듯 늘 무섭고 엄격하게만 정훈을 대하여, 정훈이는 무언가를 시도하기보다 다른 사람들이 하는 행동에 대해 지적하고 평가하는 존재로 되어 버린 것 같다. 또한 미숙하고 성질을 부리는 동생에 비해 약삭빠른 형의 존재는 더욱 정훈이가 분노를 쌓게 만들었으며, 타인은 모두 나를 못살게 굴거나 나를 통제하는 존재라고 인식하는 것과 더불어 채워지지 않는 사랑을 늘 갈구 하는 마음이 음식에 집착하는 경향으로 나타났다고 볼 수 있겠다.

### 6) 치료 목표

애착이론과 대상관계이론, 자아심리학이론을 바탕으로 한 집단치료놀이 프로그램을 실시하였다. 치료놀이는 건강한 부모-자녀관계에 중점을 두며, 인간행동에 있어 1차적인 동기인 관계를 향한 욕구를 충족하고 회복하기 위해 생의 초기의 관계로 되돌아가서 그 관계를 더욱 건강하고 보다 안정적으로 형성하고자 한다. 또한 집단치료놀이를 통해 자신감을 강화시키고, 타인에 대한 신뢰감, 집단에 대한 소속감을 향상시키는 것을 목적으로 한다.

## 2. 치료 과정

### 1) 프로그램 구성

집단치료놀이 프로그램은 크게 초기(1~5회기), 중기(6~14회기), 종결(15~20회기) 단계로 나누어지고, 회기별 목적에 따라 초기 2단계, 중기 3단계, 종결 2단계로 나누어 7단계 총 20회기로 구성하였다.

초기단계는 집단치료놀이의 규칙을 알려 주고, 신뢰감을 형성할 수 있는 활동들로 이루어졌다. 초기(I)단계는 아동들이 서로를 알도록 돕는 개입, 양육 위주의 간단하고 구조적이며 재미있는 활동들로 이루어졌고, 초기(II)단계는 타인의 존재를 인식하고 다른 사람들과도 재미있게 놀 수 있는 경험을 통해 긍정적인 관계를 체험할 수 있는 활동들로 구성하였다.

중기단계는 집단이 가지고 있는 목표문제를 다루는 활동들로 이루어졌다. 중기(I)단계는, 공격적인 아동들은 내면에 좌절에 대한 분노가 들어 있으므로 이를 표출하는 활동들로 구성하였으며 중기(II)단계는 구조, 규칙이 있는 활동을 통해 자기조절 능력을 향상하고 자신감을 얻을 수 있는 활동들로 구성하였고, 중기(III)단계는 아동 자신이 갖고 있는 감정뿐만 아니라 타인의 감정을 인식하고 수용할 수 있는 활동과 함께 협력함으로써 얻을 수 있는 성취감을 맛보는 활동들로 구성하였다.

종결단계에서는 아동들이 집단치료놀이의 종결을 예상하고 준비하도록 도와주는 활동들로 이루어졌다. 종결(I)단계에서는 문제행동을 가진 아동들의 저변에 깔려 있는 사랑받고 싶은 욕구를 채워 주는 활동들로 구성하였고, 종결(II)단계에서는 아동 자신에게 있는 강점을 타인으로부터 인정받음으로써 자신에 대해 긍정적인 표상을 심어 줄 수 있는 활동들로 구성하였다.

또한, 각 회기는 시작단계, 본 활동단계, 마무리단계 3단계로 진행되었다.

집단치료놀이 프로그램의 시작단계는 노래나 율동을 통해서 인사를 나누거나, 점검하기의 개입과 양육 활동 등 관계형성 단계로서 치료자와 아동 간에 서로 신뢰 형성, 친근감 증가를 목적으로 신체 접촉을 유도하는 활동으로 구성되어 있다.

본 활동단계는 집단원의 문제행동의 감소에 초점을 두어 매 회기마다 목표에 따라

구조, 도전, 개입, 양육 4가지 차원이 포함된 활동으로 구성하였으며, 이 때 제공되는 활동 중에서 지난 회기에 했던 활동 1~2가지를 반복해서 포함시키므로 아동에게 자신감과 유능감을 갖게 하는 데 도움을 주도록 구성되어 있다. 또한 본 활동단계의 마무리는 손 닦아 주기, 먹여 주기 활동으로 구성되어 있다.

마무리단계에서는 다함께 모여 노래나 율동을 하면서 다음 시간 만날 것을 약속하는 활동으로 안정감과 기대감을 갖는 활동으로 구성되었다.

이와 같이 본 프로그램에서의 회기별 활동은 시작과 끝이 늘 같으므로, 외적 질서를 통해서 공격성 성향을 갖는 아동에게는 질서와 안정감과 신뢰감을 갖게 하며, 회기마다 점검하기, 손 닦아 주기, 먹여 주기 등의 양육활동을 포함시키므로 사랑받고 인정받고 싶다는 욕구가 충족될 수 있다.

〈표 13-1〉 집단치료놀이 프로그램 구성

| 단계 | 목적 | 활동내용 |
|---|---|---|
| 초기 I | 신뢰감 형성 (1,2회기) | 1. 시작활동 : 인사 나누기, 점검하기<br>2. 본 활동 : 자기소개하기, 로션 그림 그리기, 먹여 주기 그대로 멈춰라, 강 건너기, 밀가루 반죽놀이<br>3. 마무리활동 : 작별인사 나누기 |
| 초기 II | 긍정적 관계 경험 하기 (3~5회기) | 1. 시작활동 : 인사 나누기, 점검하기<br>2. 본 활동 : 양배추상자, 천천히 빠르게, 신문지놀이, 동대문 열어라, 밴드 붙여 주기, 이불썰매, 내 다리 접어, 강강술래<br>3. 마무리활동 : 작별인사 나누기 |
| 중기 I | 부정적 감정 해소 (6,7회기) | 1. 시작활동 : 인사 나누기, 점검하기<br>2. 본 활동 : 동대문 열어라, 배트맨 탈출, 휴지폭탄, 이불썰매, 손탑 쌓기, 달팽이집, 작아지는 배, 손 발 찾기<br>3. 마무리활동 : 작별인사 나누기 |
| 중기 II | 자기 유능성 찾기 (8~10 회기) | 1. 시작활동 : 인사 나누기, 점검하기<br>2. 본 활동 : 그대로 멈춰라, 지그재그 전달하기, 축구공 통과하기, 주물럭주물럭 로션, 숫자만큼 먹기, 외나무다리 걷기, 파우더자리, 신체 본뜨기<br>3. 마무리활동 : 작별인사 나누기 |

| | | |
|---|---|---|
| 중기<br>Ⅲ | 타인 수용<br>및<br>타인 공감<br>하기<br>(11~14회기) | 1. 시작활동 : 인사 나누기, 점검하기<br>2. 본 활동 : 숫자만큼 모이기, 옆에 옆에, 강강술래,<br>풍선배구, 풍선농구, 신문지로 공 옮기기,<br>느림보 거북이와 깡충깡충 토끼,<br>친구 안마 해주기, 먹여 주기<br>3. 마무리활동 : 작별인사 나누기 |
| 종결<br>Ⅰ | 자기<br>수용<br>(15,16회기) | 1. 시작활동 : 인사 나누기, 점검하기<br>2. 본 활동 : 배트맨 안경 쓰기, 뽁뽁이 놀이,<br>숨은 과자 찾아 먹여 주기, 두껍아 두껍아<br>3. 무리활동 : 작별인사 나누기 |
| 종결<br>Ⅱ | 자기감<br>확립<br>(17~20회기) | 1. 시작활동 : 인사 나누기, 점검하기<br>2. 본 활동 : 달팽이집, 내 풍선 네 풍선 바꿔, 기차놀이,<br>강강술래, 땅굴 지나기, 신체도미노, 요람 태우기,<br>똑딱시계, 로션 전달하기, 케이크 만들기, 강강술래<br>3. 마무리활동 : 작별인사 나누기 |

### 2) 프로그램의 실시 방법

집단치료놀이 프로그램에 적절한 구성원 수는 한 집단에 4~8명으로, 본 프로그램의 구성원은 6명으로 구성하였고, 주 2회, 1회당 30분씩 10주간으로 총 20회기로 진행하였다.

### 3) 아동의 회기별 행동변화 관찰

정훈이의 행동변화 양상을 직접적으로 관찰하고 치료의 진행 과정을 분석하기 위하여 치료 총 20회기 전체를 비디오 녹화하였다. 이 자료를 토대로 프로그램 진행에 따른 유아의 행동양상에서의 변화를 파악하기 위하여 전체 20회기 중 초기(1, 3회기), 중기(6, 9, 12회기), 종결(15, 18, 20회기)의 8회기를 표집 관찰하였다.

관찰된 행동표본의 각 세부 항목은 다음과 같다.

- 과제집중: 지시에 따라 규칙을 수용하고 순종적으로 과제를 수행하는 행동
- 활동방해 · 거부: 지시에 대해 순종하지 않고 다른 행동(예: 질문, 다른 것을 하자고 요구하거나 다른 방향으로 화제를 돌리는 행동 또는 표정과 웃음, 자기 방

식대로 규칙을 만들어 행동)을 하거나 화를 내고 격분해서 소리 지르기, 이탈 행동, 놀이 활동 방해, 거부하는 행동 등

- 공격행동: 친구를 의도적으로 괴롭히거나, 밀치거나 때리는 행동, 물건을 의도적으로 던지거나 남의 것을 빼앗는 행동, 욕을 하거나 비난, 협박하는 행동 등
- 미소 · 웃음: 성공적인 활동에서 오는 만족감과 성취감을 얻고 난 후의 미소, 평온한 마음상태에서 나오는 즐거운 표정과 웃음

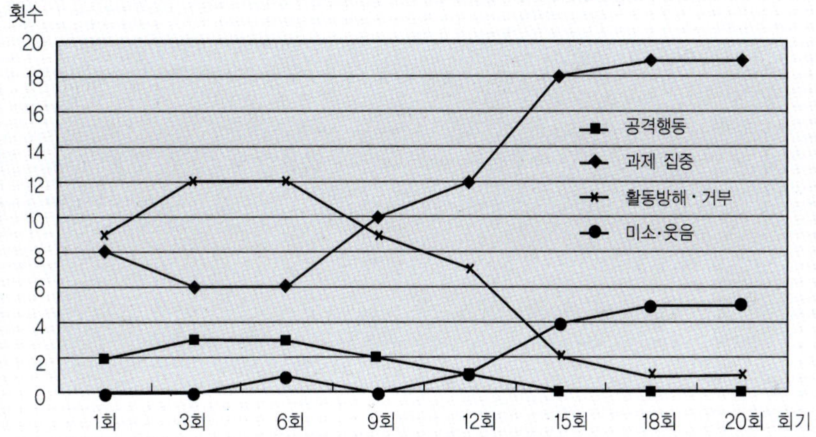


[그림 13-1] 정훈이의 행동변화

#### 4) 치료 결과

치료 초기에 '황소고집'이라는 별명이 어울릴 만큼 주위 분위기에 휩싸이지 않고, 다른 친구들이 다같이 활동하는 중앙에 버티고 앉아서 아무렇지도 않은 듯 아무 표정 없이 쳐다보고 앉아 있거나, 자기가 술래차례인데도 "나! 안 해."라고 하며 치료자의 손을 뿌리치고 돌아다녔다.

치료 중기 6회기 끝날 무렵, 치료실에서 한 번도 외투를 벗지 않던 정훈이가 옷을 벗기 시작했고, 미이라에서 배트맨 탈출하기 활동에서 휴지로 꽁꽁 묶인 채 잘 참는 자신을 거울로 쳐다보면서 씨익 웃고, 여전히 치료자의 신호와는 상관없이 "탈출."이라고 해도 휴지에 감긴 채 돌아다니다가, 모두가 다 정훈이를 쳐다보면서 "하나, 둘,

셋."을 외치자 휴지로부터 탈출하였고, 그때 모두가 박수를 쳐 주었다. 이때 정훈이는 자신이 잘 참았다는 유능감을 맛본 듯했다. 그 활동이 끝난 후부터, 정훈이의 활동방해나 거부가 많이 줄어들었고, 눈에 띄게 규칙을 수용하기 시작했으며, 공격행동도 줄어들기 시작했다. 그러나 중기에서도 색깔 로션이나, 종이 죽, 밀가루 반죽 등 손에 묻는 활동은 옷이 더러워질까봐 거부하였다.

치료 15회기부터 치료자가 신문지 옷을 만들어 주면 거울을 쳐다보며 히죽 히죽 웃었고, 정훈이는 그 이후부터 손에 묻는 활동을 하고 나면 치료자가 꼭 깨끗이 씻어 주거나 닦아 준다는 사실을 믿은 듯 과제에 집중하였으며, 활동 후에 기쁨을 맛보며 활짝 웃는 모습이 많이 늘었다.

요약해 보면, 치료 초기단계에서는 공격행동과 활동방해 · 거부 행동이 다소 많이 보였으나, 치료 중기단계에서 종결단계로 이어지는 9회기에서 15회기 사이에 과제집중이 급격하게 늘어나기 시작하였고, 반면에 활동방해 · 거부는 큰 폭으로 줄어들기 시작하였다. 또한 12회기에서 15회기 사이에 과제집중으로 인한 성공적인 경험을 맛본 후 오는 미소 · 웃음이 급격하게 늘어나는 양상을 보였다. 치료 종결단계에서 미소 · 웃음과 과제집중이 안정적 수준으로 많이 나타난 것에 비해, 활동방해 · 거부와 공격행동은 많이 줄어든 것으로 나타났다.

〈표 13-2〉 집단치료놀이 프로그램 단계 과정 분석

| 행동표본 | 치료 과정 단계별 행동변화 |
|---|---|
| 공격 행동 | 초기단계 :<br>정훈이는 치료자가 친구들 과자를 먹여 주는 동안 혼자 먼저 먹으려고 했을 때, 치료자가 "조금만 기다려 줘!"라고 해서 기다리다가 옆에 있는 친구의 과자를 몰래 가져와서 먹어버렸다. 〈1회기 '먹여 주기' 활동 중에서〉<br>친구가 자기가 만든 눈사람을 치료자에게 보여주며 자랑하는데 정훈이가 다가가서 발로 계속 연달아서 차서 눈사람이 떨어지게 만들었다. 〈2회기 '밀가루 반죽놀이' 활동 중에서〉 |
| | 중기단계 :<br>동대문 게임에서 술래인 친구가 왔다갔다 하며 움직이자, 정훈이가 가서 친구를 때렸다. 〈6회기 '동대문을 열어라' 활동 중에서〉<br>친구가 순서를 기다리지 않자, 곁에서 보고 있던 정훈이가 친구에게 달려들어 때렸다.(자기는 잘 못해도 다른 친구들이 순서를 안 지키거나 하면 못 봐준다는 식) 〈8회기 '축구공 통과하기' 활동 중에서〉 |
| 과제 집중 | 초기단계 :<br>비닐에 로션을 치료자가 뿌리자, 정훈은 "나도요, 많이요"라고 어리광 부리듯이 말하면서 자기쪽에 로션을 많이 달라고 요구하고 나서, 처음에는 한 손가락으로 만지작 하듯이 그리다가, 다른 친구들이 재미있어 하는 것을 보고 안심한 듯 두 손을 로션에 묻혀서 신나하며 그림 그리기를 하였다. 〈1회기 '로션으로 그림 그리기' 활동 중에서〉 |
| | 중기단계 :<br>정훈이는 밖으로 나갔다가, 친구가 미이라가 될 때 들어와서 친구를 넘어뜨리고 놀렸다. 이때 치료자가 주의를 주자, 다음에 자신이 놀이에 참여할 수 없을지도 모른다는 것을 알아서인지, 친구를 휴지 붕대로 잘 감아 주고 자기도 미이라가 되어 보겠다고 이야기하고, 치료자의 지시에 따라 미이라 되어보기에 열심히 집중하였다. 〈6회기 '미이라 되어 보기' 활동 중에서〉<br>정훈은 치료자들이 몸을 들어서 옮겨 줄 때 공중에서 가만히 잘 있었으며(많이 신뢰하는 것 같았음), 치료자가 "다른 친구의 몸을 그려 주자!"라고 말할 때도 "예"라고 대답하고, 누워 있는 친구에게 가서 몸 전체의 라인을 잘 그려 주었다(여느 때와는 다르게 다른 사람을 배려하는 모습을 보였다). 다 그리고 나서 친구의 몸에 자기가 한번 누워보며 웃었다. 〈9회기 '신체 본뜨기' 활동 중에서〉 |
| | 종결단계 :<br>밀가루 냄새를 맡아 보고 안심하는 것 같았으며, 밀가루에 물총으로 물을 쏘자 손자국이 잘 나타는 것을 보고 신기해했으며, 색깔 물이 나올 때도 많이 흥분하였다. 〈16회기 '밀가루 반죽놀이' 활동 중에서〉<br>치료자가 "멋진 정훈이"라고 말하자 미소를 짓고, 친구와 손이 끊어지지 않게 다시 한 번 손바닥의 방향을 바꾸어서 꼭 잡고 한쪽 다리도 들어보고, 신나는 듯 놀이활동에 참여하였다. 〈20회기 '강강수월래' 활동 중에서〉 |

| | |
|---|---|
| 활동 방해 · 거부 | 초기단계 :<br>활동하지 않고 뒤에서 앉아 있다가, 친구가 술래가 되었을 때 소리를 지르며 흥분해서 문을 잘 못 만들어 주자 정훈이 다가와서 F에게 "하지 마"(자기는 하지도 않으면서 다른 아이들 감시 감독하는 것처럼)라고 소리 질렀다. 그러다가 재미있어 보이니까 정훈이도 같이 참여하였다가, 자기가 술래가 되자 치료자가 정훈이의 손을 잡고 같이 술래를 하자고 했으나 손을 뿌리치고 소리를 지르면서 돌아다녔다.〈4회기 '동대문 열어라' 활동 중에서〉<br>보자기를 꺼내서 치료자가 "보자기를 한번 잡아 보자."고 말해서 모두 보자기를 잡고 있는데 정훈이는 "침대 같아"라고 말하면서 친구들이 잡고 있는 보자기 위로 발을 올리고 그 위를 올라가려고 했다. 치료자가 저지하고, 치료자가 "하나 둘 셋 하면 보자기를 치우자."라고 규칙을 정했으나, 정훈이는 흥분하면서 신호와 상관없이 마음대로 보자기를 마구 흔들고, 치료자가 보자기를 바닥에 내리자 또 보자기 위에 올라가려고 했다.〈4회기 '풍선 전달하기' 활동 중에서〉 |
| | 중기단계 :<br>정훈이 팔을 걷고 휴지를 고무대야에 넣고 반죽하다가, 흥분하면서 친구의 머리 위에 휴지를 뿌리고 대야 안으로 발을 집어넣으려고 했다.(너무 좋을 때 감정조절이 안 된다) 〈6회기 '휴지폭탄' 활동 중에서〉<br>정훈이는 처음에는 반죽이 옷에 묻을까봐 많이 신경쓰는 모습을 보이다가, 자기 옷에 묻자 찡찡거리고 우는 척하면서 어리광을 부렸고, 치료자가 손을 수건으로 닦아 주자 친구들이 재미있어 하는 모습을 보기는 하지만 손에 더 이상 묻히는 것이 싫은지 보고만 있었다.〈10회기 '밀가루 풀 반죽하기' 활동 중에서〉 |
| | 종결단계 :<br>"누구 꽃을 찾을까?"라고 치료자가 묻자, 정훈은 "팬티"라고 말하고 웃었다.(활동 방해 많이 줄어들었다. 사람들을 웃겨보고 싶어서 한 표현)<br>〈20회기 '우리 집에 왜 왔니' 활동 중에서〉 |
| 미소 · 웃음 | 초기단계 :<br>치료자가 정훈이의 손등에 로션을 묻히자, "아야"라고 싫다는 표정을 지었으나, 치료자가 정훈이의 양 팔에 흘러내린 옷을 걷어 주고, "미끌미끌"하면서 양손으로 밀기를 하며, 정훈이의 손등에 다시 한 번 손을 얹자, 그제서야 좋아하는 미소를 짓고 자기도 주 치료자의 손등에 얹고 좋아했다. 다시 주 치료자가 정훈이의 손등에 손을 얹자 정훈이는 경쟁하듯이 주 치료자의 손등에 자기 손을 얹으려고 하면서 미소를 지었다.〈1회기 '로션으로 그림 그리기' 활동 중에서〉 |
| | 중기단계 :<br>정훈이는 휴지폭탄을 던지고 나서 좋아하며 박수치고, 혼자서 노래 부르면서 또 던지다가, 휴지폭탄이 벽에 딱 붙자 "으아"하고(신나서) 소리를 내며 활짝 웃었다. 〈6회기 '휴지폭탄' 활동 중에서〉 |
| | 종결단계 :<br>신문지 옷을 만들어 입고 거울에 비친 자기 모습에 반해 거울을 보며 히죽히죽 웃다가, 같은 반 친구 C옆에 가서 "야 – 야"라고 자기가 힘세다는 것을 자랑하듯 씨름 |

> 선수 같은 포즈를 취해 보기도 하였다. 〈15회기 '신문지 옷 만들기' 활동 중에서〉
> 로션 전달할 때 옷에 더 이상 신경 쓰지 않고 앉아서 "정말 로션이네"라고 환하게 웃었다. 〈15회기 '신문지 옷 만들기' 활동 중에서 〉

집단치료실에 들어왔을 때의 정훈이의 모습을 지금도 잊을 수가 없다. 유아라고 보기에는 너무나 덩치도 크고, 행동하는 모습이 흔히 말하는 깍두기 아저씨처럼 사납고 싸울 준비가 된 아이처럼 행동하였다. 치료자가 '안녕' 이라고 손을 내밀었을 때, 정훈이는 손으로 자신의 얼굴을 막고 피하는 행동을 했다. 그 아이에게 접촉(touch)은 자신을 채찍질하는 수단이었던 것이다. 그 아이가 이렇게 변화하다니… .

치료 초기 내내 치료자들에게 마음을 열지 않고 경계하였으며 치료 과정을 감독하는 눈빛을 보이고, 늘 방관자처럼 활동에 방해 및 거부를 많이 하던 아이가, 치료 중기에 들어서자 '배트맨 탈출' 이라는 신호를 보고서도 꽁꽁 휴지로 감싸여 있는 자신의 모습을 거울에 비춰보면서 신기한 듯 '씨익' 웃으며 풀지 않고 답답함을 참으면서 돌아다니는 모습은 이전의 폭력적인 모습이 아니라 영락없는 어린아이로 보였다. 치료 초기에 손으로 만지는 로션놀이, 휴지폭탄놀이, 밀가루 반죽놀이… 등을 완전히 거부하면서 "손에 묻어서 싫다.", "옷 더럽히면 엄마한테 야단 맞는다." 등을 말하며 치료활동을 거부했던 아이였는데, 휴지를 몸에 꽁꽁 묶은 상태로 참는 자신을 보면서 '아! 나도 잘 참잖아' 라는 성공적인 경험이 정훈이를 변화하게 했던 것이다. 정훈이가 휴지를 활짝 풀어헤칠 때 치료자들과 친구들이 '배트맨 탈출' 이라고 외쳐 주면서 박수를 쳐 주자, 정훈이의 얼굴은 미소를 띤 천사로 변화하기 시작했다. 그 이후로 활동거부 방해 행동은 급격히 줄어들기 시작했고, 공격성도 점차 줄어들었다. 또한 집단치료놀이 중기 후반단계로 진입하면서 활동에 몰입하며 미소를 많이 띠고 또래와의 상호작용이 많이 향상되었다.

교사보고에 의하면, 치료 전 자기방어적인 행동으로 공격적인 행동을 많이 했는데, 치료 후 자기 반에 다른 친구를 때리는 아이에게 "얘가 이렇게 (자신의 손으로 때리는 흉내를 내며)하면 너는 기분이 어떻겠니?"라고 자신의 감정을 말로 설명하고 표현하는 경향이 많이 늘었으며, 때로는 어린 동생들에게 상당히 호의적이며, 모든 것을 도와주려 하다 보니 간섭하는 경향이 있다고 보고하였다. 부모의 보고에 의하면 치료 전에는 집에서도 엄마를 거부하고 아빠만 좋아한다고 했는데, 치료 후에는 엄마에게 애정 표현을 잘 한다고 하였다.

# 14장 학대받은 아동에 대한 미술놀이치료 사례

## 1. 사례 개요

### 1) 아동 인적 사항

유민이는 접수 당시 만 4세 된 여자아이로 보통 또래들과 비슷한 체구에 조금은 낯선 표정이었다.

### 2) 주 호소 내용

친한 동네 오빠에 의한 성추행으로 의뢰됨.

### 3) 발달 및 생육사

유민이의 부모는 1년간의 연애결혼으로 만나서 바로 임신하였으며, 특별한 성별을 원하지 않았다. 출산 시 모 연령은 23세였으며, 아이는 3.55kg으로 자연분만을 하였다. 15개월 동안 모유 수유하였으며, 눈맞춤은 2개월 때 하고 잠은 잘 잤으며 식사도 잘하는 편이었다. 주 양육자는 유민이의 엄마이다.

### 4) 가족관계

부: 내성적이면서 성격은 좀 급한 편으로 이번 일에 있어서도 속으로 많이 삭히고 있으나, 가해 아동을 만나면 화가 치밀어 참기 힘들어 하였다.

모: 성격이 약간 급한 편으로 성추행이 있은 후 아이에게 성교육을 시켰다고 하였다.

유민: 고집이 센 편은 아니고 내성적이나 밝은 성격이고 또래관계 원만하나 싸울 때는 주눅드는 편이고 맞고 오는 편이다. 빠릿빠릿한 성격이 아니며, 대응이 어려운 편이다.

동생: 순하고 유민이와 잘 지낸다.

### 5) 심리검사 결과

HTP 검사

H-사과나무

T-집과 미끄럼틀

P-남자. "옷을 빨리 갈아 입고 바지 입었어요… 눈이 다섯 개나 돼요…"라고 함.

➜ 집그림이 아주 특이(중앙에 아주 작게 묘사)하였고, 사람그림에서도 남자만을 그렸으며, 집과 사람(남자)에 대한 불안감이 상당히 반영된 듯하며 그림의 내용이 성추행 사건을 말해주는 듯하였다.

〈치료초기 그림 검사-HTP〉

H T

P

### 6) 문제의 원인

유민이는 가깝게 지내던 동네 오빠로부터 성추행을 당했으며, 성추행을 당한 상황적 에피소드뿐 아니라 추행 후에 벌어진 가정에서의 부모의 민감한 반응과 생활변화에 더 불안감을 보인 것으로 보여진다. 이는 유민이가 처음에 상담실에 내원하여 받게 된 그림검사(HTP)에서도 보여진다. 추행이 일어났던 집그림에 대해서는 집이 아주 작게 묘사되어 있었고, 집 밖에 있던 미끄럼틀이 인상적으로 크게 그려졌으며, 사람그림에서는 자신이 여자라는 점에서 여자 그리기를 거부하였고 남자그림을 그렸는데 눈이 5개나 되며 바지를 갈아 입는 것으로 묘사된 점에서 추행 당시의 상황이 아이에게 그대로 남아 있는 것으로 보여진다. 하지만 나무그림에서 열매가 있는 큰 나무로 묘사되어 있어 나무가 자신에 대한 무의식적인 상이라는 점에서 아이의 긍정적인 자원이 느껴진다.

### 7) 치료 목표

(1) 미술매체 및 놀잇감을 통해 아동중심 접근방법으로 성학대 전후 상황에 대한 자유로운 감정 표출을 통한 불안 및 분노의 해소 기회를 제공한다.

⑵ 성학대에 있어서의 교육의 필요성이 제기되는 바 상담실 내의 성학대 교구를 사용하여 아동 스스로 관심을 보이는 시기에 교육적 접근, 즉 학대 상황에 대한 대처 능력에 대한 교육을 실시한다.

⑶ 부모상담을 통해 성학대 후 벌어진 가정환경과 부모의 태도 변화에 대한 부모 교육 및 상담을 실시한다.

## 2. 치료 과정

### 1) 초기단계(1~3회기)

#### 1회기

치료실에 들어와서 치료자가 치료실 문을 닫자마자 유민이는 "왜 문을 닫아요?" 라고 치료자에게 물어 열고 싶냐고 물으니 아니라고 하였다.

아무 그림이나 그리도록 도구를 제시하자 크레파스를 선택하여 줄을 좌우로 그어 "고무줄놀이"라고 하였다. 별 주저함 없이 바로 다음 장에 그려도 되는지를 묻고 사람을 그렸다. "머리가 길어요. 머리가 길어 사람들한테 못 가게 막았어요. 옷은 못 그려요. 목도 그려야 해… 유민이에요…" 라고 하였고, 이어서 도깨비와 요정을 그렸다.

"아무 사람 찾아 팰라고." " 도깨비를 없어지게 하려면 요정이 있어야 해."하며 이야기하였다. 이 때 다시 치료실 문에 민감한 반응을 보였다. "왜 창문을 막아 놨어요? 열어서 보려고? 사람들이?… 나가도 되지?" 하며 치료자가 답할 틈 없이 유민이가 말을 이어갔다.

그리고 나서 다시 파랑색 창문을 그렸다. 그리고 아무도 못 가게 막아 놓는 이를 잘라버려 하며 가위로 그린 것을 자르면서, "더 잘라야 돼. 더 잘라야 돼."라고 하였다.

**〈모상담〉** 창문에 대한 유민이의 반응을 이야기하였더니 성추행이 일어났던 장소가 가해자의 방이었는데 그 방은 창문이 유난히 크다고 하였다. 유민이가 사건 장소에 대한 당시의 불안감을 치료 첫 시간에 표현한 것으로 보여진다.

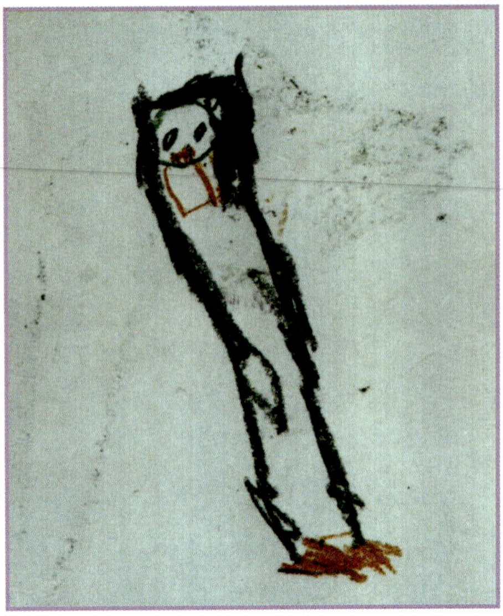

### 2~3회기

유민이에게 난화게임을 시도하였으나 잘 이해하지 못하여 "무서웠던 일"을 그려보자고 하였더니 두려워했던 창문에 대한 주제가 계속되었다. "이게 창문인데, 밤이 되었어요. 이젠 새가 날아가구요. 밤이니까 문을 닫았어요. 사람들도 숨어 있어요. 거인 올까봐요. 거인 지금 오고 있어요. 지금 밖에 오고 있어요… 친구들한테… 엄마들한테… 아빠들한테… 오고 있어요…"라고 하며 사람을 그렸다가 모두 색칠하여 덮어버리고 밤이라고 하였다. 치료자가 왜 오고 있는지 물으니 유민이는 "집에 가서 공격시키려고요."라고 하였다. 그리고나서 어떻게 하면 좋을까? 라고 물었더니 없어지면 좋겠다고 하면서 "요정이 오면 좋겠어요."라고 하여 치료자가 요정을 그려 주면 거인이 도망갈까? 라고 하였더니, 그렇다고 하여 유민이에게 그려보자고 하였다. 그리고나서 거인이 다음에 또 오면 어떻게 하지? 라고 치료자가 묻자, 유민이는 요정이 또 와서 도망가게 하면 된다고 하면서 진짜 있었으면 좋겠다며 꿈속에서 보았다고 하였다.

이어서 종이를 넘겨 화지를 둘로 계속 나누고 그리기 시작하였는데, 이번에도 역시 화지를 둘로 나누더니 왼쪽은 다른 사람들 집이라고 하며 네모 테두리를 두르고 요정을 그렸다. 성학대 아동 그림의 특징으로 일컬어지는 보색의 대비가 보여지는 그림이었고, 역시 뒤편에는 창문을 크게 그렸다.

치료자가 더 그리고 싶은지를 물으니 더 그리고 싶다고 하여 이번에는 되게되게 좋았던 일을 그려 보자고 하니 처음에는 그린다고 하였다가 다시 "아니, 되게 되게 나빴던 일 그릴래… 되게되게 무서웠어요." 하며 역시 화지를 둘로 나누어 그림을 그렸다. 형식에 있어서 앞의 그림들과 유사한 양상을 보였고, 붉은 색이 강하여 불안감, 적개심의 표현으로 보여졌다.

## 2) 중기단계(4~28회기)

### 4회기

유민이가 찰흙놀이를 한다며 뱀을 만들고 치료자에게 하기를 권유하여 치료자가 색찰흙을 마구 두드리자 함께 힘있게 두드렸다. 그리고 치료자가 만지다 우연히 만들어진 찰흙 덩어리를 보고 귀신 같다고 하며 자기가 만든 것은 아까 그 뱀에서 바뀌어 아주 아주 무서운 고래라고 하였다. 이 때 유민이는 치료자가 만든 것에 자기가 만든 것을 부딪쳐 보고 유민이가 귀신이라고 이름 붙였던 치료자의 찰흙을 뭉개뜨렸다. 치료자가 "으아아아아…"하며 소리내어 표현해 주자 유민이는 좋아하며 "춤추는 거야… 춤춰…"라고 하였다.

그리고 유민이는 모래놀이를 하였는데, 휠체어를 탄 남자인형을 모래상자에 넣고 모래를 다른 그릇으로 퍼부어 얼굴과 상반신을 묻었다. 또한 빨간 통에 조개를 담아 넣고 모래로 안 보이게 덮어버렸다.

이 때 유민이는 아주 불안해 보이기 시작하였고, 치료자에 대한 저항도 나타났다. 즉, 치료자가 모래상자 밖에는 모래를 가지고 나가면 안 된다는 제한을 가하자 들은 척 안 하며 밖에서 작업하기를 몇 번 반복하였다.

모래작업을 마치자 마자 바로 스케치북을 펼쳐 "되게 무서운 사자… 머리털…"이라며 사자를 그리고 토끼를 그려 넣었다. 또 바로 몇 장을 한꺼번에 넘기더니 천둥을 그리기 시작하였다.

다시 몇 장을 한꺼번에 넘기더니 또 빠른 속도로 그림을 그리면서 "감옥"이라고 하였다. 치료자가 누가 여기 있는지 묻자 유민이는 "사람… 다… 누가 잡혀가서 들어가라고 그랬어요…"라고 하였다.

유민이가 만든 뱀과 고래에 이어진 모래놀이에서 유민이는 무의식에 잠재되어 있던 감정이 올라와 사자와 토끼가 함께 등장하고 천둥, 감옥으로까지 그리면서 가해자에 대한 적개심, 자신의 무력감을 표현하는 것 같았고 불안을 가장 많이 드러냈던 회기였다. 그리고 유민이의 주된 그림 내용에서 요정, 도깨비, 귀신, 거인, 창문이 등장한다는 점과 사람그림에서 머리의 강조, 굳게 닫혀진 입에 세로로 표현된 입모양, 보색인 빨강과 초록이 주조색으로 사용되고 있는 점에서도 억압되어 온 성학대 사건에 대한 불안과 적개심이 반영되어 있음을 알 수 있다.

부모면담에서 유민이의 모는 유민이가 가해자 아이와 만나지 않게 하기 위해 여전히 밖에 나가지 못하게 하고 있었으며, 유민이가 인형놀이 시 야단치는 모습을 많이 나타낸다고 하였다. 이는 성학대 이후 부모의 민감한 반응으로 인해 나타난 죄의식으로 보여진다. 또한 유민이의 부는 법적인 소송문제까지도 고려하고 있으나 유민이가 필요시 증언하게 될 때 받게 될 2차적인 학대가 우려되어 더 고려하는 상황이라고 하였다. 치료자는 유민이가 이 사건 후 보여진 부모의 과민한 태도로 인해 성인이 되어

수치심으로 자리잡을 가능성, 남성상에 대한 왜곡 등에 대해 이야기하였다.

### 5회기

유민이에게 자유화를 그리도록 하였더니 귀신을 그렸고 옆에는 귀신을 잡아가는 경찰을 그렸다. 이 날 유민이는 '경찰'이라는 단어를 많이 사용하였는데, 나중에 모 상담시 유민이의 아버지가 아침에 유민이를 치료실에 데려오면서 경찰이야기를 나누었다고 하였다.

그림을 그린 후 색종이를 가져와 찢어서 작업하기 시작하였는데, 유민이는 "뱀, 나무, 아기뱀… 이것도 아기뱀… 아빠뱀… 아빠뱀은 치마 밑에 숨었어요… 바위… 큰 뱀… 창문… 노란바위…"하며 이어서 "아기뱀들… 아기뱀들이 놀고 있어요… 와… 창문이다… 도망가자… 라고 그래요… 도망가자고 그랬어요…"라고 하며 색종이 작업을 하였다. 역시 창문이 계속해서 등장하고 있다.

유민이의 그림에서 많이 등장하는 '뱀'과 '창문'이 함께 색종이로 꾸며지고, 창문을 통해 '도망가자'라는 유민의 말을 통해 자신을 '아기뱀'으로 동일시하여 당시의 피하고 싶었던 감정을 나타내는 듯하였다.

### 6회기

유민이가 문을 살짝 열며 웃으면서 얼굴을 내밀고 치료실로 들어왔다.

그리고 물감을 가져와 데칼코마니 방법을 가르쳐 주자 신나는 듯 물감을 짜기 시작하였다. 제목은 '눈사람이 집에 갈걸 그랬다.'라고 지었다.

이어서 모래상자에서 두꺼비 피규어를 올려놓고 "두꺼비는 나쁜 두꺼비야…"하며 모래로 덮었다. 그리고 치료자에게 "두꺼비 죽었어… 두꺼비 안 불쌍해? 불쌍해요?" 라고 물어 치료자는 유민이는 어떤 것 같은지 물으니 안 불쌍하다고 하였다.

그리고 다시 메뚜기를 모래에 묻으며 "땅 속에 들어가도 메뚜기는 안 죽어요. 메뚜기는 땅 속에 사니까… 악어가 메뚜기 잡아먹었어… 나쁜 일 많이 해서요… 메뚜기가 악어를 땅 속에 묻었어요. 두꺼비를 살려줬어요. 악어는 살아 있어요. 두꺼비를 '으앙' 잡아먹었어요. 메뚜기도 악어 잡아먹을 수 있어요. 메뚜기가 애벌레를 태워다 주었어요. 악어가 죽었어요. 잘 안 봐준다고… 메뚜기가 잘 안 봐준다고 악어가 살아났어요. 살아나다니!!!!(굵은 목소리로 이야기 함)"라고 이어나갔다.

유민이는 계속 죽이고 살리고를 반복하여 자신의 힘든 감정을 드러내는 듯하였다.

**〈모상담〉** 유민이가 치료실에 오면서 "미연(동네 친구)이가 석준이(동네 친구) 고추 빨았다." 등의 이야기를 많이 한다고 하였다. 또한 유민이 어머니가 화가 났을 때 나쁜 표현을 하거나 욕을 하는데 유민이가 자기에게 하는 줄 알고 꼭 확인하여 묻는다고 하였다. 그리고 유민이 가족의 이사 계획에 대해 이야기 나누었다. 이에 치료자는 유민이 아버지의 사건 후 행동의 변화로 유민이가 죄의식을 가질 수 있음에 대해 이야기를 나누었다.

**7회기**

유민이가 물감그림을 그렸는데 생선뼈라고 하였다가 사람, 괴물, 사람 잡아먹는 괴물… 이라고 하고 옆에는 꽃을 그렸다. 그리고 또 한 장에는 강아지 뼈를 그렸다.

유민이는 빨간색 계열의 물감으로 거친 터치로 계속 이야기해 나가며 힘있게 그렸는데 아주 경직되어 보였다.

치료자가 유민이에게 무슨 걱정이 있는지 묻자 고개를 숙이며 무엇인가 말하려는 기색이었으나 말하지 않았다.

그리고 색종이를 붙이고 그 위에 "비… 천둥… 나무는 비가 와도 참을 수 있어…" 라고 하며 뚜렷한 형체 없이 그림을 그렸다.

**8회기(유민이네 이사 후)**

유민이가 들어오자 마자 눈만 동그랗게 뜨고 말이 없어 치료자가 "유민아… 이사 가니까 좋니?"라고 묻자 아무 말이 없었다.

치료자가 다시 "저번 집, 이번 집 어느 집이 더 좋아?"라고 묻자 "… 저번에 살던 집…"이라 하여 유민이가 이사 후 새로운 환경에 적응하는 데 있어 불안 심리를 보이는 듯 하였다.

이어서 유민이는 색찰흙을 두드리기 시작하였는데 약간 공격적인 힘이 보였으며 '굴러 다니는 괴물' 이라며 사람은 안 잡아먹는다고 하였다.

그리고 나서 '사람(팔을 아주 길게 만듬)' 을 만들더니 다시 괴물이 사람 팔을 먹었다고 표현했다가 치료자가 "우와… 무섭다…"라고 하니 먹은 게 아니라 손가락을 물었다고 고쳤다. 그리고 사람 팔이 너무 길어 끊어지자 "아팠겠다… 잡아줘야 돼… 다시 만들어 줘야 돼… 아휴… 아팠겠다… 꼬옥 붙여 줘야 돼… 아휴… 톡 끊어져버렸어… 아휴…"라고 하고 "괴물은 우주선 밑에 숨어 있다가 죽었어… 불쌍하다…"라고 하였다.

다시 뱀과 사람을 만들기 시작하며 "사람을 만들어 줄 거야… 눈, 코, 입… 너무 길다… (입을 뭉개버림) 입이 너무 크잖아… 몸은 아주 길쭉해요. 지렁이처럼 됐다."라고 하였다.

유민이가 사람을 만드는 것을 보고 치료자가 사람인형을 가져와 신체 명칭을 물어보았으나 생식기 명칭에서 "엄마 불러올게…"하면서 다른 이야기를 하기 시작하였다.

그래서 치료자가 다른 인형을 빌어 3인칭으로 이야기하자 직접 이야기하지 못하고 유민이 역시 이모인 것처럼 하며 이모가 "소중한 거야…"라고 말하듯 이야기하였다.

### 9회기

색찰흙을 가져와 사람을 만들고 다리에 털이 났다며 '어른사람'이라고 하였다. 그 옆에는 애기를 만들었는데 다리부터 만들고 얼굴을 완성해 갔다.

유민이는 다시 '어른사람'을 만들기 시작하고 어른은 얼굴이 크다 하면서 얼굴과 몸을 준비하면서 동네(이사 전) 아이들 이름을 대고 "000 알아요? ㅁㅁㅁ 알아요?" 묻기 시작하였다. 그리고 "걔는 여잔데, 00는 남잔데…" 하면서 "어떻게 아는지 알아요?"라고 하며 엄마가 가르쳐 주었다고 하였다.

유민이는 어른과 아이의 다리부터 몸, 얼굴, 눈을 차례로 만들고 다음으로 코를 만들어 준 후 "입은 길게…" 하면서 길게 만들고 팔도 길게(한쪽만) 만들어 주고 "오른팔이 너무 길다."라고 하였다.

치료자가 "이 어른은 누구야?"라고 묻자, "아빠, 얘는 애기… 00아세요? 애긴데…"라고 하였고, 치료자가 다시 아빠가 애기한테 어떻게 해주는지 묻자 잘 돌봐준다며 아빠가 애기한테 많이 컸다고 말한다고 하였다. 그리고 애기는 남자라며, "안에 잠지가 보여…"라고 이야기하고 남자성기를 만들어 붙였다.

이어서 유민이는 "바지를 안 입었어… 아빠는 팔을 길게 만들어서… 애기손이 너무 기네… 너무 길다… 아빠 고추도 없어…(웃음)… 너무 기니까(찰흙이 너무 길어 떼어서) 아빠 고추 만들어 주자… 아빠 고추… (만들어 붙임) 그리고… 입을 길게 만들어 주고… 입을 다물고 있어서 이빨이 없어… 발가락도… 애기보다 아빠가 더 크지… 아빠는 애기를 팰 수도 있지…"라고 하여 치료자가 다시 물으니 "아빠는 애기를 팰 수도 있다고… 작아서 팰 수 있다고…"라고 하면서 얼굴을 찌푸리고 신경질적으로 이야기하였다.

### 10회기

유민이가 아주 밝은 표정으로 치료실에 들어와서 오늘은 물감놀이를 한다며 직접 물통에 물을 담아 왔다. 미술치료실에 있는 이젤을 보고 무어냐고 물어 그림 그릴 때 쓰는 것이라고 하자 "화가가 그리는 거야?"라고 하면서 화가가 되고 싶다고 하였다.

붉은 색 물감으로 사람 얼굴과 눈, 머리를 그렸다가 그 위에 덧칠하여 손으로 문지르고 싶다고 하였다. 치료자가 그래도 좋다고 하니 문지르기를 계속 반복하고 나서 '바위, 사람이 갇혀 있어요…' 라고 이름지었다.

**〈모상담〉** 치료자는 또래아이들과의 생활이 가능하도록 유아원 등을 보내도록 권하였고, 모는 요즈음은 비교적 잘 적응하는 것처럼 보인다며 혼자서도 잘 놀고 동생과도 잘 논다고 하였다.

### 11회기

유민이는 데칼코마니를 한다면서 흰색과 검은색을 선택하여 새 물감이었던 것을 신나하며 거의 다 짰다. 그리고 '괴물' 이라고 하였다. 역시 대비되는 색을 사용하였고 온 힘을 다 주어 에너지를 발산하는 것으로 보여졌다.

처음으로 게임(축구게임)을 시도하였고, 다시 색찰흙을 가져와 '엄마', '아빠', '나' 라며 가족이 처음 함께 등장하였다.

**〈모상담〉** 다음주부터 유민이를 미술학원에 보낼 예정이라고 하였으며, 요즈음은 성과 관련된 이야기를 하지 않으며 놀이에서도 공격적인 내용은 사라지고 동생의 머리를 쓰다듬으며 어른 흉내를 내면서 "도와줘서 고맙다." 등의 표현을 한다고 하였다.

### 12회기

성교육 인형('좋아요' / '안돼요' –좋은 터치, 나쁜 터치)에 유민이가 관심을 보이면 자연스럽게 교육하려고 하였는데 유민이가 "이게 뭐예요?"라고 물어 누르면서 이야기 해주고 직접 해보게 하니 조심스럽게 소리내며 눌러보았다.

그리고 나서 색찰흙을 가져와 엄마, 아빠, 애기를 만들고 "애기가 아빠, 엄마를 잃어버렸어."라고 하더니 다시 "뚝딱~! 하면 찾을 수 있지… 뚝딱~!"이라고 하였다.

다시 성교육용 인형으로 가서 혼자 소리를 내면서 해보고, 크레파스 뚜껑의 뽀뽀하는 만화그림을 보고 "뽀뽀, 사랑해서 결혼하나보다…"라고 웃으며 이야기하였다.

### 13~14회기

유민이는 오자마자 성교육용 인형을 엄마에게 설명하며 해보이고 앵무새 인형에게 이야기(목소리를 작게 내며)하다가 색찰흙을 가져와 흰색으로 은구슬, 오토바이 바퀴, 안경 등 둥근 것과 연상되는 것을 만들고 "아빠 생각하면서 만들었어요. 안보고도 만들 수 있어요. 왜냐면요, 아빠처럼 공부 열심히 하면 만들 수 있어요…"라고 하였다.

이어서 '닭알'이라며 알을 만들었는데 "눈사람이 빼앗아갈까봐 덮어 놓는 거예요.(동굴처럼 덮어 놓음) 알이 3개나 생겼네…"하며 덮었다가 다시 그릇이라며 담아 놓았다.

유민이가 비로소 새롭게 태어나 보호된 공간 안에 있고자 하는 욕구를 보여주는 듯하였다.

**〈모상담〉** 유민이 엄마는 요즈음 마음이 편안하다고 하였다.

### 15회기

유민이는 이 회기부터는 주로 놀이에 관심을 보였다. 병원놀이가 주 내용이었다. 병원놀이 후 물감으로 손바다찍기를 하고 지점토를 연결시켜 주자 "우와… 지점토다… 지점토… 이야… 지점토… 지점토… 지점토로 뭐 만들고 싶냐면요.. 선생님, 뭐 만들고 싶어요?"라며 아주 좋아하였다.

만드는 작업 도중 유민이는 "잘 보살펴줘야 돼요…" "귀중한 아이들"이라는 용어를 사용하여 보호에 대한 욕구를 드러냈다.

'아빠, 엄마, 나' 라고 이름짓고 작업을 마친 후에 이쑤시개로 꽂은 작품이 넘어져서 유민이와 함께 지점토로 다시 받쳐 세우고 사진을 찍어 주었다.

### 16~18회기

플레이모빌(학교)을 가지고 모래놀이상자로 가서 "가방을 빼요… (가방을 모래에 묻음) 누가 빼앗아갈까봐… (아이들도 묻음) 숨어 있는데, 악어와 뱀, 악어와 뱀… 악어는 숨겨놓아서 찾을 수 없었어… 악어는 찾을 수 없었어요… 그런데요, 뱀은 친구들이 찾을 수 없었어요… 으으으으으 야~! 으으으으… 갑자기 악어가… 야! 어디 갔어? 그랬어요…"라고 하여 치료자가 "애들이 어디로 숨었을까?"라고 물으니 "악어 안 보이는 데로…" 하며 악어의 눈을 가렸다.

악어, 뱀 등의 부정적 이미지가 등장하나 아직 완전히 표출시키지 못하는 유민이의 억제된 불안과 공격적 욕구, 적개심 등을 반영하는 듯하였다.

### 19~20회기

유민이는 다이아몬드 게임을 하는 등 게임 위주로 놀이를 진행하였다. 게임 중에 혼자 다 해내려고 하는 모습이나 이기려고 하는 모습 등에서 성취욕구, 인정욕구 등이 보여졌으며 그러한 것이 유민이에게는 회복력에 대한 에너지 수준을 반영해 주는 듯하여 긍정적인 사인(sign)으로 생각되었다.

### 21~22회기

유민이는 몇 번씩 인형의 모자나 머리띠를 갈아 끼우는 것을 반복적으로 하였고, '제대로', '조심' 이라는 말을 많이 사용하였다. 그리고 인형놀이 중에 다시 '창문' 이 등장하였는데 창문이 있어야 된다며 찾다가 "창문 이제 필요없어요…"라고 하였다.

그리고 요즘 재미있는 만화가 있다며 새로 나온 만화이야기를 하였다.

22회기 때에는 이사에 대한 내용의 놀이가 나타났는데, 놀잇감 중에서 의자, 책상 등 가구를 꺼내어 놓고 "이사가려고 여기 있는 거예요… "라고 하면서 알을 만들어 목욕탕에서 닭이 알을 낳았다고 표현하였다. 그리고 다시 집에 알을 넣고 지붕으로 덮었다.

이 회기에서 유민이의 변화와 새로운 시작의 의미가 놀이 안에 그대로 보여졌다.

### 23회기

모래놀이상자로 가서 유민이는 노래를 지어 부르며 놀이를 했다.

"흙뜨자… 물뜨자… 조개가 흙을 갖고 갑니다… 이 조개도 흙을 갖고 갑니다… 아빠조개도 흙을 갖고 갑니다… 아빠조개가 흙을 갖고 갑니다."

그리고 나서 병아리를 끌고 있는 닭인형을 꺼내어 모래상자에 묻는다.

"아빠조개가 꽃을 갖고 갑니다. 그래서 엄마조개한테 꽃을 갖다 줍니다. 꽃 두 개 갖다 줬어요. 하나는 아빠 것, 아빠조개가 꽃을 더 사왔어요. 다 엄마한테 주었어요… 엄마 생일 날이었어요. 생일이니까 꽃 갖다줘요… 생일에는 원래 꽃 받아요. 그래서 꽃을 더 사가지고 와서 엄마조개에게 더 줬어요. 아빠조개가 사랑해서 엄마 조개를… 악어는 그것도 모르고 모래상자에 푹 빠졌어요. 악어한테는 꽃을 안 사줬어요… 악어는 촌스러워서… 뱀의 꼬리를 막 물었어요…(병아리 인형이) 심어놨어요…(뱀머리를)… 애들 꽃은 없대요…(치료자 머리에 꽃을 꽂으면서) 선생님 머리에 꽂았다…"라고 이야기하였다.

아빠조개와 엄마조개로 남녀를 등장시키면서 적대감이 악어와 뱀 등의 상징으로 나타나 공격적 욕구가 드러났다. 또한 이제는 유민이의 발달 연령에 맞는 엘렉트라 콤플렉스도 등장하고 있는 듯하였다.

### 24~26회기

플레이모빌 인형을 서로 얼굴(머리)을 바꿔 끼우고 빼고를 반복적으로 하며 놀이를 하였고, 인형옷, 신발 등도 서로 바꿔 입힌다고 벗기고 입히고를 반복하였으며, 우윳병 꼭지도 입에 끼었다 빼었다 하는 등의 반복적인 놀이가 계속되었다.

### 27회기

유민이가 오랜만에 점토놀이를 하였는데 초록색 플레이도우로 얼굴, 몸, 팔, 다리 순으로 사람을 만들고 이전과 달리 표정이 있어 웃는 얼굴로 표현하였다. 다 만들고 나서 무엇을 만들었는지 알려준다고 하며 평면으로 만들지 않고 3차원적으로 세워서 표현하였다.

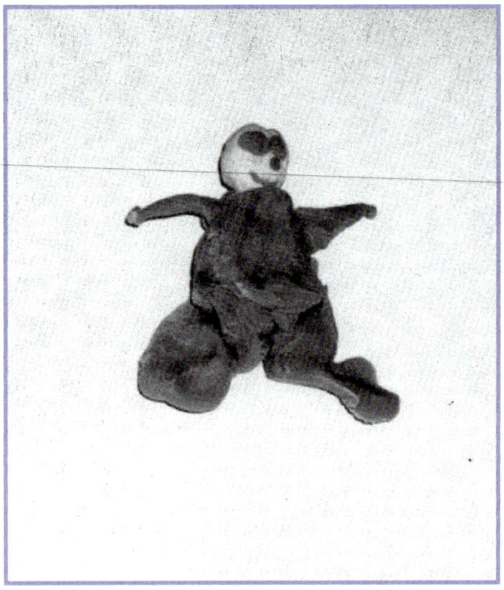

초록색 점토를 사용

### 28회기

이 시기에는 유민이가 같은 모양의 새 인형(깨끗한 인형)과 헌 인형(더러운 인형)을 자주 가지고 놀았는데, 유민이가 좋은 것이라고 표현하는 것을 헌 인형에 치장하여 마치 헌 인형이 유민이 자신을 표현하는 것으로 보여졌다.

**〈모상담〉** 요즘 유민이는 액세서리, 예쁜 것 등에 관심을 많이 보인다고 하였다.

## 3) 말기단계(29~35회기)

### 29~31회기

유민이는 계속해서 인형옷이나 액세서리를 바꾸는 놀이 패턴이 지속되었고, 아기에게 엄마가 옷을 입혀 주고 놀아 주었다는 내용도 등장하였다.

또한 그림을 그린다면서 다이아몬드를 머리에 단 공주라고 하며 그렸다.

이 회기에서는 "씨, 씨, 씨를 뿌리고… 물, 물, 물을 주었죠… 하룻밤… 이틀밤… 쑥쑥쑥… 싹이 났어요…" 노래를 2절까지 불렀다.

### 32회기

병원놀이를 하며 유민이가 "선생님이 의사하세요… 여자도 의사 될 수 있어요…" 라고 하며 놀이를 하다가 소꿉놀이에서 간식이 필요하다며 여러 가지 음식을 준비하였다.

**〈모상담〉** 유민이가 손톱에 매니큐어를 발라 달라고 하여 발라 준다고 하였다. 그리고 그림을 그려도 "선생님, 보여줘야지" 하면서 챙겨놓아 모든 게 여기와 연결되어 있다고 하였다. 곧 동시발표회를 한다고 이야기하면서 치료자와 상담 중에 모가 유민이에게 "동시 해볼래?" 하자, 유민이가 동시를 외우면서 동요와 율동도 함께 보여주었다.

### 33~34회기

점토놀이를 하였는데, 만들면서 이야기를 짓는데 처음에는 꽃과 벌이 등장하였다가 허수아비가 되었다가 나중에는 사람으로 바뀌면서 "전 크면 결혼할 거예요… 이젠 아름다운 여자가 생겼어. 얘가 여자야… 이제 결혼했어… 아… 드레스 입어야지… 벌써 여자도 컸어… 신랑, 신부… 나오십니다… 꽃도 해야지… 저는 치마 입고 허수아비 안 될래요… 선생님, 남자친구 있어요? 이거 주세요… 두 개다…"라고 하였다. 그래서 치료자가 유민이의 남자친구에 대해 묻자 "민태"라고 하는 이전에 살던 동네 아이가 있는데 자기보다 먼저 더 멀리 이사가서 없다고 하면서 지금은 남자친구는 있는데 아직 좋아하는 애가 없다고 표현하였다.

**〈모상담〉** 미술학원 방학이고 하여 유민이를 치료실도 당분간 쉬어 보게 하면 어떨지 생각중이라고 하여 치료자는 유민이가 많이 나아졌기 때문에 어느 정도는 엄마 의견대로 해보는 것도 나쁘지 않을 것 같다고 이야기해 주었다. 대신 유민이에게 쉬는 것에 대해 준비를 할 수 있도록 미리 알려 주시라고 하였다.

### 35회기

은행잎을 가져와서 치료자에게 주고 나서 놀이를 시작하였다.

소꿉놀이를 하면서 냉장고를 열고 각종 음식을 바구니에서 쏟아 부으며 놀다가 '아빠와 크레파스' 노래를 흥얼거렸다.

각종 음식물 이름을 이야기하며 치료자에게도 먹어보라고 주었다.

엄마, 아빠 인형을 서로 뽀뽀시키고 나서 "엄마는 머리가 좋은가봐… 생각을 많이 해 가지고… 엄마는 원래 머리가 좋아요…"라고 하였다.

그리고나서 인형옷을 바꿔 입히면서 유민이는 "내 생각이 어때요? 머리 좋은 거 같죠… 까먹지도 않았어요…"라고 하여 자존감이 생기고 자신에 대해서 긍정적으로 지각하고 있음을 알 수 있었다.

유민이가 많이 나아졌으나 유민이 스스로 종결할 준비시간을 주기 위해 격주로 보기로 하여 추후상담으로 3회 더 실시하고 유민이의 놀이가 유민이 또래의 놀이로 지속되어 종결을 결정하였다.

〈종결 후의 그림검사-자유화/HTP〉 자유화

P(여자)

P(남자)

T

H

자유화

# 참고문헌


강승아(2002). 미술치료. 아동상담사 워크샵 자료집.

곽금주(2007). 아동 심리평가와 검사. 학지사.

곽효정(2002). 아동의 자아존중감과 사회성 향상을 위한 미술치료효과에 대한 사례연구- 이혼가정 아동을 중심으로. 한남대학교 교육대학원 석사학위논문.

권기덕 외 2인(1993). 가족미술치료의 이론과 실제. 특수교육.

김갑숙 · 정미숙(1999). 학교 부적응 학생의 집단미술치료 사례연구. 미술치료연구, 6(2), 167-188.

김경희(2002). 부모자녀놀이치료. 동문사.

김광웅 · 김화란(2009). 처음 만나는 놀이치료. 학지사.

김광웅 · 유미숙 · 유재령(2008). 놀이치료학. 학지사.

김동연 · 최외선 편저(2002). 아동미술치료. 중문출판사.

김동연 · 공마리아 · 최외선 편저(2002). HTP와 K-HTP심리진단법. 동아문화사.

김동연 · 공마리아(1998). 인물화 및 집 · 나무 · 사람 그림에 의한 심리진단법. 한국미술치료학회.

김동연 · 이재연 · 홍은주 공역(2001). 아동미술심리이해. 학지사.

김동연 · 홍은주(1999). 성학대 받은 아동에 대한 미술치료 사례연구. 한국미술치료학회지.

김미경(2004). 인터넷 중독 상담현장에서의 미술치료의 활용 : 청소년을 대상으로. 이화여자대학교 교육대학원 석사학위논문.

김보애(2003). 모래놀이치료의 이론과 실제. 학지사.

김보애(2004). 신비스러운 모래놀이치료. 학지사.

김보애(2007). 만남의 신비. 가톨릭출판사.

김양순 역(2002). 놀이치료의 동반자로서 부모-자녀의 놀이를 통해서 이해하는 길. 학문사.

김유숙 (2008). 아동과 청소년 심리치료. 학지사.

김은영(2004). 집단미술치료가 이혼가정아동의 자아존중감과 사회성에 미치는 효과. 가톨릭대학교 사회복지대학원 석사학위논문.

김은정 · 정연옥 공역(2006). 놀이치료 사례집. 학지사.

김진숙(1999). 예술심리치료의 이론과 실제. 한국표현예술심리치료협회.

김춘경(2004). 아동상담 이론과 실제. 학지사.

(2004). 만다라 그리기가 학습부진 중학생의 자아개념에 미치는 효과. 창원대학교 교육대학원 석사학위논문.

김화정(2002). 집단미술치료가 초등학생의 자아존중감과 사회성 향상에 미치는 효과. 아주대학교 석사학위논문.

류경숙(2007). 학령기 아동을 위한 부모-자녀 놀이치료 사례 연구. 이화여자대학교 대학원 석사학위논문.
박승숙(2000). 영화로 배우는 미술치료 이야기. 들녘.
성경숙(2005). 만성질환 유아의 극복력 증진을 위한 집단치료놀이 프로그램의 개발 및 효과. 고려대학교 대학원 박사학위 논문.
성영혜 · 장미경 역(1997). 발달놀이치료. 상조사.
송영혜 · 윤지현 역(2001). 놀이치료 입문. 시그마프레스.
송영혜 · 이승희 역(2000). 놀이치료 이론과 실제. 시그마프레스.
수잔 핀처 (1998). 만다라를 통한 미술치료. 김진숙 역. 학지사.
신숙재 외 (2000). 아동중심 놀이치료. 동서문화원.
야마나카 야스히로 · 김유숙(2005). 모래놀이 치료의 본질. 학지사.
염숙경 (2002). 아동상담과 놀이치료. 상조사.
염숙경 (2009). 아동의 증상과 특성별 놀이치료. 학지사.
우종태 · 동부아동상담소 역(2007). 모래상자의 지혜. 서울특별시립동부아동상담소.
유미숙 (1997). 놀이치료 이론과 실제. 상조사.
유미숙 역 (2009). 놀이치료-치료관계의 기술. 학지사.
유미숙 외 3명(2003). 놀이치료 핸드북. 도서출판 양지.
유미숙 · 이미경 · 이세연 · 하승연 공역(2009). 아동 문제별 놀이치료-DSM-IV-TR 에 따른 증상별 놀이치료. 학지사.
이부영(1988). 분석심리학. 일조각.
이숙 외 공저(2004). 아동상담. 양서원.
이은하(2005). "형제관계개선을 위한 부모-자녀관계프로그램 개발 및 적용". 부산대학교 박사학위논문.
이재연 · 서영숙 · 이명조 공역(1997). 아동상담과 치료. 양서원.
장미경 · 임원신(2004). 부모놀이치료를 이용한 대학생 예비부모교육 프로그램의 효과. 한국생활과학회지, 13(2), 215-224.
전미향(1997). 집단미술치료가 청소년의 자기존중감과 사회적응력에 미치는 효과. 영남대학교 대학원 박사학위논문.
정문자 · 이은해 · 박경자(1993). 베일리 유아발달 척도의 한국 표준화를 위한 예비연구, 아동학회지, 14(1), 15-21.
정여주 역(2000). 융의 분석심리학에 기초한 미술치료. 학지사.
정여주(2001). 만다라와 미술치료. 학지사.
정여주(2003). 미술치료의 이해. 학지사.
조현춘 · 조현재(2002). 심리상담과 치료의 이론과 실제. 시그마프레스.
주리애(2000). 미술치료는 마술치료. 학지사.
황명숙 역(2007). 모래상자 기법. 학지사.
한국미술치료학회 (2000). 미술치료의 이론과 실제. 동아문화사.
한지연(2005). 미술치료가 학습장애아의 스트레스행동에 미치는 영향. 한양대학교 교육대학원 석사학위논문.
한국아동미술교육대전집. 예서원.
홍은주(2007). 도벽아동의 놀이치료 사례연구. 한국놀이치료학회지.
홍은주 · 박희석 · 김영숙(2008). 아동예술치료의 이론과 실제. 청목출판사.

Association for Play Therapy(2010). http://www.a4pt.org

Ainsworth. M. D. S.(1979). Infant-mother attachment. *Amercian Psychologist, 34*, 932-937.

Ainsworth. M. D. S.(1982). In C. M. Parkes, & K. Stevenson-Hinde(Eds.), *The Place of attachment in human behavior*(pp.3-30). New York: Basic Books.

Ainsworth, M. D. S., Blehar, M. D., Waters, E. & Wall, S.(1978). *Patterns of attachment : A psychological study of the strange situation*, Hillsdale, NJ :Erlbaum.

Amatruda and Helm-Simpson (1997). *The Sacred Healing*. Navato California: Trance *Sand* dance Press.

Ammann, R. (1991). *Healing and transtormation in Sandplay*. La Salle: Open Court.

Andriola, J. (1944). Release of aggressions through play therapy for a ten-year-old patient at a child guidance clinic. *Psychoanalytic Review, 31*, 71-80.

Axline, V. (1947). Nondirective play therapy for poor readers. *Journal of consulting psychology, 11*, 61-69.

Axline, V. (1948). Some observations on play therapy. *Journal of Consulting Psychology 12*, 209-216.

Axline, V. (1949). Play therapy: A way of understanding and helping reading problems. *Childhood Education, 26*, 156-161.

Axline, V. (1964). *Dibs: In search of self*. Boston: Houghton Mifflin.

Axline, V. (1969). *Play the therapy*. Boston: Houghton-Mifflin.

Axline, V. M. (1947). *play therapy*. Houghton Mifflin.

Axline, V. M. (1947). *Play therapy*. NY: Ballantine Books. Axline, V., & Rogers, C. R. (1945). A teacher-therapist deals with a handicapped child. Journal of Abnormal and Social Psychology, 40, 119-142.

Azoulay. D.(2000). Theraplay with physically Handicapped and Developmetally Delayed Children. In Munns. E.(Ed), *Theraplay : Innovations in Attachment-Enhancing Play Therapy*. NJ: Jason Aronson, 280-300.

Baker, C. (1993) Healing in sand: Navaho sand painting and sandplay. *Journal of Sandplay Therapy Ⅱ(2)*, 89-103. San Francisco: Sandplay Therapist of America.

Barlow, K., Landreth, G., & Strother,J. (1985). Child-centered play therapy: Nancy from baldness to curls. *The School Counselor 34(1)*, 347-356.

Barlow, K., Strother,J., & Landreth, G. (1986). Sibling group play therapy: an effective alternative with an elective mute child. *The school Counselor 34*(1), 44-50.

Barnard, K. E., & Brezelton, T. B. (1990). *Touch: the foundation of experience*. Madison, CT: International University Press.

Baruch, D. (1952). *One little boy*. New York: Dell.

Beiser, H. R. (1979). Formal games in dianosis and therapy. *Journal of Child Psychiatry, 18*, 480-490.

Bills, R. E. (1950). Nondirective play therapy with retarded readers. *Journal of Consulting Psychology 14*, 140-149.

Bixler, R. (1949). Limits are therapy. *Journal of counseling psychology, 13*, 1-11.

Bixler, R. H. (1945). Treatment of a reading problem through nondirective play therapy. *Journal of Consulting Psychology 9*, 105-118.

Bleck, R., & Bleck, B. (1982). The disruptive child's play group. *Elementary School Guidance and Counseling, 17*, 137-141.

Booth & Lindaman, S. (2005). *Theraplay Workshop*, 한국아동치료놀이교육센터.

Bowlby, J. (1969). *Attachment and Loss: Vol.1* Attachment. New York : Basic Books.

Bradway, K. (1985). *Sandplay bridges and the transcendent function*. San Francisco: C. G. Jung Institute.

Brandway, K. (1991). Transference and Countertransterence in sandplay therapy, *Journal of sandplay Therapy, I* (1). San Francisco: Sandplay Therapist of America.

Brody, V. A. (1993). *The Dialogue of Touch : Developmental Play Therapy*. Treasure Island, Fla. : Developmental Play Training Associates.

Brody, V. A. (1963). Treatment of a prepubertal twin girl with psychogenic megacolon. *The American Journal of Orthopsychiatry, 33*(3).

Brody, V. A. (1993). *The dialogue of touch: Development play therapy*. N. J : Jason & Aronson Inc.

Brody, V. A., Fenderson, C., & Stephenson, S.(1976). *Sourcebook for developmental paly therapy*.

Buck, J. N.(1948). The H-T-P test. *Journal of clinical Psychology. 4*, 151-159.

Burns, R.(1982). *Self-growth in families: Kinetic-Family-Drawing(K-F-D)research applications*. New York:Brunner/Mazel.

Burns, R., & Kaufman, S. (1972). Actions, styles and symbols in kinetic family drawing(k-F-D): 아동이 그린 가족화 분석(장연집 역, 1997). 교문사.

Burroughs, M., Wagner, W., & Johnson, J. (1997). Treatment with children of divorce: A comparison of two types of therapy. *Journal of Divorce & Remarriage, 27*, 83-99.

Campell, M. B. (1968). Neurological allergy. *Review of allergy, 22*, 80-89.

Carmichael, K. (2006). *Play therapy, an introduction*. Upper Saddle River. NJ: Pearson Education, Inc. Chthy A.Malchiodi(1998). 미술치료. 최재영 · 김진연 역. 조형교육.

Conn, J. (1952). Treatment of anxiety states in children by play interviews. *Sinai Hospital Journal, 1*, 57,-63.

Constantino, G., Malgady, R., & Rogler, L. (1986). Cuento therapy: A culturally sensitive modality for Puerto Rican children. *Journal of Counseling and Clinical Psychology, 54*, 639-645.

Coppolillo, H. P. (1987). Psychodynamic psychotherapy of children. Madison, CT: International Universities Press. Craven, R. G., McInerney, V., & Marsh, H. W. (2000). The structure and development of young children's self-concepts and relation to academic achievement. *Paper presented at the conference of the American Education Research Association*, 4/24–28.

Crow, J. (1989). *Play therapy with los achievers in reading*. Doctoral dissertation, University of North Texas.

Deater-Deckard, K. (2001). Recent research examining the role of peer relationships in the development of psychopathology. *Journal of child Psychology and Psychiatry, 42*, 565–579.

Deklyen, M. (1996). Disruptive behavior disorder and intergenerational attachment patterns: a comparison of clinic-referred and normally functioning preschoolers and their mothers. *Journal of Consulting and Clinical Psychology, 64*(2), 357–365.

Des Lauriers, A.(1962). *The experience of reality in childhood schizophrenia*. Madison, CT: International University Press.

Dudek, S. (1967). Suggestion and play therapy in the cure of warts in children: A pilot study. *Journal of Nervous and Mental Disease, 145*, 37–42.

Dunn, J. (1996). Children's relationships: Bridging the divide between cognitive and social development. *Journal of Child Psychology and Psychiatry, 37*, 507–518.

Dupent,J., Landsman, T., & Valentine, M. (1953). Helping young children master intrusive provedures through play. *Children's Health Care 13*(4), 167–173.

Dweck, S.(2000). Self-theories role in motivation, personality, and development. ERIC ED 448913.

Eisnberg, N. Cumberland, A., Spinrad, T. L., Fabes, R. A., Shepard, S. A. Reiser, M., Murphy, B. C., Losoya, S. H., & Guthrie, I. K.(2001). The relations of regulation andemotionality to children's externalizing and internalizing problems behaviors. *Child Development, 72*, 1112–1134.

Enzer, N. B. (1988). *Overview of play therapy*. Paper presented at the annual meeting of the American Academy of Child and Adolescent Psychiatry. Seattle, WA.

Erikson, E. H.(1940). Studies in the Interpretation of Play: Clinical Observation of Play Disruption in Young Children. *Genet, Psychol, Monograph, 22*, pp.557–671.

Farber, B.(2000). *My self, my family, my friends*. NY: Preschool publications Inc.

Frobel, F. (1903). *The education of man*. New York: D. Appleton.

Freud, S. (1922). *Beyond pleasure principle*. London: International Universities Press.

Freud, S. (1953). *The relation of the poet to daydreaming*. In Collected papers.

Gardner, R. A. (1973). *The Talking, Feeling, Doing Game*. Cresskill, NJ: Creative Therapeutics.

Garry L. Landreth(2002). *놀이치료-아동중심적 접근*. 유미숙, 최명선 역, 상조사.

Gaulden, G. L. (1975). Developmental-play group counseling with early primary-grade students exhibiting behavioral problems. Ph. D. diss., North Texas State University. *Dissertation Abstracts International 36*(05), A2628.

Gelso, C. J., Carter, J. A. (1985). The relationship in counseling and psychotherapy: Components, consequences, and theoretical antecedents. *The Counseling Psychologist, 13*, 155-243.

Gil, E. (1991). *The healing power of play: Working with abused children*. New York: Guilford.

Ginott, H. (1994). *Group psychotherapy with children: The theory and practice of play therapy*. Northvale, NJ: Aronson.

Ginott, H. G. (1961). *Group psychotherapy with children: The theory and practice of play therapy*. New York: McGraw-Hill.

Ginott, H. G. (1982). Therapeytic intervention in child treatment. In G. Landreth(Ed.). *Play therapy: Dynamics of the process of counseling with children*(pp. 160-172). Springfield, IL: Charles C. Thomas.

Giordano, M., Landreth, G. &Jones, L. (2005). *A practical handbook for building the playtherapy relationship*. Lanham, MD: Rowman &Littlefield Publishers.

Golden, D. (1983). Play therapy for hospitalized children. In C. Schaefer, & K. O'Conner (Eds.). *Handbook of play therapy* (pp. 213-233). New York: John Willey.

Greencavage, L. M., & Norcross, J. C. (1990). Where are the commonalities among the therapeutic common factors?. *Professional Psychology, 21*, 372-378.

Guerney, B. G., Jr. & Stover, L. (1971). Filial Therapy : Final Report on MH1826401. Unpublished Paper, State College, PA.

Guerney, B. G., Jr. (1964). Filial Therapy : Description and rationale. *Journal of Consulting Psychology, 28*(4), 303-310.

Guerney, B. G., Jr., & Fluman, A. B. (1970). Teachers as psychotherapeutic agents for withdrawn children. *Journal of School Psychology, 8*(2), 107-113.

Guerney, L. (1983). Play therapy with learning disabled children. In C. Schaeter, & K. O'Conner (Eds.) *Handbook of play therapy*(pp.419-435). New York: John Wiley.

Guerney, L.(1975). Brief report on a Follow-up study on filial Therapy. Paper presented at the Eastern Psychological Association Annual Meeting, New Yort. N. Y.

Guerney, L.(1983). Introduction to Filial Therapy. In P. Keller and L. Ritt(Eds.), *Innovations in Clinical Practice: A Source Book*, Vol. 2. pp.26-39. Sarasota, FL: Professional Research Exchange.

Guerney, L.(1988). *Parenting: A Skills Training Manual*(3rd ed.). State College, PA: I.D.E.A.L.S.

Guerney, L., and Guerney, B. (1985). The relationship enhancement of family therapiues. In L. L'Abate and M. Milan(Eds.). *Handbooks of Social Skills Training and Research*. pp.506-524. New York: Wiley.

Gurney, L. (1972). A training manual for parents. Mimeograped report. Gurney, P. W(1988). *Self-esteem in children with special educational needs*, London: Routledge.

Hambridge, G. (1955). Structured play therapy. *Americakn Journal of Orthopsychiatry, 25*, 601-617.

Hammer, E.(1997). *Advances in projective drawing interpretation*. Springfield, IL: Charles C Thomas.

Hannah, G. (1986). An investigation of play therapy: Process and out-come using interrupted time-series analysis (Doctoral dissertation, University of Northern Colorado). *Dissertation Abstract International, 41*, 1090.

Harlow, H.(1958). The nature of love. *The American Psychologist, 3*, 673-685.

Hendriks, S. (1971). *A descriptive analysis of the process of client-centered play therapy*. Northvale, NJ: Aronson.

Holmer, P. (1937). The use of the play situation as an aid to diagnosis: A case report. *American Journal of Orthopsychiatry, 7*, 523-531.

Jernberg, A. M. & Booth, P. B. (1999). *Theraplay : Helping Parents and Children Build Better Relationships through Attachment- Based Play*. San Francisco : Jossey-Bass Publishers.

Jernberg, A. M. & Booth, P. B. (2001). *Theraplay : Helping Parents and Children Build Better Relationships through Attachment-Based Play*. Second Edition. San Francisco : Jossey-Bass Publishers.

Jernberg, A.(1979). *Theraplay*. Sna Francisco: Jossey-Bass.

Jessner, L., & Kaplan, S. (1951). The use of play in psychotherapy with children. *Journal of Nervous and Mental Disease, 114*, 175-177.

Jones, J. (1952). Play therapy and the bilnd child. *New Outlook for the Blind, 46*, 189-197.

Joseph. J. A.(1979). JOSEPH Pre-school & Primary Self- Concept Steening Test. Illinois. Stoelting Co.

Joseph. J. A.(1992). Improving self esteem of at risk students. ERIC ED 343106.

Judith A Rubin(2006). 미술치료학개론. 김진숙 역, 학지사.

Judith a. Rubin,(1987). *Art Therapy*, pp.55~60.

Jung, C. G.(1963). Psychologie and Religion. Jung, G. W. Bd. 11, *Zur Psychologie westlicher and ostlicher Religion*. Rascher, Zurich.

Kalff, D. (1980). *Sandplay Therapy: a psychotherapeutic approach to the psyche*. Boston: Sigo Press.

Kalff, M. (1993). Twenty Points to be Considered in the Interpretation of a Sandplay. *Journal of Sandplay Therapy Ⅱ*(2), 7-36. San Francisco: Sandplay Therapist of America.

King, P., & Ekstein, R. (1967). The search for ego controls: Progression of play activity in psychotherapy with a schizophrenic child. *Psychoanalytic Review, 54*, 25-37.

Koppitz, E.(1984). *Psychological evaluation of buman figure drawings by middle school pupils*. New York: Grune & Statton.

Kot, S., Landreth, G., & Giodano, M. (1998). Intensive child-centered play therapy with child witnesses of domestic violence. *International Journal of Play Therapy 7*(2), 17-36.

Kottman, T. (1995). *Partners in play: An adlerian approach to play therapy*. Alexandria, VA: AmericanCounseling Association.

Kottman, T. (2001). *Play therapy: Basics and beyond*. Alexandria, VA : AmericanCounseling Association.

Kramer, E. (1971). *Art as therapy with children*. NY: Schocken Books.

Kramer, E. (1979). *Childhood and Art Therapy*. New York: Schocken.

Ladd. G. W. & Burgess, K. B.(2001). Do relational and protective factors moderate the linkages between childhood aggression and early psychological and school adjustment? *Child Development, 72*, 1579-1601.

Laird, R. D., Jorden, K. Y., Dodge, K. A., Petit, G. S., & Bates, J. E.(2001). Peer rejection in childhood, involvement with antisocial peers in early adolescence and the development of externalizing behavior problems. *Development and Psychopathology*, 13, 337-354.

Landgarten, H. B.(1981). *Clinical art Therapy: A Comprebensive Guide*. New York: Brunner/Mazel.

Landreth, G, L. & Lobaugh, A. F..(1998). Filial therapy with incarcerated gathers : Effects on parental acceptance of child, parental stress, and child adjustment. *Journal of Counselling and Development, 76*, 157-165.

Landreth, G, L. (1991). *Play Therapy : The Art of the Relationship*. Muncie, IN : Accelerated Development.

Landreth, G. (1991). *Play therapy: The art of the relationship*. Muncie, IN.: Accelerated Development.

Landreth, G. L. (1987). Play therapy: Facilitatuve use of child's play in elementary school counseling. Elementary school guidance and counseling, 21, 253-261.

Landreth, G. L. (2002). *Play Therapy: The Art of the Relationship* (2nd ed.). New York: Brunner-Routledge.

Landreth, G. L.(2002). *Play therapy: The art of the relationship* (2nd ed). New York: Brunner-Routledge-Taylor &Francis Group.

Lavy, F. J., Fried, J, P., & Lebenthal, F.(1995). *Dance and other expressive art therapies*: When words ard not enough. NY:Routledge.

Lavy, J., Trevarthen, C., & Sperry, R.(1972). Perception of bilateral chimeric figures followiong hemispheric disconnection. *Brain, 95*(2), 61-78.

Leland, H. (1983). Play therapy for mentally retarded and developmentally disabled children. In. Schaefer, C., & O' Connor, K. (Eds.), *Handbook of play therapy*. New York: Wiley.

Leland, H., & Smith, K. (1962). Unstructured material in play therapy for emotionally disturbed brain damaged, mentally retarded children. *American Journal of Mental Deficiency, 66*, 621-628.

Leland, H., Walker, J., & Tovoada, A. (1959). Group play therapy with a group of post-nursery male retardates. *American Journal of Mental Deficiency, 63*, 848-851.

Levi-Strauss, C. (1962). *La Pansee Sauvage*. Paris: Librairie Plon.

Levy, D. (1939). Release therapy in young children. *Child Study 16*(1), 141-143.

Loomis, E. A. (1957). The use of checkers in handling certain resistances in child therapy and child analysis. *Journal of the Americans Psychoanalytical Association, 5*, 130-135.

Machler, T. (1965). Pinocchio in the treatment of school phobia. *Bulletin of the Menniger Clinic, 29*, 212-219.

Matsueda, R. L. (1982). "Testing control theory and differential association", *American Sociological Review, 47*, 489-504.

Mehus, H. (1953). Learning and therapy. *American Journal of Orthopsychiatry, 23*, 416-421.

Mendell, A. (1983). Play therapy with children of divorced parents. In C. Schaefer, & K. O' Conner (Eds.). *Handbook of play therapy* (pp. 320-354). New York: John Wiley.

Menzen, K. H. (2001). *Grundlagen der Kunsttherapie*. Munchen, Reinhardt.

Miller, H. (1947). Play therapy for the problem child. *Public Health Nurse Bulletin, 39*, 294-296.

Miller, H. E. (1948). Play therapy for the institutionalized child. *Nervous Child 7*, 311-317.

Miller, H., & Baruch, D. (1948). Psychological dynamics in allergic patients as shown in group and individual psychotherapy, *Journal of Consulting Psychology, 12*, 111-113.

Milos, M. E., & Reiss, S. (1982). Effects of three play conditions on separation anxiety in young children. *Journal of Counseling and Consulting Psychology 50*(3), 389-395.

Mmuhin, J. R. (1992). *Jungian Sandplay: The wonderful therapy*. Routledge.

Moustakas, C. (1951). Situational play therapy with normal children. *Journal of Consulting Psychology, 15*, 225-230.

Moustakas, C. (1997). *Relationship play therapy*. Northvale, NJ: Jason Aronson, Inc.

Moustakas, C. E. (1959). Psychotherapy with children. NY: Harper and Row. Moyer, K., & Von Haller, G. (1956). Experimental study of children's preferences and use of blocks in play. *Journal of Genetic Psychology, 89*, 3-10.

Munns, E. (2000). *Theraplay*. Jason Aronson inc. Northvale, New Jersey London.

Munns, E., Jensen, D., & Berger, L. (1997). *Theraplay and the aggressive factor*.

Unpublished research study, Blue Hills Child and Family Centre, Aurora, Ontario.

Naumburg, M.(1966). *Dynamically Oriented Art Therapy: Its Principles and Practices*. New York: Grune & Stratton.

Nearing, G. B. (1998). Prevention of violent behaviors through attachment via a play therapy and montessori program. Miami Institute of psychology of the caribbean center for advanced studies Miami, Florida.

Neumann, E. (1973). *The child, Structure and Dynamics of the Nascent Personality*. New York: G. P. Putnam's Sons.

Nickerson, M. E., and O' laughlin, K. (1983). The therapeutic use of games. Inc.

O' Conner, K., & Braverman, L. (1997). *Play therapy theory and practice: A comparative presentation*. New York: Wiley.

O' Connor, K. J., & Schaefer, C. E. (1983) (Ed.). *Handbook of play therapy*. New York: Wiley.

O' connor, K. J., & Schaefer, C. E. (1994). *Handbook of play therapy*. Advances and Innovations (Vol. 2). New York: John Wiley & Sons.

O' connor. K. (1991). *The Play Therapy Primer : An Integration of Theories and Techniques*. New York : John Wiley & Sons, Inc.

O' connor. K. (1997). Ecosystemic Play Therapy. in *Play therapy theory and practice : A comparative presentation*. by O' connor. K., & Braverman, L.M. (1997). Eds. New York: John Wiley & Sons, Inc.

Papalia, D., & Olds, S. (1986). *Human development*. New York: Routledge.

Patterson, C. J., Kupersmidt,J.B.,& Griesler,P.C.(1990). Children's percetpions of self and of relationships with others as function of sociometric status. *Child development, 61*, 1335-1349.

Patterson, J., Pryor, J., Field, J. (1995). Adolescent attachment to parents and friends in relation to aspects of self-esteem. *Journal of Youth and Adolescence, 24*(3), 365-376.

Pedro-Carroll, J., Reddy, L. (2005). A preventive play intervention to foster children's resilience in the aftermath of divorce. In L. Reddy, T. Files-Hall, &C. Schaefer (Eds.), *Empirically based play interventions for children*. (pp.51-75). Washington, DC: American Psychological Association.

Phillips, J. (1991). Art therapy with children. Paper presented at the University of North Texas Center for play Therapy Summer Institute, Denton, TX.

Pothier, P. (1967). Resolving conflict through play fantasy. *Journal of Psychiatric Nursing and Mental Health Services, 5*, 141-147.

Pumfrey, P., & Elliot, C. (1970). Play therapy, social adjustment and reading attainment. *Educational Research, 12*, 183-193.

Rank. O. (1936). *Will therapy*. New York : Wiley.

Resenberg, R., & Resenberg, M. (1979). Self esteem and delinquency, *Journal of Youth and Adolescence, 7*, 279-291.

Reynert, M. (1946). Play therapy at Moosegeart. *Jounal of Exceptiona Child, 13*, 2–9.

Rogers, C. R. (1942). *Counseling and Psychotherapy*. Houghton–Mifflin.

Rubin, J. A.(1984). *Child art therapy: Understanding and Helping Children Through Art*. New York: Van Nostrand Reinhold Co.

Rudolph, K. D., & Asher, S. R. (2000). Adaptation and maladaptation in the peer system; Developmental processes and outcomes. In A. J. Sameroff, M. Lewis, & S. M. Miller (Eds.), *Handbook of development psychopathology*(2nd ed.). NewYork: Kluwer Academic/ Plenum Publishers.

Saitoh, M. (1989). De–literalization of Sandplay Expression. *Archives of Sandplay Therapy 2*(1), 42–51.

Saucer, B. (1986). An intervention: The effects of play therapy on developmental achievement levels of abused children (Doctoral) dissertation. Texas Women's University). *Dissertation Abstracts International, 48*, 1007.

Schaefer, C. E. & O' Connor, K. (1983). *Handbook of Play therapy*. N.Y : Wiley.

Schaefer, C. E. & Reid (Eds.), (1986). *Game Play*. N.Y : John Wiley & Sons.

Schaefer, C. E. & Reid, S. E. (1986). *Therapeutic Use of Childhood Games*. N.Y: John Wiley & Sons.

Schaefer, C. E. (1993). What is play and why is therapeutic?. In C. E. Schaefer(Ed.), *The therapeutic powers of play* (1–16). Northwale, NJ: Jason Aronson.

Schaefer, C. e., & Ried, S. E. (1993). *Game Play–Therapeutic Use of Childhood Games*. New York : John Wiley & Sons.

Schaefer, C. E., Gitlin, K., & Sandgrund, A(Eds.) (1991). *Play diagnosis and Assessment*. New York : John Wiley & Sons.

Schaefer, C., & Carey, L. (1994). *Family Play Therapy*. Lanham: Rowman & Littlefield Publishers, Inc.

Schiffer, M. (1957). A therapeutic play group in a public school. *Mental Hygiene 41*, 185–193.

Slade, P. (1995). *Child play*. Bristol, PA : Jessica Kingsley.

Spitz, S. (1946). Hospitalism: A follow–up report. *The Psychoanalytic Study of the Child* (Vol.2). New York: International University Press.

Springer, J., Phillips, J., Phillips, L., Cannady, L., & Kerst–Harris, E. (1992) CODA: A creative therapy program for children's families affected by abuse of alcohol or other drugs. *Community Psychology, 20*, 55–74.

Sroufe L., A., Duggal, S., Weinfeld, N., & Carlson, E., (2000). Relationships, development, and psychopathology. In A. J. Sameroff, M. Lewis, & S. M. Miller (Eds.), *Handbook of developmental psychopathology* (2nd ed) New York: Kluwer Academic/Plenum Publishers.

Stern, N.(1985). *The Interpersonal World of the Infant*. New York: Basic Books.

The Center for Play Therapy University of North Texas(2010). hhttp://cpt.unt.edu

Tyndall-Lind, A., Landreth, G., & Giordano, M. (2001). Intensive group play therapy with child witnesses of domestic violence. *International Journal of Play Therapy, 10*(1), 53-83.

Ude-Pestel, A. (1977). *Betty: History and Art of a Child in Therapy*. Palo Alto, CA: Science and Behavior Books, Inc.

VanFleet, R. & Guerney(2003). *Casebook of Filial Therapy*. Boiling Springs, PA Play Therapy Press.

VanFleet, R. (1992). Using filial therapy to strengthen families with chronically ill children. In L. VandeCreek, S. Knapp, & T. L. Jackson (Eds.), *Innovations in clinical practice: A source book* (pp. 87-97). Sarasota, FL: Professional Resource Press.

VanFleet, R. (1994). *Folial therapy : Wtrengthening parent-child relationships through play*. Sarasota, Florida : Professional Resource Press.

VanFleet, R., Lolly, J., & Kaduson, H. (1999). Play therapy for children exposed to violence: Individual, family, and community interventions. *Inertnationl Journal of Play Therapy, 8*(1), 27-42.

Verschueren, K., Marcoen, A., & Schoefs, V. (1996). The internal working mode of the self, attachment and competence in five years olds. *Child Development, 67*, 2493-2511.

Wadeson, H. S. (1980). *Art Psycotherapy*. NY: John Wiley & Sons.

Waelder, R. (1933). Psychoanalytic theory of play. *Pychoanalytic Quuarterly, 2*, 208-224.

Wakaba, Y. (1983). Group play therapy for Japanese children Who stutter. *Journal of Rluency Disorders, 8*, 93-118.

Wald, G. S. (2000). Moving from "I think I can" to "I know I can" *Young Children, July*, 14-1.

Weinrib, E. L. (1983). *Images of the self: The sandplay therapy process*. Boston: Sigo Press

Willock, B. (1983). Play therapy with the aggressive, acting-out child. In C. E. Schaefer, K. L. O'Conner (Eds.), *Handbook of play therapy* (pp. 386-411). New York: John Wiley.

Winn, E. (1959). The influence of play therapy on personality change and the consequent effect on reading performance (Doctoral dissertation, Michigan State University).

Winnicott, D. W. (1971). *Therapeutic consultations in child psychiatry*. London: Tavistock.

## 저자소개

**홍은주**

숙명여자대학교 박사(아동상담 전공)
Canadian Association for Sandplay Therapy(CAST)/
International Society for Sandplay Therapy(ISST) Intensive Training 이수
스위스 융연구소 intensive course 이수

현, 을지대학교(성남캠퍼스) 유아교육학과 교수
을지대학교 부설 을지아동발달지원센터 부소장

자격: 예술치료전문가(한국예술치료학회)/모래놀이치료자(한국임상모래놀이치료학회)
모래상자치료전문가(한국모래상자치료학회)/미술치료사(한국미술치료학회)
발달심리사(한국발달심리학회)/ 사회복지사1급(보건복지가족부)

저 · 역서: [아동미술심리이해], [학대받은 아동을 위한 미술치료], [그림 속에 숨겨진 마음의 세계], [아동예술치료의 이론과 실제], [미술치료 작업노트] 외

**한미현**

서울대학교 박사(아동학 전공)
University of Michigan(USA) 교환교수

현, 백석대학교 아동복지학전공 교수
백석대학교 학교기업 아동가족상담클리닉 소장

자격: 놀이치료교육상담가(한국모래놀이치료학회)/아동심리치료전문가(한국아동심리치료학회)
아동심리치료교육전문가(한국아동심리치료학회)/아동상담전문가(한국아동학회)
아동발달전문가(한국아동학회)

저서: [아동보호서비스의 실제], [아동복지], [인간행동과 사회환경]. [인간복지의 이해], [보육학개론], [영유아보육론], [부모교육] 외

**이향숙**

숙명여자대학교 박사(아동심리치료 전공)

현, 한국아동청소년심리상담센터 소장
숙명여자대학교 평생교육원 초빙교수/숙명여자대학교 대학원 강사
한국사이버대학교/열린사이버대학교 외래교수
KBS, MBC, SBS, GS 강남방송, 중앙일보, 동아일보 등 아동청소년 자문

자격: 미국 Certified Theraplay® Therapist

저서: [치료놀이의 이해]

### 류진아

숙명여자대학교 박사(아동심리 전공)
동신대학교 상담심리학과 교수
한국청소년상담원 상담 조교수

현, 한북대학교 사회복지학과 교수

자격: 청소년상담사 1급(보건복지가족부)

저서: [집단발달놀이치료 이론과 실제], [(문제중심으로 접근한) 청소년복지론],
[학교상담 매뉴얼], [인성함양] 외

### 이상희

숙명여자대학교 박사(아동복지 전공)

현, 더하트심리연구소 소장

자격: 놀이치료 수퍼바이저(국제놀이치료학회)/모래상자치료전문가(한국모래상자치료학회)
Theraplay Therapist(The THERAPLAY Institute)/모래놀이치료자(한국임상모래놀이치료학회)

저서: [치료놀이 Ⅱ], [치료놀이 Ⅲ], [아동복지의 이해], [아동상담의 이론과 실제], [부모교육] 외

### 홍주란

숙명여자대학교 박사수료(아동심리치료 전공)
미국 포드햄대학교 사회복지대학원 석사후 과정 수료 (아동청소년치료)
미국 Play Therapy Training Institute 놀이치료과정 이수
미국 Open Door Family Medical Center 인턴

현, 한국아동청소년심리상담센터 부소장
명지대학교 사회교육대학원 아동심리치료학과 강사

역서: [아이가 말을 안해요], [자폐아동을 돕기 위한 10가지 방법]

### 안순미

명지대학교 박사(아동학 전공)

현, 한울아동청소년상담소 소장
외대, 명지대 강사, MBTI 일반강사, 한국청소년상담원 부모교육 전문가,
한국청소년상담원 품성계발교수요원

자격: 아동발달전문가(한국아동학회)

저서: [부모교육]

놀이치료 -기법과 실제-

초판 1쇄 발행 2010년 3월 20일
초판 4쇄 발행 2019년 7월 29일

지은이 | 홍은주 · 한미현 · 이향숙 · 류진아 · 이상희 · 홍주란 · 안순미
펴낸이 | 김기섭
편집인 | 최창숙
펴낸곳 | 창지사 www.changjisa.com
153-802 서울시 금천구 가산디지털 1로 83 파트너스타워1차 (9F, B1F)
전화 (02) 719-2211~3
팩스 (02) 701-9386
등 록 | 1977년 4월 28일 · 제1-421호



ISBN 978-89-426-2181-1 (93330)

값 17,000원